U0732169

If your actions inspire others to dream more, learn more and become more. You are a leader.

John Quincy Adams
6th U.S. President

做自己的天使投资人

耶鲁芝大双 MBA 传授
打造高端 MBA 人才的大智慧

陈睿潼　著

中国人民大学出版社
·北京·

鸣　谢

这本作品的诞生印证了群策群力、因缘际会的奇妙。自 2013 年中秋节追月夜向同学首次透露在内地延续处女作《MBA 实战录》的构想后，经过数轮转折，最后峰回路转地与中国人民大学出版社结盟，落实出版安排，到今天终于完成心愿。这么多人从旁协助给力，是我的幸运，也是读者的福气。没有他们每一位，这本作品根本不可能面世。借此机会，由衷地向每一位有心人道谢：

（以姓名笔画排序）

李　宏　杨文军　甘剑平　孙永昇　林凯伦　张　磊　何冬梅
黄中核　寿玉滢　郭绮明　彭家雯　郑树棠　姚南薰　徐境镁
中国人民大学出版社考试分社的工作人员

各大商学院和商业机构要员（以英文姓氏排序）：

Kurt Ahlm, Alice Au, Tony Bego, Andrew Chan, Elieen Chang, Janet De Silva, Bruce Delmonico, Joel Getz, Mike Gibbs, Dirk Hopfl, Truly Hutapea, Richard Johnson, Bryce Kirchhausen, Bill Kooser, Rick Levin, Kristen Lynas, Cade Massey, Rebekah Melville, Julie Morton, Loron Orris, Michael Robinson, Julia Schreck, Pamela Spencer, Ria Sugita, Glenn Sykes and Rachel Waites.

还有一大帮受访的年轻人，感谢他们的仗义相助，他们曾经与读者一样，站在同一位置，对职业发展和升学前景感到困惑。现在，透过真实的个人经验分享，希望能够启发更多人士。为了保护各人的隐私，我决定不向外界透露各人的真实姓名，望见谅。

为什么你要看这本书？

这不是一本典型的商学院留学指南。

为什么？因为我是个不喜欢按章法出牌的双 MBA 毕业生。

出版第一本作品后，拥有 MBA 学位的朋友坦白说："我已经拿到 MBA 学位了，这本书对我没用。"另一边，对 MBA 不感兴趣的朋友表示："我不打算到美国念 MBA，这本书不太适合我。"是的！不是每个人都有兴趣或有能力升读商学院，而毕业生又不在意 MBA 申请这回事。拿了学位，找了职位，商学院的一切成为历史。

卸下 MBA 学位这个光环，看远一点，我（和我的 MBA 同窗友好）跟你没区别，同样面对新兴行业冲击、旧有行业转型、宏观经济状况不稳定、企业裁员等风险，一样为了转行、创业、跳槽、升学等问题而烦恼。不同的是，我们选择通过系统化的培训、高效能的环境和智者教授的指导，提升解决自身、商业和现实问题的能力。

也许，你正在或曾经碰上类似的情况：

大学本科生和家长：在学士学位大众化、家庭经济能力普遍增强以及本科生就业市场供过于求（毕业生过多而岗位不足）的背景下，毕业后读研有助于职业发展吗？商科是不是最理想的出路？

职场初哥和新晋才俊：职场竞争激烈，晋升前景不明朗，怎样寻找突破，另谋高就？个人条件上有什么差异价值？在简历和面试方面，如何提高水准？

在读 MBA 学生和准毕业生：怎样以平常心度过未来两年的繁忙学习生活？求职、成绩和拉关系如何取得平衡？如何装备自己，向资深高管这条路进发？

中高层专业人士：到了中年职业的十字路口，需要新人脉、再教育来拉动第二事业发展吗？选择安于现状，还是承受风险，作出改变呢？

（潜在）创业者：商学院真是一个造梦、织梦和圆梦的地方吗？她能为创业者提供什么实际价值？创业者不需要高学历吧？

（潜在）申请人：出国留学还是留在国内？如何入手、筹备和执行整套计划？

不同年龄层的朋友们，面对学业、职业和创业各方面的常见问题，无论你有意升读 MBA 与否，书中讲述的思路走向和实践足迹 —— 从思想策划到行动实践，从奋斗拼搏到人生挑战 —— 一定会为你带来启发性和开导性的意义。

这是一本以升读商学院为背景主题的职业发展真实经验分享记录。我尝试从第一人称视角，用第三者分享、真人真事个案以及应用商业概念为你解答疑难，引导思路。

对我而言，2015 年是大学毕业后开始全职工作的 20 周年，是成功考进耶鲁大学的 15 周年，也是获得第二个美国 MBA 学位的年份。朋友们，我诚意把多年心血和教训送给为了拥有更好的将来而想做到最好的你。

推荐序言一

张　磊
高瓴资本董事长兼创始人
布鲁金斯学会全球理事
世界经济论坛达沃斯论坛融资和资本理事会成员
高礼研究院理事长
耶鲁大学 MBA/MA（2002 年）

　　耶鲁大学是著名的常春藤盟校成员之一，也是美国最具有影响力的私立大学之一。耶鲁大学管理学院更在世界顶尖商学院中名列前茅。作为一名耶鲁大学管理学院的毕业生，我认为对于有志于在今后的事业中探索追求更高目标的青年来说，进入商学院读书是一个非常好的选择。在两年 MBA 的学习生涯中，你不仅能获得宝贵的知识，开阔视野，更重要的是在紧张的人生发展初期，你可以适时休整一下，回想一下以往的轨迹，规划一下未来想要做什么，以后又该如何发展。人生是一场旅行，有时候停下脚步，是为了更好地前进。与此同时，你还有机会认识很多有趣的人，或者志趣相投，或者各有个性，大家彼此交换创意，共同追寻梦想。不得不提的是，MBA 的学习将打开你的眼界，带给你开放的思想。不同的认知方式和理念无时无刻不以新鲜的方式激励你，促使你升级你的信息处理器，更新你的操作系统。此外，对于中国学生来说，这样的留学机会尤为难得。通过 MBA 的学习，有机会迈出国门，站在一个更开阔的平台上去深刻了解一个更大的世界，接触更多更前沿的资讯，并切身体会不同文化和民族之间的差异，取其精华，去其糟粕，确实是一件非常有益的事情。

进入耶鲁大学管理学院学习和生活固然是一个良好的起点，可以为一个人的成长奠定坚实的基础，但是我认为个人拥有的优秀品质，诸如好奇心、诚实和独立性（Intellectual Curiosity，Intellectual Honesty，Intellectual Independence），以及团队合作精神，还有开放积极的心态，是 MBA 学习和未来事业取得成功的必要前提。真正的好奇心是对知识的好奇，而不只是对成功的好奇、简单地追求功利性的成功。以做投资为例，要作出高质量的投资决策，关键在于尽可能前瞻地预知未来，而好奇心能驱使你去探究事物的本源，从而为前瞻奠定基础。诚实是中华民族的美德，但是在当今非常浮躁的社会中却很少见。诚实是自己不欺骗自己，有自知之明，在投资中懂得扬己所长、避己所短。最重要的是独立性。独立性是欧美留学人士身上的脊梁，是知识分子的脊梁。独立性是不盲目受别人观点的影响，投资决策是需要考虑各种可能性后在严谨的逻辑下独立作出的。团队合作精神和开放积极的心态则是一个合作和共赢的问题，突出的个人能力不可或缺，但寻找属于自己的团队，融入团队并实现团队和个人的共同发展是在当下社会取得成功的必然要求。

本书作者 Vince 是我在耶鲁求学时的同班同学，读书期间她的勤奋、敏锐和热情就给大家留下了深刻的印象，也使得她和班里的每一名同学都成为了很好的朋友。毕业后，她一直在自己擅长的领域奋斗，取得了不菲的业绩。同时，她还用笔记录下了自己的成长历程和期间的所悟所得，这些可以帮助大家进一步了解耶鲁、了解管理学院，也可以为希望出国留学的青年学子提供不少可供借鉴的经验。本书是 Vince 继《MBA 实战录》后推出的一本新作，其中的内容更加深入和精练，就如同新酒陈酿数年后愈加醇香，值得诸位校友、同仁和青年朋友品读一番。因此，本人推荐这本书给大家，希望大家能够喜欢。

推荐序言二

徐境镁
Zivarly 时尚品牌创始人兼首席执行官
原波士顿咨询公司董事经理
2012 年度中国最有影响力的 100 位女性之一
"耶鲁女性"中国主席
耶鲁大学 MBA（2002 年）

"An investment in knowledge pays the best interest."

Benjamin Franklin

本杰明·富兰克林说过："知识是回报最大的投资。"

我的经历证明了到耶鲁求学是我目前最成功的一个投资。2000 年我离开了普华永道咨询公司，到耶鲁大学学习工商管理和经济学。

幸运的是，2001 年恰逢耶鲁建校 300 周年。300 周年校庆活动持续了整整一年。一年间克林顿夫妇、大小布什总统，还有数不胜数的商界精英、艺术领袖纷纷返校演讲、座谈和分享。这一年对我来说，充满了前所未有的张力、生命力和求知欲。我深深体会到，到名校读书最大的意义在于你可以最充分地汲取学校的人文传承和校友的多元化成就，并将此作为自己的人生动力和目标，有了这种动力和目标，你就已经上路了。

在美国一流的商学院中，耶鲁大学管理学院以小而精著称，每届 200 多人，只有其他商学院学生数目的 1/4。袖珍的规模让同学之间、同学和教授之间、同学和校友之间更亲密接触，更珍惜彼此。另外，耶鲁拥有 12 所艺术学院，是美国综合大学里面艺术学院最多、水准最高的，这也是我选择耶鲁的另一个原因，热爱艺术和设计的我，可以如愿以偿地去选修各个艺术学院的课程。

耶鲁毕业后，我又回到管理咨询行业工作，从纽约到北京，从波士顿管理咨询公司（BCG）的 Principal 到创建时尚品牌 Zivarly。回忆走过的每一步，不能不说，到耶鲁大学管理学院求学，对我而言，对每一位校友而言，都是一条无限延展的线。毕业只是一个新起点，每一天都在不停地实践精典管理理论，每一天又在打破传统，追求创新。

必须要提的是，在耶鲁期间我交到一些相互珍重的朋友，本书作者 Vince 就是其中一位。想来认识 Vince 已经 15 年了，不敢相信时间的流逝，令我惊讶的是这么多年后，她看起来依旧那样有活力和朝气。从 Vince 决定帮助青年学子申请最适合的商学院开始，到她出版第一书，孕育第二本书，我一步步看着她淡定自信地走来。虽然也有挑战和困难，但看到她帮过的学生进入梦想学校、找到自己的人生后的那种喜悦和成就不断在激励 Vince 前行，我真心为她高兴。

耶鲁的校训是"光明和真理"，现在 Vince 在帮助更多年轻人追求光明和真理，还有比这更有意义的事情吗？

推荐序言三

姚南薰
美国华人博物馆（MOCA）总裁
原雅礼协会（Yale-China Association）执行董事
原高盛证券执行董事
耶鲁大学 MBA（1999 年）

与作者 Vince 的相遇已经是 16 年前的事。

耶鲁毕业后，我进入高盛（香港）的投资银行部工作。有一天，母校给我一个任务——入学面试，Vince 是首轮 MBA 申请人，我们就是在面试当天正式认识的。在面试中，她予人感觉是一个有冲劲和散发正能量的人，同时，她表现了对耶鲁的真实热情，给我留下了非常深刻的印象。一个多小时的面试过程十分顺利，最后我推荐了她。自此以后，大家成为校友，一直保持联系。

我认为，MBA 这个学位名称内的"B"字有点误导成分。我们在商学院里的所见所闻、所学所想，不仅仅放诸商业应用的层面上，更关乎私营产业、公营产业、公益事业，甚至是人生发展。看看我们俩，Vince 从耶鲁毕业后选择用自己的方式走自己的路，我也同样地继续追求自己的初衷。在多年前的申请论文里，我坦白地分享了长远的兴趣和热情——从事促进中美两国关系的公益工作。这份追求当中涉及一个有趣的历程——从高盛投行部到美国外交关系委员会，从雅礼协会到美国华人博物馆，一路走来，我庆幸自己做对了决定，选择了耶鲁大学管理学院。

在耶鲁之前，我的本科方向是政治科学和国际关系，我清楚知道自己在一般商业技能上有所不足，所以，我需要一所帮助我弥补不足、又能欣赏我的背景条件的学校。经过深入调研、自我反思以及与不少校友交流，我选择了耶鲁。她吸引我的地方是：小班教学、资深教授资源以及公营与私营管理教学模式。但是，我注意到，很多人在选择学校时，尤其偏重排名，却忽略了自己的真正需要和自身条件。老实说，选择错误的话，足以影响一生。

我的建议是，作出抉择时，一定要耳听八方，环顾四周，考虑多方面的因素。在这本书中，Vince 从多元化的角度，协助读者分析整个形势，无论读者最后是否真的选择升读商学院，我相信她分享的经历和论点，一定可以让读者对个人升学和求职前景看得更清晰、更透彻。

推荐序言四

寿玉滢
罗德公关（Ruder Finn）中国区董事总经理
芝加哥大学布斯商学院 MBA（2007 年）

28 岁时，我被任命为全球最大的独立公关公司之一 ——罗德公关上海分公司——的总经理，在喜悦的同时深感责任重大，进而萌生了进一步求学的念头。10 年之后，我已经是罗德大中国区的董事总经理，可以说，在芝加哥大学就读 Executive MBA 是我人生最正确的选择之一。打开眼界，洞察运营的关联，了解文化的多样性并进而提高多方协作的能力，就读 MBA 不仅是学习，更是一种成长的经历。

我至今仍对第一门课印象深刻。丢下了多年的微积分，一朝捡起，不但要应用自如，还要灵活解答各种实际的问题。课前阅读量之大也令人叹为观止。一上课堂，老师讲的居然全不是书上写的，让我这个"填鸭式教育"的佼佼者极不适应。幸好教授讲得深入浅出、不嫌弃各种 stupid questions，课后的学习小组也是精英汇聚。大家群策群力，天天努力到深更半夜，这门课总算成功完成。到最后，学分已经不再重要，学习和协作成为了主旋律。其实细细想来，我们一路的学习内容，比如公式，又有多少已经还给了校园？真正帮助我们成长的，其实是这点点滴滴的经历和感受。

讲到感受，不能不提及课程中期在伦敦校区的那个学习小组。一个印度人、一个印尼人、一个德国工程师、一个西班牙人，加上我一个中国人，真是状况百出。选修课的题目我其实已经忘了，但是那个激烈讨论、努力完成案例的深夜仍然记忆犹新。德国工程师如兵团作战一般推进他的计划，试图把我们每个人变成计划里的一颗螺丝钉；西班牙人冰雪聪明，却闲散松沓；印度人充满热情和灵感，却完全找不到逻辑；印尼人和我不断"跑题"，就高速公路是否应该限速展开深入探讨，直至德国人抓狂……那个夜晚实在有趣，却切实给我上了一堂有关"文化差异"和"团队合作"的现实版课程。至少从此以后我更加明白，请不要轻易指责别人，有时候，我们只是站在了河的两岸，看见了不同的风景。

MBA 是一种经历，教会我思考和方法，重要性远胜死记硬背。比如，always ask why。不要满足于 easy answer，要勇于挑战既有的答案，寻求证据、数据和逻辑。这种芝加哥式的方法论对我影响至深。在营销课上，教授明确表示，没有正确答案，只要你的阐述有分析、有数据、有逻辑、有亮点，就有好的评价，其实这不正和我们日常工作和生活一样吗？人生没有标准答案，所以每个人都会做出自己的选择，关键是选择前要独立思考，而非人云亦云，跟随他人脚步。

基于这些原因，我一直遗憾，已经有许多书籍教授大家如何考 GMAT，如何申请 MBA，却没有书籍告诉大家真正的 MBA 经历是怎样的。因为考试完成、申请成功其实只是打开了一扇门，真正的历程才刚刚开始。有幸的是，Vince 的书终于出版了。经历过两个世界顶级的 MBA 学习，我相信她的分享一定有趣且有思想。对于向往 MBA 风景或者期待成为风景之一的读者，这本书不失为一本有意思和有用的指南。Enjoy reading！

推荐序言五

甘剑平
启明创投主管合伙人
福布斯中文版 2014 年度中国最佳创投人 50 强之一
芝加哥大学布斯商学院 MBA（1999 年）

从芝加哥大学布斯商学院毕业后，我主要从事于创业投资的工作。作为投资人，我协助并目睹多个创新企业逐步发展，步入成功之路，兴奋和欣慰之余，不禁回想起在自己的工作创业成长过程中，布斯商学院有多么重要。布斯商学院是我的启蒙老师，也是我的知心良友。

对有志从事企业管理、创业或投资的人士而言，商学院提供的环境、资源和支援就是高效率的成功孵化器。我们可以从两方面来看：

◆ 商学院作为启蒙老师：商学院提供密集式、系统化的理论和实战两方面的培训，授予知识之余，更赋予学生灵感，使学生打开思维空间。在布斯商学院或其他顶级商学院内，聚集了世界最顶级的教授。他们的课程、他们的研究、他们的思维和他们的理论影响了全球的政治和商业领袖。布斯商学院的理论加数据分析的教学和学术研究方法以及"芝加哥学派"给了我独特的世界观、投资观，让我领悟到了商业运作的精髓，给了我分析和解决问题的工具。

◆ 商学院作为知心良友：我在布斯商学院和上千个充满了求知欲望怀着梦想来自世界各地的精英们一起度过了两年时间。大家的友谊是由点点滴滴的片段积累而成的——课堂上激烈辩论、深夜时分一起赶作业、穿着西服排队等待被面试、酒吧中狂欢和促膝谈心、学校外互诉理想……他们中的很多人和其他校友给了我事业上很多帮助。我和他们成为了一生一世的好朋友。

MBA 学位的真正意义在于硕士学位以外的无限可能，在于你怎样利用商学院提供的一切来规划和实践你的人生和事业。本书作者 Vince 透过自己的经历、观察以及他人的故事，带领读者体验一段段商学院的时光——申请前的规划、申请时的备战、入学后的学习生活、后 MBA 的职业路向等。本人诚意推荐此书给所有对商学院感兴趣的读者。

走出自己的独特价值

一开首，出一道传统逻辑题。

前提一：艺术家是孤独的创造者。

前提二：创业家是孤独的创造者。

推理总结：艺术家和创业家是同类，都是孤独的创造者。

背后的解读是这样的：艺术家是创造者，制作电影电视、编排舞蹈表演、创作剧本、作曲作词、写书作诗、做建筑设计、进行平面摄影、创作书法作品和画作等。创造过程从零开始，从无到有。一格格胶片、一个个文字、一块块砖头、一个个音符、一笔笔素描，都是创造过程的硬标记。

艺术家是死硬派，在创造新作品、营造新景象和开拓新潮流之际，未必能（立刻）得到大众认同，逃避不了怀疑，又要坚持下去，于是，习惯孤独成为常态。

因此，创造者需要面对孤独，拥抱孤独，利用孤独，战胜孤独。

创业家是谁？狭义指新公司创始人。广义应含一切创造者，创建新产品、新服务、新平台、新职位、新菜色、新品牌、新学业专业、新目标、新开始、新生命、新体制、新系统、新形象、新事业方向、新经营模式、新客户群……

创业家要成功，要颠覆现状，需要力排众议，比一般人早走几步，处于一种众人皆醉我独醒的境界。

所以，创业家是艺术家的商界化身。

他们面对的孤独是一种创作下的心态、意识，却不代表离群独处；相反，他们必须合群，才能刺激思维，由碰撞中改进优化，因此，全身投入一个支持、包容、奖励创新及重生的生态系统才是长期生存之道。

为了体现孤独合群兼容的精神，在不同的职业转折点上，我选择融入全方位、多元化和高效能的环境——耶鲁大学管理学院和芝加哥大学布斯商学院。

在商学院的生态系统中，我扮演过不少角色，包括倾慕者、申请人、学生、面试官、助教、校友、校友会理事和校舍捐赠者。人生走到这一天，我有三分之二的时间与 MBA 紧密相连，巧合也好，处心积虑也罢，这绝对是一段细水长流的姻缘。

与耶鲁大学的"初恋"是举足轻重的两年光景。耶鲁大学以人文社会科学为主导，注重综合性、多方位思维发展，鼓励跨领域的知识交流以及跨学院的人际社交。因为她，我认识了不少中外金融界的杰出人士，造就了后耶鲁时代的跨国信贷证券化的专业生涯，发挥了构建一项又一项新颖债务融资交易的创造力。

与芝加哥大学的"奇缘"是拉动第二事业发展的有力元素。在知识层面上，耶鲁大学给予我的是宽度，芝加哥大学赋予我的是深度。在 22 个月内横跨香港、新加坡、伦敦和芝加哥四大城市的自我增值历程中，启发我的不仅是高素养的教授们，更是来自五湖四海的高管同学。他们是我的战友、益友和学习对象，是潜在的生意伙伴和投资人。我们等着瞧吧！

话虽如此，我并不相信每个人都适合商学院的学习环境，更不相信 MBA 学位是职业路途上的指定动作。原因有三：一、MBA 学位对个人修为、社交资本和事业发展起积极作用，但商学院的生活节奏、文化氛围和训练模式并不适合所有人。二、MBA 学位并不是医治一切事业和求职痛症的灵丹妙药，不要作出幼稚的遐想。三、创业者不一定需要 MBA 学位，但 MBA 学位却能为创业者带来有形和无形的价值。

我相信每个人拥有一条变化无穷的职业价值链（Career Value Chain），它的长度、宽度与斜度奠定个人职业发展的高度。我们期望天天向上，务求价值与日俱增。可是，怎能指望人生和职业发展对起伏震荡产生免疫力呢？美国道琼斯指数的长期上行势态——100 年期、50 年期或是 30 年期——可不是一条与水平线呈 45 度角的直线，对吧？

现实中，从一个地方到另一个地方，想知道方向和路程，我们可以借用百度地图应用程序，当你输入起点和目的地后，电脑程序立刻计算出最快、最慢和最长路线，以及打车费用、红绿灯数目、驾车方案、拥堵时间、步行与公交车选项、返程详细情况等。由起点到终点的特定路程、所需时间和费用，全是客观量化数据所得，电脑应用程序游刃有余。

路况和路程是简单、直接和不含糊的问题，可是，如果你面对和剖析的问题是：

◆ 对现在的工作失去了兴趣，转行、跳槽还是创业？

◆ 有新工作机会，不知道是否应该离职？

◆ 出国读研，应该选择哪一方向？哪一地点？

◆ 希望进入投行工作，应该积累工作经验后升读 MBA，还是本科毕业后立即出国攻读一年期的金融工程硕士学位？

◆ 是否应该放下拥有的一切，选择创业？创业需要搭档吗？如何选择合伙人？

◆ 应该如何选择创业的主题产业？参考个人兴趣、专业知识，还是相信机会主义？

那么，电脑程序能否精确地计算出解决方案的数量和种类，并且清晰地勾画出路线图和步骤？当然不能。为什么？问题的主观性强，或多或少涉及人类情感，答案模棱两可，不是黑也不是白，需要比电脑复杂和敏感的人脑作为价值链上的明灯，点明方向，照亮思路。

朋友们，一路走来，在职业价值链上，你们现在站在哪里？

在脸书上看过一段关于招聘博览会、长达两分钟的电视广告视频，导演以一场马拉松比赛作为背景，一大群选手拼命地向前冲，站在两旁的市民摇旗呐喊。旁白是日语，中文字幕是这样写的："今天继续跑着，每个人都是选手，时钟无法暂停，分秒不断流逝。这是一场不能回头的马拉松比赛，一边跟对手竞争着，一边在时间洪流这条直路上跑着，期望比别人跑得更快更远，相信前方有美好的未来，相信一定有终点，人生是一场马拉松。"

在第 50 秒时，画面一黑，然后，有一名选手突然停下来，说了两句："但真是如此吗？人生就是这回事吗？"突然间，他不再直走，而是往观众方向走过去，离开了赛道。他以坚定的语气说："人生不是一场马拉松。"

在视频的最后 1 分钟，我们看到不少选手逐一偏离赛道，向多方陆续散去，有的跑到山崖边跳下畅泳去，有的跑到球场打球去，有的跑回自己的房间睡觉去，有的选择跳降落伞去，有的站在十字路口琢磨着，有的跑到雪地上玩雪球去，有的放烟花去，有的漂洋过海去，有的结婚去。当然，有的继续留在既定的赛道上，往标准的终点进发。

值得一提的是，背景配乐是一首名为"Do you hear the people sing?"的歌曲。这是改编自法国作家雨果著名长篇小说的百老汇音乐剧《悲惨世界》（*Les Miserables*）中最为脍炙人口的插曲之一。这部音乐剧以18和19世纪的法国作为背景，剧情相当哀伤沉重。政治和历史暂且不谈，歌曲本身以激越昂然、不屈不挠的革命牺牲精神为主题，于人感觉严肃悲壮。

与此同时，中文字幕是这样写的："这比赛以及终点是由谁定的？该跑往哪儿去？哪一个方向才对？其实，每个人有属于自己的路。自己的路？真的有吗？我不知道。我们还没看过的世界大到无法想象。没错，偏离正轨吧！一直跑到最后，失败又如何？走了弯路又何妨？也无需跟别人比较。路不只是一条，终点不只是一个，有多少人就有多少个可能。人生各自精彩，谁说人生是一场马拉松？"

我相信，人生是一场马拉松，只不过不是一场具备标准赛道、特定终点、既定长短的大众比赛，相反，每人需要面对和征服属于自己的那场马拉松。

朋友们，无论你们现在身在何处，起点在哪儿，你们打算怎样走下去，继续完成往后的旅程呢？

视频：偏离正轨的马拉松

陈睿潼

2015 年 2 月 15 日

目　录
Contents

第二部　行动实践期

第三部　奋斗拼搏期

第七章　边际利益与边际成本——

考进了商学院又如何？/138

第四部　人生挑战期

第八章　长线价值投资——

后 MBA 的祝福和负累/172

| 后　话 |

| 附　录 |

Part

1

第一部
思想策划期

第一章

逆向思维与退出策略——
解构选择 MBA 的思路、动机和目标

"When you cease to dream, you cease to live."

Malcolm Forbes

Chairman and Editor-in-Chief of Forbes Magazine

在事业和学业规划上，为了研究升读 MBA 的思路历程，必须剖析三段时期——过去、现在和未来。过去、现在和未来是一部连续剧，缺少任何一部分，这场人生戏剧就不完整。

在开始职业旅程的起点，必先从终点入手。这是一种逆向思维模式，先认清动机和初衷，跟着找对未来方向和目标，进而针对过去经历和自身条件，发掘未来与过去之间的空隙。

所有 MBA 成功申请人的自觉性都相当强，对事业的追求和人生的要求有清晰的方向，更重要的是他们清楚自己的不足之处，然后作出实质性补救及改善。换句话说，他们不是因为条件优秀无瑕才进入顶尖商学院，相反，他们知道自己的不足，为了达到将来的目标，选择利用商学院的资源去弥补这个缺口。

国内本科生的市值是多少？

读者们曾否在微博上看过类似的报道？

"大学生起薪不如农民工？实际上这种说法忽视了另外一个事实：大学生工资增速远超过农民工。只要熬过前三年，大学毕业生工资一般会翻一番左右，此时大学生已经有了一定职场经验，具备良好的竞争力。"

"西南财经大学《中国家庭金融调查报告》显示，平均工资随着教育水平的提升而增长，在具备一定工作经验之后，高学历人才的职场竞争力提升非常明显。"

"今年（2013 年）是史上大学生最难找工作的一年，全国高等院校毕业生总数达 699 万人，比去年高出 19 万人，就业压力巨大。一面是毕业生数量持续增长，一面是就业需求缩减，大学生就业情况在今年腹背受敌。"

"一份调查显示，2014 年本科毕业生平均月薪仅 2 443 元。若在北上广，每月基本开支就要 2 935 元，二三线城市则是 1 593 元。再赶上聚餐、随份子……很多人月底会严重透支，这还不包括谈恋爱的开支！"

下面是北京大学市场与媒介研究中心的调查报告结果。据统计，大学生平均月薪水平前 5 强为 3 241 元（上海）、3 109 元（北京）、2 839 元（广州）、2 813 元（南京）和 2 664 元（杭州）。以大学生人均月薪 2 443 元为例，且每两年加薪一次，一次加 300 元，不吃不喝工作 5 年到手的纯工资大约是 160 980 元，10 年的话是 367 560 元。毕业后年轻人需要父母资助的情况并不罕见：一半以上（65.9%）毕业生每月啃老超千元，19.4% 每月啃老 500～900 元，8.8% 少于 500 元。

一个本科生的市值在国内就是这么多吗？

如果在你面前有一个玻璃杯子，杯子里盛着半杯水，你认为这个杯子是一半满，还是一半空呢？

乐观一点的话，年轻人凭着"初生牛犊不怕虎"的热情，在特定的空间内，寻找进步的机会，打破宿命；相反，消极一点的话，或许选择原地踏步，接受现实，反正一个本科生的经济意义已渐被蚕食。

有一位朋友曾说我是一个稍微偏向悲观的人，我没有异议。长期以来，我参与信贷风险监控和债券投资工作，债权人一般关注的是投资本金是否回本，以及定息回报的风险水平有多高，升值潜力倒是其次。因此，我的着眼点自然放在最坏的情景上，对负面风险度往往比较敏感。

不过，面对以上的情况，我保持乐观。我一直坚信，每个人是独一无二的个体，拥有个人化的潜质，关键在乎你身处的环境是否适合你自己。环境影响人的心与行，能让你有效地发掘、发挥和发展内在的潜能，达致目标效果。

猫捉老鼠的搜索竞赛

制度、环境等硬件不能一时三刻任意改变，幸好，人是活的，懂得自我筹谋。于是，从小开始，不管愿意与否，我们"全情投入"这场猫捉老鼠的搜索竞赛。各人花尽心思，寻找最知名的大中小学幼儿园、最有前途的机构雇主、最有价值的创业平台……简言之，寻找发展平台。

其实，这个道理的应用很广泛。宏观方面，美国硅谷作为培育科技创新的生态环境便是一个活生生的例子，历年来吸引无数创业者和创投者朝圣膜拜。再看看微观的情况，前阵子与一个好友短聚，他透露刚刚把大儿子从一所不错的传统幼儿园转到一所比较国际化的学校，以备将来升读同一系统的小学和中学。他的动机是为儿子提供一个更开放的学习环境，让他不会过分受制于特定的传统模式，将来可以更自由地发掘兴趣，发挥潜能。

在正式成为芝大 MBA 学生后，我遇到的第一位老师叫 Nick Epley，是一名社会心理学专家，教授的科目是 "领导力要诀"（Essentials of Leadership）。2014 年初，他被美国知名教育网站 Poets & Quants 评选为美国顶尖商学院中 40 岁以下最有前途的 40 强教授之一，2014 年中出版的新作 *Mindwise* 更是商学院的畅销书。他是一个怎样的教授？综合各方面的意见，可以说，他平易近人、风趣幽默、论点精辟，上他的课是一种享受。

我们班级卧虎藏龙，而社会心理学家从未当过高管，他如何提升我们这班人的领导能力？课堂上讨论过的概念繁多，在此不能尽录。有一个观点是这样的：在管理和领导企业时，为了让员工发挥所长，对企业作出最有利的贡献，最有效的做法不是招聘能力最强的人，而是构建一个激发动力和提高能力的生态制度。环境的优劣直接影响事业发展的过程和个人可塑性，因此，身处有利于吸收知识、提升技能和开阔思维的空间中，有助于创造正面价值。

鉴于我的教育背景，很多人不断地问我，在个人学业和事业发展的路途上，究竟升读 MBA 是必然的选择，还是偶然的发展？商学院是否是一个理想的学习场所？对我来说，虽然成长于两所格调各异但内涵都很深厚的商学院，可是推广 MBA 学位从来不是我的意图，因为我相信选择升读 MBA 是根据个人条件而作出的个人化决定，而不是"人云亦云"的结果。以过来人的身份，我认为：

◆ MBA 学位对个人修养、社交资本和事业发展起积极作用，但商学院的生活节奏、文化氛围和训练模式并不适合所有人。

◆ MBA 学位并不是医治一切事业和求职痛症的解药，不要作出幼稚的遐想。

◆ 创业者不一定需要 MBA 学位，但 MBA 学位却能为创业者带来有形和无形的价值。

在往后的章节中，我会逐步解释以上论点的背后意思和看法。

无可否认，MBA 学位也好，其他研究生学位也罢，在学士学位大众化、家庭经济能力普遍增强以及本科生就业市场供过于求（毕业生过多而岗位不足）的背景下，升读研究院在年轻人职业规划中的比重与日俱增。但是，究竟商学院是否是最理想的指标性职业舞台，绝对因人而异，绝不是"非黑即白"的简单道理。

谁敢走进商学院大门？

为了筹备这本新书，在 2014 年 3 月至 9 月间，我以渔翁撒网方式，积极地寻觅、认识和接触数十名来自英美各大顶尖商学院的中国籍 MBA 和一般商科专业在读硕士和毕业生，让他们真实地分享个人经历。在个人背景上，这些被访者均拥有一些类似的背景经验，例如：本科多就读于北大、清华、复旦、交大等重点大学，或在国外念完本科后回国工作。同时，他们一般是在外企工作，可能是跨国性的零售品牌企业，或是著名投行、咨询公司。在本地企业工作的也有，但主要是规模比较大的机构。他们能够成功地考进名校，主要是因为以上种种优秀特点吗？

面对这个问题，我相信，我的老师——芝加哥大学的教授们——必定能贯彻芝大的求学精神，深入搜集和详细分析一切可靠的数据和资料，以证据去证明论点、解释现象和发掘新事物。我手上没有类似的统计数据，未能以科学量化方法去评估和计算个人条件与录取比率的关系——是因果关系，抑或是相关而已？哪些特点在统计学上的多元回归分析中具有显著性差异？概率的分布是怎样一回事？不过，我倒是可以用实证研究来尝试剖析一下。

目前，在我的朋友和社交圈子里，拥有各大名校 MBA 背景的中国人，包括耶鲁和芝加哥大学的同学、校友和在读学生、金融界人士、不同阶层的相识、面试过的申请人、咨询过的学生、遇到的落榜申请人等，不少于 1 000人。当中，没有具备以上特点却成功地被录取的人士不算是少众，大概是40 ~ 45% 左右。北大、清华毕业生加上国际金融机构的工作经验听起来应该是稳操胜券，成功的案例当然不少，但是，不由你不信，事实上，这些人最后被拒绝的情况绝对不足为奇。

所以，以过去积累下来的实证研究和观察，我认为，个人条件与录取率的关系不是因果关系，就是说，不是因为你来自北大、清华，所以才能考上哈佛、耶鲁。个人特点与录取率呈现了一定程度上的相关性，但由于在每项录取案子上，每所学校的内部文化、入学要求和个人素质的相对比重有别，故不能一概而论。

部分读者可能感到疑惑，听起来好像招生官在选拔新生时没有什么准则，倚重主观判断。或许，你们关心的是，在招生的考核过程中究竟有什么决定性因素。其实，最核心的、最关键的因素已经在这几十名被访对象身上显示出来。

在访问的过程中，在各人耐心地详述自己的过去时，虽然我们素未谋面，地理上相距几百、几千甚至是上万千米，但是我依然可以深深地感受到，在每一个独一无二的奋斗故事背后是一颗改变现状、开阔视野和改善自我之心。

为什么要改变、开阔和改善？这是对将来的期盼、对现实的不满和对过去的反省的自然综合反应。扪心自问，如果你安于现状，懒得从过去的得失中学习，又或对未来不存厚望和幻想，你还会有需要和动力去寻找突破点吗？

当被问及为什么要申请国外的 MBA 时，他们不约而同地告诉我，现在的工作确实不错，生活安稳，但是，如果这样继续下去，未来 10 年、20 年的职业路向基本上已经敲定下来，不会有任何惊喜或突破。更何况，出国看看中国以外的世界，无论是美好还是丑陋，无论将来的结果如何，总是人生中一段不可多得的经历。

总的来说，所有成功申请人的自觉性都相当强，对事业的追求和人生的要求有清晰的方向，更重要的是他们清楚自己的不足之处，然后作出实质性补救及改善。换句话说，他们不是因为条件优秀无瑕才进入顶尖商学院，相反，他们知道自己的不足，为了达到将来的目标，选择利用商学院的资源去弥补这个缺口。

以个人及同学的经验为证，商学院带来的经历宝贵是肯定的。但是，一大堆问题尚待解答。你已经对自己未来的职业和人生路向有一定程度的概念吗？假设你决定升读 MBA，背后的动机何在？纯粹出于职业发展、人生规划的目的，还是履行责任或是满足旁人的期望？这段自我探索过程及其结果，直接影响申请时的成功率、入学后的学习动力、暑期实习时的体验，以及毕业后的职业发展。

不论种族、文化、学历和职业背景，升读 **MBA** 的常见动机主要包括：

◆ 转行

◆ 升职

◆ 创业

◆ 丰富人生体验

◆ 改善经济条件

◆ 开阔国际视野

◆ 加强学术能力

◆ 扩大人脉关系网

◆ 挑战及突破自我

◆ 增进多元文化体验

◆ 证明个人实力和耐力

◆ 提升商科和管理知识水平

动机没有对与错之分，只有显性与隐性之别。其实，这段思路相当简单，用三个英文单词——**Why** 、**What** 和 **How**——就足以概括一切。

Why——动机和初衷

What——未来的职业目标和方向

How——方法、手段和过程

简言之，动机引领目标，目标决定方法。

《功夫熊猫》的内功心法

2008 年，由美国梦工厂动画制作的动作喜剧动画电影《功夫熊猫》上映，疯魔全球。这是我喜欢的动画电影之一，原因有二：一是熊猫当主角，白胖胖、率性、贪吃、无心机，相当可爱；二是电影本身表达了一些既简单又重要的做人道理。其中，乌龟师傅说："Past is history. Future is mystery. That is why present is a gift." 意思是，"过去"已成历史，"未来"是一个谜，所以，要珍惜和把握"现在"这份礼物。

我赞同。

现在的你们，可能琢磨着是否换一份新工作、创业、转行、出国留学、选择哪一个专业作为研究方向、升读 MBA 或一般商科硕士。这可不是一本哲学或心理学书籍，我亦不是什么人生导师或心理辅导员，更不认为你们这些资优的申请人只会道听途说，让旁人为自己的人生选择说三道四，替代你们作出重要决定。相反，我相信每个人可以循着自己的方式和心意去自由发挥。

寻找个人路向以及走好中间的每一步，听起来很玄，但退一步想，即使不申请 MBA，认清自己的兴趣和方向也是人生的必经阶段。有的人从来没想过，有的人懒得去想，有的人曾想过但又想不清，有的人永远看不透，想得通透利落而且付诸行动的一群人则是相当难得，勇气可嘉，成功在望。

现在，在你仍未正式进入商学院前，你已经上了第一堂课——一堂人生哲学课。透过每道精心雕琢的申请论文题目以及 30 分钟的面试，学校有意识地送给申请人一个契机——一个有实际奖赏（录取信和奖学金）和时间限制

（申请备战时间有限）、风险近乎零（一次失败可重试，不是世界末日吧?）的机会，让你们认真地回顾过去，展望未来，以现在的行动贯穿一切。如何把握这个机会？是处理一大堆申请文书，做考试复习的循例工作，还是帮助自己找到未来的方向？全属申请人的个人决定。

逆向与内外思维模式

话说回来，乌龟师傅说应该珍惜现在，未来是一个谜，不要担心。这不是说我们应该只顾现在，无需筹划未来。过去、现在和未来是一部连续剧，缺少任何一部分，这场人生戏剧就不完整。因此，为了研究升读 MBA 背后的动机、意义和目标，在思路历程上，我们同样必须剖析三段时期——过去、现在和未来。区别在于，在开始 MBA 旅程的起点，必先从终点入手。这个想法跟风险投资和私募股权投资的概念有异曲同工之妙——在出于投资前，这些投资人对终极出路以及通往出口的路线图，已经心里有数，这就是所谓的退出策略。换句话说，今天的决定由明天的目标带动。

不明白什么是风险投资和私募股权投资的退出策略？不要紧，换一个角度。商业银行和私人银行对某些"尊贵"客户提供专人投资策划和管理，他们的专业水平、服务态度和投资表现业绩如何暂且不谈，先看看他们的工作步骤：开始时，他们一般对客户做详细的风险评估调查，以客户的投资经验业绩为基础，评估该客户对不同金融产品的风险承受能力。同时，进一步了解客户对未来投资计划的期望，包括回报率、投资存续期、时间限制、项目类别、现金流配置和资金需求等各方因素。最后，制定整体的投资解决方案，建议一系列往后的投资战术及配合目标战略计划的投资工具。总之，你的投资资产配置应该反映你的风险承受度，跟你的财务目标需求额度和时间限制的规划是一致的。

仍然不太明白？让我再举一个例子。有一次在芝大上 "运营战略课" （Operations Strategy），女教授 Nicole DeHoratius 邀请了一位校友过来做分享。他效力于一家知名物流公司，这家公司算是构建和运营精密供应链的先驱。校友解释说，公司花了 3 年计划这项措施。首先，想象 3 年后的宏观经济状况和行业营商环境。然后，研究并确定在此等情况下公司的竞争地位和运营走势。根据 3 年后的目标以及今天的内部现状，公司评估和计算两者之间的缺口，继而策划和执行详细步骤，向 3 年后的目标进发。

这是一种逆向思维模式。有了方向和目标，你可以进一步细化引领到终点的每一小步。通往终极目标的可行途径和选择可能超过一个，MBA 学位只是其中之一而已。如果自我反思的过程做得恰当和透彻的话，最终你可能会发现 MBA 学位未必最迎合你的口味，最切合你的需要。与其盲目跟风，追求一个不属于自己的学位梦，倒不如花时间在更直接和更有效率的方法上，早日取得理想中的结果。

进行了宏观的方向分析，微观的自我评估就是下一步。同学们、家长们常常突然间来问我，究竟哪些课程最好？哪所学校最棒？这些问题不好说，每个人的要求、期望和条件是有差异的，在未完全清楚了解自己的情况前，任何答案都是徒然。因此，解答一切留学疑问的基本思维方式应该是由内而外。用逆向思维方式寻找总体的方向后，细化地解构自己的情况：过去有什么经历，现在拥有什么，得与失，对与错，是与非，童年与少年时代成长经历等。然后根据个人目标、条件、需要和现实情况，寻找最适合自己发展的环境，继续上路。

试想象：动机和初衷认清了，未来方向和目标找到了，过去经历和自身条件想透了，中间存在缺口，跨越这个缺口的桥梁就是一个 MBA 学位（以及它带来的一切好处）。前文提及，转行是选择 MBA 学位的常见动机和目标。基本上，接近100%的全日制MBA学生都是冲着转行而来。如你的未来职业方向与现在的职业有颇大的距离，有一点必须强调：转行的思路必须合情合理。一个医生希望在商学院毕业后进入医院的管理层，这是正常、可行的转变。但是一个舞蹈家想当投行家，在写作申请论文时，必先说服学校，解释这一巨变的背后因由。例如，舞台经历与未来金融职业发展有什么关系，是否因特别往事而激发念头，又或在过去人生经历中积累了某些金融财务管理技能等。总之，这种转行的举动不能过分天马行空；如果讲得不清不楚，商学院会觉得转变是不可行、不切实际的，会对申请人的职业目标抱着怀疑态度，最终直接影响录取结果。

哪种投资最值得花钱？是阿里巴巴股票、房地产，还是你的脑袋？

你们有没有听过"最安全的理财是个人教育投资"这句话？知道这是谁说的吗？是华人富商李嘉诚先生。他曾说，把钱投资在自己的头脑上，你花得越多就赚得越多。

对于他的商业决定和手法，未必每个人完全理解及认同。但对于这句话，我是万分赞同。

他的论据是这样的：人生中的困境是未完成的功课，一定要通过自我摸索与自我学习，才能突破与跃进。聪明的人懂得通过学习借鉴别人的经验，避免自己重蹈覆辙，多走冤枉路。所以，学习的钱一定要舍得花。哪怕借钱来投资自己都是值得的，因为它一定会有窗口让你再把钱赚回来。

很多人会反驳："连三餐都吃不饱了，负债累累，哪里有钱再去学习呢？

而且学习也不见得立刻就看得到效果!"李先生认为,这样的人永远都不会用钱投资自己的脑袋。但是,事实上,如果真的一贫如洗,头脑正是东山再起的最大本钱,就更应该好好投资在这里才对,因为脑袋穷,人生就会穷。

假如有想改变的心,却连一点点的学费都无力支付,这样的人在面对现实生活中真正的困难时,会有足够的能力去克服吗?要知道,真正的难关比这大过千百倍,小困难都克服不了,人生如何能转败为胜呢?

学习的花费看得见,也有限,但花在社会大学里的学费却可能让我们倾家荡产,甚至招致生命危险。所以,一样要学习,不如把学费交给有智慧的人——教授,让他们引导我们,而不是把钱砸在学费高昂的社会大学里。

个人事业和学业规划不是一个人的事

以前有一位陈同学,是芝加哥大学在读 MBA 学生,我们是这样认识的……

某年某月的周日下午,在香港香格里拉酒店的餐厅内,我约好了一位学生张同学面谈,由于翌日他要参加入学面试,我特意找了一个比星巴克更安静和隐私度更高的场所为他作模拟面试。同时,又收到另一邀请,是一个新申请人发送的电邮,那是陈同学发来的,说刚刚看到某香港报纸上我的个人专访,想尽快跟我面谈,讨论申请 MBA 的事宜。当时他有一个要求,就是带太太一起来会面。一般申请人都是"单枪匹马"赴会,他是第一个主动要求带伴侣过来一起讨论、见面的,我说没问题。老实说,我欣赏他们的举动。不管是太太主动要求,还是丈夫希望太太参与其中,两口子有商有量。毕竟如果丈夫真的考进美国商学院,在未来两年期间,工作于国际金融机构的太太必须跟陈同学分隔两地,不能如那些当家庭主妇的太太一样,搬到美国去陪伴在侧。为了丈夫的前途和理想着想，太太选择支持丈夫完成心愿。结局如何？我们的会面十分顺利，之后开始协助他准备申请文件和面试，一年后，陈同学收到数份录取信。我相信，太太一定以丈夫为荣。

在不少媒体专访中，我常说，MBA 的规划和执行是人生大事，与结婚生孩子等计划差不多。一个人的决定需要深思，超过一个人的决定就更不容易。

记忆中，我在耶鲁求学时，中国同学和美国同学的陪读配偶不少，已婚日本籍男同学的太太一般随丈夫越洋到美国去陪读，每天准备丰盛的家常菜，待丈夫下课后回家吃饭。偶然，我有幸被邀去他们家做客，享受家常美食，感觉特幸福和暖心。我认识一位耶鲁在读 MBA 学生李同学，虽然大家没有见过面，可能因为我们是同门关系，在我访问她时，从电话上传来的轻松热情声音让我感觉相当亲切。她笑说，自己属于少众，一般是太太过来陪读，而她呢？是丈夫全程陪"公主"读书。

幸好，美国商学院有一个优点，是"爱屋及乌"，对本地和外国学生的配偶和家属照顾周到，体贴入微。举个例子，在芝大全日制 MBA 课程里，有一个学生组织叫 Booth Partners，专门为学生的伴侣、男女朋友、孩子等服务，定期举办活动：博物馆参观、舞蹈或音乐表演欣赏、红酒品赏会、慈善活动、儿童游戏竞赛、免费的英语辅导班等。这个组织旨在让来自不同国家的家属相互认识和扶持，尽快融入当地社区，建立朋友圈。毕竟，学校为学生减轻家庭和生活上的精神负担，无形中能对学生的学习体验起正面作用。

在耶鲁毕业前，我们所有二年级的学生投票选出"最受欢迎教授"，当年才 30 岁的她是我们的教授中最年轻的老师，专长是公司战略和应用经济学。虽然她的咨询实战经验有待积累（一般工作多年的战略学教授均拥有相当丰富的企业咨询经验，因此，在课堂上可以理论与实践兼备授课），教学手法却灵活有趣，人也挺亲和，我们很喜欢上她的课，后来她离开耶鲁，加入加州大学伯克利分校。获奖时，她分享道："终于结束了，恭喜你们！在大家满心喜悦之际，请不要忘记那些一直默默守候在你们身边的家人或朋友。这两年期间，在你们挥洒汗水和泪水奋斗的时候，他们背后的牺牲不一定比你们少。此时此刻，向他们说声'多谢'吧！"

也许，在"逐鹿中原"的游戏中，人脉、金钱、名声、学位、地位……无止境的目标和追求，都不及微信上传来的片言问候、奋斗时一起流过的汗水、失意时伸出的援手、得意时的肺腑提醒，以及长期以来的默默守候。不管你的梦想是什么，你们身边可有无私地支持你建筑梦想、深信你一定能够完成大业的家人或朋友吗？

此时此刻，脑海中突然响起已故艺人张国荣先生的一首名曲《追》……

第二章

乐观偏差和计划谬误——
筹划 MBA 项目的进程

"Timing, perseverance, and ten years of trying will eventually make you look like an overnight success."

Biz Stone
Co-Founder of Twitter

乐观偏差和计划谬误是人性的基本弱点，任何人都会犯。大部分的申请人却有一个通病——眼高手低，高估自己的执行力和投入度，却低估申请计划的挑战性与难度。于是中途放弃者比比皆是，付出的时间和资源最后沦为沉没成本。

大家必须明白，每人的斤两，并不是一时三刻用魔术变出来的。经验是经过成败得失而来的，业绩是通过长期积累而建立的，人脉是透过人情点滴而发展的。在 MBA 申请这件事上，时间就是"萧何"，就是说，成也萧何，败也萧何。时间上的战略没有什么特别的窍门，简单来说，越早开始准备越靠谱。

2014 年世界杯的观察：闭关练功 10 年的坚持成果

执笔写作期间，正值四年一度的世界杯。我不是标准球迷，不敢贸然逐一评论各国球队的长短以及众球星的表现。这次大赛存在着不少亮点和争议点，其中，当德国队以 7 比 1 击败大热门巴西队时，整个过程以及结果确实让众人惊讶。于是，我翻看了一些关于这场赛事的点评分析。其中，原籍德国的耶鲁大学管理学院教授 David Bach 立时撰文，刊登了一则名为 "Is Germany's World Cup a triumph of management?" 的评论。他认为，德国队拥有五大成功因素，与有效的管理模式有莫大的直接关系。它们分别是：

1. 长线能力的发展（Long-term capability development）
2. 精确的策划安排（Meticulous planning）
3. 鼓励相互开放沟通和强调个人责任承担的文化氛围（An inclusive culture based on open communication and individual responsibility）
4. 针对竞争对手的数据收集和分析（Competitive intelligence）
5. 因时制宜的应变能力（Confidence to deviate from the plan）

对于每一论点的详细阐述暂且不作任何评论。教授认为，重点是德国队自 2004 年起，苦心经营，潜心积累，培养出一支精湛的球队，他们的胜利并不是一时三刻的幸运，而是有心栽花的成就。如果读者有兴趣的话，请参看原文的分析（http://insights. som. yale. edu/）。

说了半天，足球训练跟 MBA 申请有什么关系？

在过去的媒体访问中，记者总是问我，究竟申请 MBA 需时多久？应该何时开始申请程序？如果纯粹从申请时间管理的角度来看，有的花了 3～6 个月，包括备考 GMAT 以及完成所有申请文书，有的却花了 1～2 年的时间。申请时间长短因人而异，基本上在乎申请学校的数量、申请人的工作情况（有些人特别辞职预留所有时间来成就 MBA 大业）和投入度，事前准备工夫的素质等，所以不能相提并论。

如果 MBA 申请是一道菜，那么，时间因素就是这道菜的成败关键。在 MBA 申请这件事上，时间就是"萧何"，因此，成也萧何，败也萧何。个人认为，关键的问题应该是筹备、策划和执行整套 MBA 计划所需的时间。摆正重点后，答案就完全不一样了。正确的答案是：练功 10 年。

回顾自己的经历，我从 15 岁便开始备战 MBA，所以走过的路更长、更弯。有兴趣的话，读者可翻到第八章听听我的故事。

从前看过一集《欲望都市》（*Sex and the City*），关于 4 位女主角的友情试炼，第一女主角跟另一位说了这一番话：

"Friendships don't magically last for 40 years; you have to invest in them. It is like your savings; you don't expect to wake up one day when you are old and find a bucket of money waiting for you at the bank. We need an emotional retirement plan, making time for each other and taking trips together are therefore important."

大意是友情必须经过双方付出时间和心血来维持，如银行储蓄和退休基金一样，是经年积累的成果。如果没有定期付出和投放资金的话，不能寄望有长期的成效。

同一道理，每人的斤两并不是一时三刻用魔术变出来的。经验是经过成败得失而来的，业绩是通过长期积累而建立的，人脉是透过人情点滴而发展的。因此，与其说申请人一般需要花数个月至一年不等的时间来备考和完成申请材料，倒不如说"路遥知马力，日久见人心"。在投资价值回报层面上，就如我的老同学张磊（推荐序言作者之一）管理长青基金一样，当长期价值投资人犹胜于机会主义者和短炒人士。

计划周详的申请人大有人在，先讲两个"专心一意长期作战"的故事。

<u>许同学，现为哥伦比亚 MBA 学生</u>，对哥大商学院情有独钟，是一个有计划、以目标为本的学生。打从在国内念本科时，她已经开始参加学校举办的讲座，席中积极与招生官和校友打交道，每年没有间断地参与活动，多年来与他们建立起实在和直接的关系网。另外，通过交换生计划，她特别到美国去亲身体验哥大的学习生活和氛围。这些种子经过历年来的悉心栽培，表明了她对哥大的真正热情和兴趣，学校方面亦相当信服，对她的印象更见深刻透彻。终于，到了正式申请时开花结果。她成功地在首轮参选时被录取，并且考获入学奖学金。

<u>林同学，现为哈佛 MBA 学生</u>，与我一样，15 岁时种下到美国留学的种子。她在 15 岁时有机会到波士顿当交换生，爱上美国的学习环境和文化。在内地念工程学本科时，她又有机会参加交换生计划，这次她到香港去学习商科，对商科产生真实兴趣。从此以后，她下定决心到美国升读商学院。于是，她选择加入国际食品品牌企业工作，吸收综合性和宏观性的管理经验。然后，在首轮截止日期前一年左右开始准备考试和申请材料，最后一击即中。

不是每个申请人都像她们一样对商学院那么"一往情深"，大部分的申请人却有一个通病——眼高手低。什么意思？就是高估自己的执行力和投入度，

却低估申请计划的挑战性与难度。于是中途放弃者比比皆是，付出的时间和资源最后沦为沉没成本。

时间是地球上最宝贵的资源

2013 年夏天，我在芝大伦敦分校上了一门课，名为 "管理决策学"（Managerial Decision Making），从行为经济学和心理学的角度来理解管理人员的行为、通病和偏见，从而提升我们做商业决策和人生决定时的能力。官方教科书是全球畅销书《思考快与慢》（*Thinking, Fast and Slow*），作者丹尼尔·卡尼曼（Daniel Kahneman）在书中解释，在策划和执行项目时，受过度乐观的念头驱使，经理往往容易低估项目的成本（包括时间成本），或高估项目的回报，甚至在进行敏感度测试时只顾考虑最好的情境，不切实际地忽视了其他可能性（包括最坏的状况），最终导致执行计划上的落差。

乐观偏差和计划谬误是人性的基本弱点，任何人都会犯。我曾在芝大上了一门关于创业实践的科目，富有创业和创投实战经验的女教授 Waverly Deutsch 曾断言，创业者在创建新公司时一定会高估销售预测，低估运营成本。有什么补救办法？预留更宽广的安全幅度，进行敏感度测试时考虑更具体的情境，寻找独立第三者，提出更多合理的质疑等。最终目的是让计划在实践时更接近现实——少一点假象式乐观，多一点应变执行力。

MBA 申请人不是也有类似的问题吗？从前碰到过数位申请人，他们都是在申请截止日期前的一个月内找我帮忙，当时连论文初稿还未开始构思，却极富上进心，准备申请超过一所排名十大的商学院。我问他们，既然目标远大，为什么不早点准备？他们坦白地告诉我，是自己失算了。因为他们是国外本科毕业生，以前念本科时写过不少英文论文，因此英文写作水平比较强，满以为考完试后只需一两个周末就可以完成几篇申请文章，谁知毫无头绪，力不从心。"这道题的背后意义是什么？究竟用哪些例子去表现个人特点？"想来想去，总是一头雾水，于是花掉了不少冤枉时间。如工作方面出现预料之外的重担或个人生活诸事缠身的话，可用的时间就更少。最后，什么都做不到，什么都做不好。

既然知道人类的原始弱点，那么，申请人怎样做才能克服这个弱点呢？时间上的战略没有什么特别的窍门，简单来说，越早开始准备越有好处。

商学院的学习模式是基于"集思广益、同辈互相学习"的理念。为了丰富学生的学习体验，招生处职员费尽心思，精挑细选一些具备最独特背景、性格、经历的候选人，组成一班在各种主要范畴上——种族、性别、地理分布、职能、行业、语言——均最有代表性和最多样化的学生群。

基于以上逻辑，那些申请 MBA 的常客，如工程师、投行分析员、管理咨询师、四大会计师事务所的会计师、国际金融机构专才等，越早申请越有利。头轮选拔中具备相同背景的申请人比较少，竞争难度略低，比较容易突围而出，但如果在后轮选拔期间才申请，同类型竞争对手的数目众多，说服对方自己的差异价值就困难多了，最终影响成功率。

就算你拥有非传统、独特的背景，提早申请也是上策。一般来说，在首轮和次轮选拔时，在保持学校传统素质的大前提下，学校适度地调整审核尺度，务求尽量在几个月时间内把新生班大部分的名额填满（1、2 月时，如新生班 80% 已经落实，总比 40% 好多了吧）。因此，后期的尺度可能会相应提高。更何况，在收到录取通知书后，同学们需要时间处理一切出国签证等事宜。早点筹备，早点申请，早点面试，早点被录取，就能早点处理出国琐事，早点开始新生活。

总的来说，我们不能够准确地预知申请期间会否出现乱子，更不知道这些所谓的乱子的性质是怎样，对申请情况会否造成影响。更现实的是我们每人均拥有懒惰的本性，把事情推迟一天又一天。所以未免好事多磨，早点儿开始准备工作，让时间为申请书加添色彩。

如果你准备 2017 年 9 月入学，今天应该开始做什么？

在时间部署上，在此列出一份建议时间表，申请人应该根据自己的情况来决定先后次序、具体细节和加长缩短。

假设你准备 2017 年 9 月入学的话，整个申请程序大概 15～18 个月左右：

2015 年 9 月—2016 年 5 月（申请前期）

◆ 呼应第一章的建议，申请人应对个人兴趣、职业条件、过去经历、未来发展方向等作出深入反思和批判性评估。过滤思绪，整理记忆，用笔记有系统地记录下来，以备未来草拟论文、简历等文书之用。

◆ 对国内外商学院进行详细调研，相互比较，包括课程内容、教学资源、地点环境、文化氛围、入学要求、生活素质、学生课外活动组织和校友网络等，无论最后决定申请多少所学院，在调研初期，必须扩大范围，深层探讨，货比三家。

◆ 参加学校在中国境内举办的官方讲座和校友活动，跟与会的招生处代
表、当地校友和放假回国的在读学生打交道。认识多了，在往后的日
子里能更有效地做出合适的选校决定。

◆ 各大学校也定期举办网上论坛，地域时差可能造成不便，不过好处是
可以实时与招生处代表和在读学生互动，听取心得。

◆ 复习和备考 GMAT，争取在这一年中完成，否则将来一边做申请文
书，一边备考，压力一定不小。

◆ 如果时间和经济上许可的话，安排到学校当地进行实地考察，与在读学
生交流，做个旁听生，观察校园情况。这种个人化的体验远胜于搜索厚
厚的书面和电子化材料。关键是事前做足准备工作，特别是申请前期的
前四项工作是重点。有备而来的探访肯定会为申请书加添不少印象分。

◆ 部署挑选推荐人。谁是潜在的适合人选？推荐人一般是工作上常常打交
道的人，鉴于距离准备推荐信还有一段时间，多积累一些双方合作和沟
通的经验，让他们对你的为人和工作能力加深了解，并且虚心征求意
见，加强关系。

◆ 筹划教育融资预算。除了储蓄和工资以外，国内银行贷款和学校本身
提供给外国学生的财务资助务必探究清楚。

◆ 观摩 2015 年 9 月入学的申请论文题目。其实，每年的论文题目必定
更新一次，所以不能预先写好一些后备文章，不过，可以先参考一
下，找些灵感之余，亦可作练习之用。

2016 年 6 月—2016 年 12 月（申请中期一）

◆ 一般在 6 月和 7 月之间，学校会陆续公布新一年申请论文题目、文书的其他要求和各轮选拔的截止日期。根据在"申请前期"进行的学校调研结果、自我条件分析和实际申请要求，敲定最后的选校名单，制定首轮和次轮申请上的战略部署——哪所学院安排在首轮申请，哪些排在次轮。

◆ 草拟论文提纲和简历初稿，然后进一步优化正式论文和简历材料。修改编审的过程繁复枯燥，历时数个月，找几个朋友、同事、同学或独立第三者作为义务导师，吸纳多元化的意见。

◆ 填好电子版的申请书。现在的申请书不仅要求填个人资料，近年的趋势是申请书包含了一些类似于论文题目的短问题，在有限的字数内作答。所以，应预留额外时间细心回答问题。

◆ 与本科时就读的大学联系，申请正式成绩单发送给商学院。

◆ 正式邀请"心仪对象"作为申请推荐人，向他们表明心迹和意图，了解对方对自己的评价。推荐人通常是大忙人，要写的推荐信数目不少，而每所学校对推荐信的要求不一，因此，申请人与推荐人必须保持紧密合作联系，抓紧在限期前收集和递交所有推荐信。

◆ 如有特别奖学金或助学金需要分开申请的话，申请人需要额外准备有关材料。

◆ 对于首轮申请的同学们，在 9 月底或 10 月初递交了申请材料后，剩下的几个月就是准备面试的时节。首轮申请人的面试邀请书应该在截止日期后 6~8 个星期内以电邮发出。

2017 年 1 月—2017 年 3 月（申请中期二）

◆ 对于次轮申请的同学们，递交了申请材料后，这两个月就是准备面试的时期。同样，次轮申请人的面试邀请书估计在截止日期后 6 ~ 8 个星期内以电邮发出。

◆ 首轮申请人的录取通知书一般在 1 月初发出。次轮申请人的录取通知书一般在 3 月底或 4 月初发出。奖学金和助学金的通知书一般与录取通知书一并发出。

2017 年 4 月开始（申请后期）

◆ 录取后，办理和申请出国签证，并且申请宿舍或作出当地租房安排。有机会的话，参加学校为刚录取的新生举办的欢迎周末活动，有助敲定最终的选校决定（如你收到超过一封录取信）。及时交学费订金，以确保获取的新生名额。

◆ 被拒绝的话，待整个申请季节过后，跟招生官直接联系，了解被拒绝的理由。如果申请人准备明年再接再厉的话，他们的意见是相当有建设性的，亦表明了申请人对该学校的认真态度和兴趣，这一点个别招生官可能觉得特别欣赏。

◆ 被列入候补的话，马上跟招生官直接联系，尝试发掘背后的原因，可能需要重考 GMAT，拿取更高的分数，书写一篇全新的论文，或亲自拜访学校，这样有助于提高录取概率。

其实，15 ~ 18 个月的准备流程一点也不辛苦。不要忘记，考进后是两年的密集型训练，紧接着事业上马拉松式的营营役役，相对地，预备申请只是起步而已。读者们，百忍成金，好戏在后头，不继续坚持就看不到好戏啊！

第三章

价格与价值的平衡较量——
MBA 融资与投资回报率

"If you are not a risk taker, you should get the hell out of business."

Ray Kroc

Founder of McDonald's

　　一个全日制 **MBA** 学生的两年综合成本（直接和间接成本）可以高达 **30** 万美元之多。成本这么高，回报又如何？在 **MBA** 融资上，成本是可量化、客观性强的价格，回报却包含着可量化和无形的价值，含主观因素在内，价值可以是长远的，但效果未必立刻浮现。

　　中外媒体以及学校本身惯于量度和比较 **MBA** 毕业生所谓的投资回报率（ROI），旨在看看哪所学院的回报率最优。任何金融模型和计算方式的实用性和适当性取决于模型内所采用的假设和资料的质量。从经济回报的角度看，ROI 这个方法除了缺乏货币时间价值外，更存在不少漏洞，包括时间的敏感度、假设数值的精确性、比较上的差异以及风险水平的估量等，这直接影响最终的计算结果。

　　申请人需要明察，除了经济回报和效益之外，其他利益，如独特回忆、学习经历、技术和人力资源、潜在机会可能性等，在计算含金量的公式中是不容忽视的。短线利益和长线价值息息相关，缺一不可。

我是苹果手机用户，但是，老实说，以键盘打英文电邮或短信这个功能，我仍然比较喜欢昔日的黑莓手机，非常实用。犹记以前上班时，黑莓不离手，近乎中了毒似的，患上黑莓症候群。可惜，这所公司经营不善，加上苹果、三星、HTC、小米等品牌的猛烈竞争和持续创新，黑莓手机的市场份额一直缩减。最近，他们又出新招，以现金吸引客户：在推广期内（2014 年 12 月 1 日至 2015 年 2 月 13 日），任何购买新款黑莓 Blackberry Passport 的苹果用户，只要将手上的苹果手机卖给黑莓，每人有机会拿到最高 550 美元的赎回价。希望了解详细情况的读者可以参看 http://press. blackberry. com/press/2014/blackberry-announces-new-holiday-deals. html。

当这本书出版时，这项计划已经完结，成绩如何，容后再谈。当我看到这篇报道时，我立刻问自己，在心中，究竟一个苹果手机的价值是多少？在你的眼中呢？谁愿意为了 550 美元放弃手上的苹果手机（假设是 iPhone 6）？同时，黑莓的相对价值又如何？

价值与价格是两种概念，高价值的东西不一定是高价格，一字之差，意义却有天壤之别。

国外 MBA 学位的价格

2014 年 8 月，《美国新闻与世界报道》公布了十大学费最昂贵的私立商学院（全日制 MBA 类别），2013—2014 年度平均费用（一年）为 62 000 美元，不含书本教材、住宿、交通及其他生活费。这些商学院分别是：

私立商学院	全日制 MBA 一年费用（美元）
哈佛大学	$ 66 348
宾夕法尼亚大学	$ 64 828
达特茅斯大学	$ 63 519
哥伦比亚大学	$ 63 302
麻省理工学院	$ 61 440
纽约大学	$ 59 844
芝加哥大学	$ 59 753
斯坦福大学	$ 59 550
西北大学	$ 59 310
耶鲁大学	$ 59 205

在好奇心驱使下，我继续调查其他私立研究院的学费情况，包括私立医学院和法学院。《美国新闻与世界报道》的数据显示，不含书本教材、住宿、交通及其他生活费，美国最昂贵的私立医学院和法学院的一年费用大约为 $ 58 000（美元），非商科、非医学、非法学类的一般性研究院一年费用通常也是 $ 40 000 ~ 55 000 左右（美元）。大家都是研究院水平的学位，相比之下，一个工商管理硕士学位属于一项高端、高技术、重品牌的奢侈品。

如果加上书本教材、住宿、交通及其他生活费，一年的总支出（直接成本）大约为 10 万美左右（见下表），两年全日制的课程花费就等于 20 万美元。机会成本呢？假如放弃了一份年薪几万美元的工作，那么，一个 MBA 学生的两年综合成本（直接和间接成本）可以高达 30 万美元之多。

以下是哈佛商学院 2015—2016 年度全年学期费用参考预算：

支出（美元计算）	单身	已婚	已婚 +1 个孩子	已婚 +2 个孩子
学费	$ 58 875	$ 58 875	$ 58 875	$ 58 875
医疗支出	$ 992	$ 992	$ 992	$ 992
医疗保险计划	$ 2 366	$ 2 366	$ 2 366	$ 2 366

（续前表）

支出（美元计算）	单身	已婚	已婚 +1 个孩子	已婚 +2 个孩子
配偶/儿女医疗支出	$ 0	$ 5 338	$ 8 140	$ 9 550
教育杂费	$ 7 360	$ 7 360	$ 7 360	$ 7 360
租金/水电（9 个月）	$ 11 544	$ 18 383	$ 22 810	$ 22 810
一般生活费（9 个月）	$ 13 963	$ 17 586	$ 22 557	$ 29 147
合　计	$ 95 100	$ 110 900	$ 123 100	$ 131 100

国外 Executive MBA（EMBA）课程（即高级行政人员 MBA 课程）的成本大致上差不多，不过由于 EMBA 的学生一般有全职工作，基本上没有因离职两年而产生的机会成本。一般人以为，EMBA 学生一定是受雇主赞助，所以费用支出从来不是问题；实际的答案是对的，也是否的。对的是，通过全数或部分赞助形式——学费、机票、有薪假期、无薪假期和/或住宿费——雇主向就读 EMBA 的员工提供资助和补贴；否的是，近年来，可能鉴于经济周期不稳定的原因，雇主对于提供全数资助这种做法有所保留，因此，得到全数资助的 EMBA 学生数目出现了下降的情况。部分 EMBA 课程的雇主资助率约为三成左右。

以下是十大学费最昂贵的私立商学院（EMBA 类别）（来源：Poets & Quants）：

私立商学院	2014 年 EMBA 总学费	年均增幅（过去 3 年）
宾夕法尼亚大学	$ 181 500	2%
西北大学	$ 180 084	5%
哥伦比亚大学	$ 175 200	6%
纽约大学	$ 170 200	6%
芝加哥大学	$ 168 000	6%
伦敦商学院/哥伦比亚大学/香港大学	$ 166 911	5%
杜克大学	$ 166 000	4%
康奈尔大学	$ 161 360	5%
加州大学伯克利分校	$ 159 900	2%
Trium: 纽约大学/伦敦商学院/巴黎 HEC	$ 155 500	4%

关于以上数字，申请人需要注意总支出的组成部分，有的包括酒店住宿（全数或部分），有的选修课需要额外收费。另外，如果需要前往国外校园上课的话，机票和交通费一般是自费的。所以，在比较不同学校的课程时，学校公布的学费数字只是整个支出的一部分。假如加上额外费用的话，（直接）总成本应该超过 20 万美元。

价值 = 短线利益 + 人脉 + 机遇 + 见识 + 门路 + 奇遇

成本这么高，回报又如何？在 MBA 融资上，成本是可量化、客观性强的价格，回报却包含着可量化和无形的价值，含主观因素在内，价值可以是长远的，但效果未必立刻浮现。如把 MBA 学位当作一项投资的话，它的成本效益往往被曲解。付出的现金和机会成本是肯定的，但由于从学位身上赚来的回报存在时间和经济的不确定性，难于全面客观地量度，因此，受到人类本能——避险心态的影响，申请人往往着眼于可合理地量化的回报（即毕业后中短期的薪酬水平），而忽略了一些意义重大、却不能用金钱衡量的长线得益。

这使我联想起一个经典广告。1997 年，万事达卡（MasterCard©）在全球开展了一系列的品牌推广活动，当时的广告口号是："Priceless —— Because there are some things money can't buy." 意思是"无价——因为有些东西金钱买不到"。在我的眼里，作为一把钥匙，MBA 学位为学生们打开人脉、机遇、见识、门路和奇遇的契机，以上种种都不能用金钱去衡量。

小学时，当我还未对追求学问产生那份发自内心的兴趣时，母亲说了一句让我铭记于心的话："学会的知识是你拥有的永恒资产，谁都不能抢走。"

长大后，有一天当上投资管理人，负责为机构投资者管理金融投资时，我终于能完全明白和体会此道理。市场变幻莫测，资产投资的价值可以一夜间蒸发，一夜间狂升。过去两年，我为个人"投资者"提供教育投资意见，与金融资产投资的主要区别是，教育投资不能被人盗取、突然降价或骤然消失。知识、技能和体验永远是学生的资产。资产如汽车等随岁月折旧，学生和毕业生的知识面却通过持续性学习而更新和扩大（除非当事人选择永远放弃接触新事物和面对新挑战），所以教育投资的价值是抗折旧的。

具体来说，全球的 MBA 毕业生数目日益膨胀，为了证明自身能力及凸显学位的差异价值，应对方法是选读高素质和名气大的 MBA 课程，由此产生的价值是有形和无形的。某些企业，如高盛、麦肯锡、谷歌等只会在个别特选商学院进行校内招聘活动，考核和选拔未来管理人才，这些面试和就业机会不常见，如成功受聘，薪酬和职位晋升方面可算是得到一定程度上的保障。同时，全球校友网络是一个长期人力资源和社交资本的宝库，资深教授的企业人脉和资讯网络更为难得，这一切都是有待发掘的潜在价值。总的来说，申请人需要明察，除了经济回报和效益之外，其他利益，如独特回忆、学习经历、技术和人力资源、潜在机会可能性等，在计算含金量的公式中是不容忽视的。短线利益和长线价值息息相关，缺一不可。

如何计算学位投资回报率（ROI）？

中外媒体以及学校本身惯于量度和比较 MBA 毕业生所谓的投资回报率（ROI），旨在看看哪所学院的回报率最优。无论是全日制 MBA 还是 EMBA，ROI 的计算理论是一样的。基本上沿用的概念与项目融资预算如出一辙。首先，罗列出一系列的假设数据，注意，它们都是变量，应根据个别情况而调整。

以下是一个 Chicago Booth EMBA 学生的例子：

项　目	假设数据
现在岁数	35
预期退休年龄	65
现今年薪（美元计算）	$100 000
年均年薪增长率（没有 MBA 学位）	3%
年均年薪增长率（有 MBA 学位）	7%
年化资金机会成本	5%
两年总学费（美元计算）	$170 000
两年总支出（酒店、机票、饮食等）（美元计算）	$40 000

然后塑造一个现金流模型：

项目（美元计算）	MBA 第一年（0）	MBA 第二年（1）	毕业后第一年（2）	毕业后第二年（3）	毕业后第三年（4）
边际现金流出量	（$105 000）	（$105 000）	–	–	–
预计年收入（有 MBA 学位）	$100 000	$103 000	$110 210	$117 925	$126 179
预计年收入（没有 MBA 学位）	$100 000	$103 000	$106 090	$109 273	$112 551
边际现金流入量	–	–	$4 120	$8 652	$13 629
净边际现金流（incremental cash flow）	（$105 000）	（$105 000）	$4 120	$8 652	$13 629
折现系数（discount factor）	1	0.952 381	0.907 029	0.863 838	0.822 702
年现值（present value）	（$105 000）	（$100 000）	$3 737	$7 474	$11 212
净现值（net present value）	$1 458 027				
内部收益率（IRR）	18.74%				

为了方便说明背后的概念，特意设计一个比较简化的模型（前五年）。理论上，我们首先需要预测未来30年中（现在岁数与预期退休年龄的相差数值）每年的净边际现金流——边际现金流出量，加上两种情况下（有学位和没有学位的情景）年收入的相差数，然后用折现系数计算出年现值，最后，30年的年现值加在一起就是净现值；同时，从每年净边际现金流引申而计算出内部收益率。净边际现金流是整个过程的驱动源头，为什么？因为我们要知道这个学位对你的未来收入是否起了正面的增值作用，如果有的话，那么年薪年均增长率在有学位的情景下比没有学位的情景下为高，净边际现金流将会是正数，即是说，随年月增长，学位将增加你的收入。

任何财务模型的计算结果对内含的假设数据都非常敏感，只要稍微调整某一假设数据，结果就会不一样。例如，年薪年均增长率（有MBA学位）从7%提高至10%（约40%的增幅），其他的假设数据维持不变，新净现值可高达$380万（美元），是旧净现值的2.6倍，内部收益率从18.74%提升至25.87%。至于ROI，如果年均增长率是7%，三年总收入大约是$354 314，投资回报率便是69%；如果增长率是10%，三年总收入大概是$375 023，投资回报率就是79%

如果是全日制MBA学生，在模型中，学生应加入其他可量化的因素，例如，离职两年期间所损失的收入（即机会成本）、暑期工预算收入、额外税务支出或补贴等。

在我眼中，用ROI去衡量和厘定一个MBA学位的投资价值并没有中肯的实质意义，充其量是一种局限性的统计数据。为什么？我们可以从几个方面来理解。

每次看到回报率的数据，脑海中不禁出现很多问号：计算结果背后隐藏着什么意义？输入的假设数据从何而来？年期是多久？投资总额包括机会成本吗？年收入是全体毕业生的总平均数、中位数、最大数值，还是某一特选行业的标准年薪？最终，进行计算的机构是否用统一标准作出跨学校的对比？就如常用的英文谚语"Comparing apple to apple，not apple to orange"一样，意思是，应该将苹果与苹果，而不是苹果与橘子，作出对比。

任何金融模型和计算方式的实用性和适当性取决于模型内所采用的假设和资料的质量。从经济回报的角度，ROI 这个方法除了缺乏货币时间价值外，更存在不少漏洞，包括时间的敏感度、假设数值的精确性、比较上的差异以及风险水平的估量等，这直接影响最终的计算结果。

再者，正如前文所言，由 MBA 学位带来的人脉、机遇、见识、门路和奇遇等益处和回报是不能完全用金钱去衡量的。这些回报出现的时间、频率、情况等因人而异，更无法为此等有意义但无形的好处加上可合理计算的价目牌。得益以外，不能客观地和准确地量化和现金化的代价也不少，例如：（1）错失与家人和朋友相处的时间。（2）生活质量出现反面变化。（3）繁忙的学习生活导致睡眠不足和饮食不定，继而引发健康问题。（4）巨大压力对心理造成潜在伤害。

再看看现实。进入商学院当然有风险，谁可保证你毕业时的就业市场一定蓬勃兴盛？我在"乱世"中（2002 年是 9·11 事件发生后一年）毕业及成长，在美国找全职工作难度极高，据非官方的资料显示，当时哈佛和沃顿商学院等的 MBA 毕业生，毕业时的就业率只有 40%～60% 左右（经济好景时，这数字一般接近 100%）。作为一个外国学生，我在美国求职并不容易。如果我不是抱着"能屈能伸"和"创新冒险"的积极态度，怎能化险为夷，在 5 年间由一个低级金融模型师，晋升成为肩负开拓亚洲市场任务的领军人？

如果毕业时遇上经济萧条，你会怎么办？怨天怨地？断定 MBA 学位对你的事业没有帮助，觉得投资失败吗？我的 MBA ROI，毕业时是负数，几年后踏入正轨，不同时段有不同结果。那么，你认为我的投资算是失败还是成功呢？成败不能只看一时的道理显而易见。

在资金不足的情况下，我如何顺利完成耶鲁学业？

在了解到 MBA 学位要求的价格和赋予的价值之后，申请人必须面对和解决最现实的问题——如何安排学费融资。老实说，我没有完全准备好两年的费用就已经到耶鲁去。可能由于太忙，脑袋充斥着功课、工作、课外活动等，我并没有过分忧虑金钱上的难关。一边上课，一边工作，我觉得挺开心。当学生就应该是一件愉快的事情，尽量享受过程是我当时的心态。勇敢？冒险？诚然，信用风险管理与监管工作的培训让我凡事先看负面风险才考虑正面因素，不过，幸好那颗"车到山前必有路，船到桥头自然直"的童心依然活跃旺盛。

出发前，我手头上只有个人储蓄和奖学金，足够支付第一年的学费及一般生活费，其他费用如房租怎么办？拥有专业会计师的资格使我得到学分豁免，第一年不用上会计科目。于是我灵机一动，在开学前数个月，毛遂自荐地跟管理学院内的会计学教授 Rick Antle 联络上，看看他来年是否需要助教。他很快回答说："已经有人选了。"不过，他毫不犹豫地把我推荐给本科那边的教授，他们看过我的履历后，双方一拍即合。就这样，在出发飞往美国前，我已经找到一份为期两年的会计学助教工作。

到了第二年，除了继续当会计学助教，我还兼任统计学助教和招生处面试官，再加上高盛暑期实习的收入，足够支付第二年的生活费。那么，第二年的学费呢？那些只供外国学生的学生贷款成为最终的解决方案，毕业后，我以新工作的薪酬来逐步偿还债务。

在第八章中有一个现实个案的主角 RY，他的情况跟我差不多。考进纽约大学商学院的他得到两份校内助教及研究工作，足够支付一半学费。所以，学院内确实存在不少"自力更生"的机会，供学生发掘。

面对高昂学费，除了开源之外，可以选择节流。有一位徐同学，现任 BCG 咨询师，法国 INSEAD MBA 毕业生（2012 年），本科就读于北京大学。工科背景，加上工程企业的 3～4 年职业经验，让她对咨询行业产生兴趣，所以在选校时，她选择了西北大学和 INSEAD 这两所在咨询专业名气较响的学院。但是，跟大部分被访者不同，她有意识地只申请了一年期、全日制的 MBA 课程，原因是考量到时间资源投放与成本存续期，在 10～12 个月内完成数个学期的课堂，缩短上学时间，早一步毕业，减少成本支出，加快投资回本。从资源配置和经济效益的角度，她的想法实属无可厚非。当然，一年期的课程还有其他非财务的因素需要注意，请参看第四章的详细说明。

专访耶鲁大学 MBA 财务资助处总监 Rebekah Melville：如何选拔奖学金得主？

GMAC（管理专业研究生入学考试委员会）的 2014 年调查报告显示，在众多两年全日制 MBA 课程中，在教育融资方面，奖学金占 81%，助教教席占 46%，助学金占 31%。奖学金和助教工作是商学院里两种最普遍的财务资助工具，那么，商学院的财务资助处如何运作？职员怎样选拔奖学金得奖者？为了解答这些疑问，我特地访问了现任耶鲁大学管理学院的财务资助处负责人 Rebekah Melville（RM），向她请教学习。

作者： 可否介绍一下耶鲁大学对申请人和学生提供的各类型财务资助？

RM： 我们的学生相当幸运，因为耶鲁大学与一些美国顶级大学一样，财务资源尚算丰富，一般提供两种财务资助方案——奖学金和贷款。在众多顶尖商学院中，奖学金是最普遍的资助工具，最大金额足够支付两年学费，但是学生必须自己负责非学费类的支出。奖学金与助学金的主要区别是，前者跟学生的实际财务需要完全没有关系，就算你已经拥有足够资金，也有可能获得奖学金。

贷款又是怎样一回事？在 2008 年信贷危机爆发前，商业银行作为贷方，根据市场情况来厘定利率，贷款的供应量完全与经济周期挂钩。危机发生后，来自银行的贷款锐减，于是耶鲁校方开始扮演资金供应方的角色。学生只要填写申请表，告诉学校需要多少学费资助，学校一般不会过问学生的收入来源等问题。所以，在无需信贷审批的情况下，学生获得学费贷款资助的胜数相当高。贷款的利率也是市场化的，现在大概是 7~9% 左右，毕业半年后开始还款，最长贷款年期为 10 年。

作者： 关于奖学金得主和贷款人，他们主要是什么背景？

RM： 在耶鲁大学管理学院的 200 多个学生中，大概 75% 的同学可以得到部分财务资助。他们的背景是非常国际化的，就算学生贷款在某些国家，如加拿大、澳大利亚等地方相当普遍，来自该国家的学生依然需要财务资助，毕竟商学院的学费不菲，他们本土的贷款未必能够完全满足实际需求。

作者： 当年，我有幸获得奖学金，一直以来觉得挺好奇，究竟你们是怎样挑选得奖者的？

RM：基本上，当入学录取的挑选过程完毕后，我们（五人委员会，含招生官与资助处职员）会马上从这些被录取的申请人中进行一次奖学金审批。考虑因素与招生处那边没有太大区别，不过，颁发奖学金的重点主要放在申请人的学术成绩上（如 GPA、GMAT、GRE 分数）。

另外，除了进行人为审核步骤外，商学院一般运用一些量化模型，目的是衡量申请人的背景（如公开考试成绩、本科专业）与某些指标性统计数据（如录取回报率、奖学金风险度、录取接受率等）的关联，帮助学校决定当年颁发奖学金的整体分布和宏观配置。例如：先输入设定的考生资料以及目标统计数据（如目标录取回报率），然后加入假设性的奖学金额度，经过模型运算后，结果是在这类成功申请人中，只有 5 个会接受此额度的奖学金，因此，学校只会对 5 个拥有此类背景的学生提供奖学金。

作者：以下是一个假设性问题——如果你们录取了一个申请人，并且提供了一万元奖学金，但是他又拿到了另一同等级学校的奖学金，大概是两万元左右，然后他用此项奖学金跟你们"讨价还价"，你们一般会如何应对？

RM：一般来说，决定了金额后，我们通常不会作出改动。

作者：对于未来申请人，在教育融资上，你有何建议？

RM：越早申请越好，最好是在首轮和次轮的申请周期内。由院长每年落实和批准的奖学金预算案一般是针对首轮、次轮和第三轮申请周期的申请人，但是对于外国申请人而言，如能在首轮和次轮申请的话，获得奖学金的胜数一般比较高（比第三轮申请为高）。同时，基本上所有顶尖商学院只会提供针对学费部分的奖学金和贷款方案，考生自己必须早一点做好非学费支出的安排。

芝加哥大学 EMBA 课程副院长 Glenn Sykes 分享：为什么 EMBA 的财务资助比 MBA 少？

EMBA 课程的情况却刚刚相反，大多数商学院不会为 EMBA 学生提供奖学金、助学金或贷款的财务资助。芝加哥大学 EMBA 课程副院长（亚洲与欧洲）Glenn Sykes 解释背后的逻辑：财务资助主要是根据学生的需要来决定，由于全日制 MBA 学生放弃原来的工作，他们需要承受的风险以及付出的综合成本比 EMBA 学生为大，因此前者的财务缺口需求最大，依据此理论，奖学金等财务资助只用来舒缓全日制 MBA 学生的财务压力。

老实说，我对此逻辑有保留。在上文提及，近年来，EMBA 学生的雇主资助率出现降低的迹象，就算是市道畅旺时，资助率从来都不是100%，一定有学生需要自己解决财务问题。这些学生一般是35岁以上的高管，经济能力比较强，拥有正当职业（稳定收入）甚至物业，因此作为潜在贷款人，他们应该是银行所钟情的客户。不过，不要忘记，他们一般背负一定程度上的家庭负担（有配偶、孩子等），财政上存在某些限制。所以，不能说因为 EMBA 学生的财务缺口需求比较少而因此无需理会他们的财务情况。如果纯粹从信贷风险的角度来看，EMBA 学生一般具备全职工作和收入，信用风险度更低，偿还能力更稳当，回本年期更短暂，放贷人应该更愿意开拓此市场区隔的生意。

目前为止，在一般情况下，EMBA 学生跟兼职制 MBA 学生一样，只能靠个人储蓄、现在工资、雇主资助（如有）和不同形式的银行贷款来满足教育融资需要。

教育融资的几项建议

你肯定名牌学位的价值，但是价格不菲是不争的事实。我相信，当遇上难题时，自发地靠个人能力多方位地寻找解决办法是最靠谱的对策。在 MBA 教育融资方面，以下提供一些建议，良方对策不敢当，也不完全代表我个人的选择和做法，算是历年来的一些观察见闻，供大家考虑琢磨：

(1) 规划留学大计时，做足长期储蓄的实际和心理准备。如涉及家中成员，一项全面化、多用途的财务计划是必需的。

(2) 工作至出国前一周左右，尽量赚取多点儿工资再离开。

(3) 一般暑假实习期是 8~10 个星期。尝试实现暑假实习期最大化，找两份工作，把实习期延伸至 12 个星期左右。

(4) 两年学习生活成本最细化，遵守节约原则。

(5) 在校内找兼职工作，补贴生活费。

(6) 放弃两年期的 MBA 课程，选择一年期的 MBA 课程。

(7) 选择兼职制或高管 MBA 课程，一边工作，一边上课，用工资补贴学费。

（8）制定融资方案时，必须预先考虑清楚未来的发展方向。逻辑是：如果你打算毕业后当投行家，估计毕业后的工资相对较高，那么，今天的财务融资安排可以宽松一点。但是如果你打算加入公益团体当领导，工资的起步点和增长率偏低，那么，今天安排的融资方案就应该收紧一点。

（9）如果有一所一般的学院给你奖学金，另一所较好的学院却没有奖学金，你是否应该为了解决财务问题而接受前者的录取邀请？在此情况下，有几个因素需要考虑：① 两所学院在素质和名气上的区别有多大？② 奖学金的金额有多少？对节省学费的帮助有多重要？③ 哪所学院的课程和培训能对你的目标职业发展提供最直接的助力？④ 对于学院的特点，哪些比重较大？哪些比重较小？最终的决定应侧重于比重较大的特点。

（10）有雇主的财务支持当然最好，但是要说服他们确是有难度的，毕竟大部分 MBA 毕业生（尤其是全日制的毕业生）毕业后不会回到旧公司工作，而提供资助的雇主需要出国留学的员工立下承诺，毕业后回国重回旧公司工作一段时间，这种情况通常出现在日本学生身上。如果你希望得到雇主的资助，哪怕不是全数资助，可以建议在留学期间以兼职身份做些项目；如果雇主是一家银行，可以研究安排低息学生贷款的可能性；最后，如果原雇主那边办不到的话，将来找到新工作时，尤其是市道火热之际，向新雇主提出补贴过去学费的建议，作为入职的条件。

（11）奖学金根据学术成绩而定，助学金则以财务需要为依据。假如收到两所商学院的录取邀请，它们分别提供了奖学金，在其他条件相同的情况下，你应选择最高金额的奖学金；如果你想讨价还价，期望另一学院提高奖学金的金额，后者未必如你所愿，尤其是如果这是一所竞争激烈、名气大的商学院，所以，你必须小心行事。但是，如果学院提供的是助学金，你可考虑以财务需要，即经济难点来跟学院讨论，以求争取更大的资助。

(12) 关于学生贷款，跟美国比较，亚洲地区不算流行。但是，在中国，随着传统银行和新兴金融机构对中小微企业、个人融资和金融创新的认受性和推动力渐渐增强，你应该尝试发掘这方面的可行方案。

说了半天教育融资、投资回报率等，其实，一个 MBA 学位就如市场上任何一件产品一样，你买与不买、愿意付出多少、买回来后的心理感觉如何等，说到底，是价值与价格的问题，分别是你对此产品的评价及你实际愿意付出多少，两者之间是微观经济课堂上教授不厌其烦地解释和强调的"消费者净收益"。

"净收益"可以是零，即心中的价值和实际付出的价格完全一样，但是通常不会是负数，因为当价格大于价值时，你觉得不值得，就不会买。你会选择那些价值大于价格的产品和服务（俗话说"超值"），务求达到"净收益"最大化。第五章列举了实例，读者可进一步参考。

有价值的事情，今天不一定有价格，不过，有一天，价格终将赶上来，拉近距离。换一个角度，有价格的事情，今天的价值还未完全实现，当价值逐步提升时，价格与价值就会实现接轨。

如果 MBA 学位没有什么价值，无论学费多便宜（假设没有时间和机会成本的话），你也不会有兴趣。但是，如果是有价值的话，是什么样的价值？价值又有多少？最重要的是，你心中的价值跟周边亲朋好友的价值完全是两回事，换句话说，价值是独特和主观的，路人甲乙丙丁各有一套价值观。因此，你必先想清楚 MBA 这回事对自己是否存在任何价值。否则，除了把"净收益"计算错误之外，更可能造成期望值的落差，心灵受到伤害啊！

Part
2

第二部
行动实践期

第四章

经济学基础原理：交替关系——
选校的科学与艺术

"When everything seems to be going against you,
remember that the airplane takes off against the wind, not with it."

Henry Ford
Founder of Ford Motor Company

选择学校的考虑因素繁多，资源有限，欲望无限，因此必须学会权衡取舍。同学们可以用任何切合个人需要的思维模式帮助自己作选校决定。没有所谓最完美的选择，只有在所有值得考虑因素的框架下，作出最合理、最适合自己的决定。最好商学院的"最好"是在个人条件和需要的大前提下的最佳选择。

亚洲人喜欢名牌，中国人钟情名校、名师，排行榜是申请人选校的指标。诚然，排行榜是具有参考价值的统计数据，但是，每所评估机构的排行榜各有游戏规则，评估因素的名单、每项因素的性质及各因素在总分中所占的比例等存在不少偏差，所以不能客观和全面地作出跨学校的比较分析。排名是一场数字游戏的演绎，并不是一套评估教育质量的客观标准。

糖果店的启示：花心、贪心，还是完美主义？

童年时，你们可否光顾过糖果屋或玩具店？色彩斑斓的糖果摆放在大大小小、透明的器皿内，各色各样的玩具高高在上地陈列在架上，你们希望把所有的物品或食品带回家去，谁埋单没关系，总之想把所有东西一并据为己有。吃得完吗？玩得够吗？未必。资源有限，欲望无限。经济学家常说，天下没有白吃的午餐，为了得到我们喜爱的一件东西，通常就不得不放弃另一件我们同样喜欢的东西，以作交换。这道理，我们中国人用两个字概括——舍得，舍得的意义在于要舍才有得。

当我与一些初步构思或开始准备报读商学院的申请人见面时，一般会出现以下的情况：在了解过他们的背景和动机后，我会问他们对哪些学校感兴趣，于是，他们列举数个例子，然后征询我的意见。接受我的意见与否，我不会过分在意，毕竟我的宗旨是把正反两面的理据给申请人参考，让他们在作出独立决定前考虑周详，而不是纯粹以我的个人意见为依归。在整个过程中，他们会反反复复地思量，东拉西扯，一时说自己是大城市人，纽约是最佳地点，因此非纽约大学和哥伦比亚大学莫属；跟着又说喜欢古典美的校园环境，喜欢耶鲁大学的建筑风格（耶鲁的所在地是距离纽约一个半小时火车车程的纽黑文校园小镇）；再说不要在如北京般的冰天雪地里生活，却对芝加哥学术派充满崇拜之意（芝加哥所坐落的中西部是美国有名的冬天胜地，漫天风雪，异常寒冷）。说了半天，好像对每一所学校都有兴趣，每一所都最适合自己似的。你认为，他们是三心二意，还是追求完美？

在一众好友眼里，我是百分百完美主义者，尽力把每件事做到最好。当然，我完全明白，实际上，这个世界是何等的不完美，因此必须学会权衡取舍。放在选择商学院的层面上，选择学校的考虑因素繁多，而且，对于不同种类的课程——全日制/兼职制/EMBA 课程——分析的思路有别；再者，由于条件、要求和期望值因人而异，申请人对每一个考虑因素的比重有一套个人化的量度标准，你我看重的因素可能完全不同，因此，所谓的"完美"抉择是个人层面上平衡各方利益和代价后而获得的价值最大化结果。

小时候选择幼儿园、小学、中学甚至是大学本科，主要受到家庭影响，父母说了算，自己或许没有什么个人意愿牵涉在内。到了现在当成年人，应该可以做主，但又拿不定主意。在选择商学院的层面上，请读者务必小心处理：学校俨如创投世界中的孵化器和加速器系统，所提供的人力资源和配套设备起了杠杆作用，所以，为自己选择一个心安的空间，融入其中后，才有机会一跃而起。

为何传统大学如哈佛、耶鲁和芝加哥依然保持两年期课程？诺贝尔经济学奖得主为你解答

在研究选校的考虑因素前，读者曾否想过，为什么传统 MBA 学位是两年期？或许，更恰当的问题是，纵然近年越来越多一年期的 MBA 学位在市场上出现，为何传统大学如哈佛、耶鲁和芝加哥依然坚持两年课程？我的一位经济学教授 Ben Polak 应该可以解答这个问题。他是一位博弈论专家，现任耶鲁大学教务长。在耶鲁二年级时，就是他和另一位博弈论专家 Barry Nalebuff 向我传授企业战略和博弈论。

在课堂上，他引用诺贝尔经济学奖得主 Michael Spence 关于职场上信息传递模式（Signaling）的得奖论文来解释：（1）在职场上，雇主分辨出

能干的人与不能干的人的最佳工具是教育。能干的人会以提升教育水平（例如选择 MBA 学位）来"告诉"雇主自己的实力，换句话说，教育就是一个传递信息的媒介。（2）对不能干的人来说，以提升教育水平来证明自己的代价太大，所以他们不会这样做。代价不是经济和机会成本，而是面对读书带来的体力负荷和心理负担。能干的人也要承受这些代价，不过由于他们能干，代价相对较少，容易应付。（3）他们的代价之间存在着颇大的距离，能干的与不能干的自然地作出自我选择，前者继续进修，后者放弃念书，雇主因此能够明确地分辨出两种人的能力，愿意付出高回报来聘请前者，后者只能赚取一般人的薪酬回报。这个境界就是经济学上的平衡点（Equilibrium）。

这模式涉及不少数学计算，在此不必多谈。总体来说，经过一轮计算后，经济学家发现两年期 MBA 是最优化的平衡点。无论年期是一年、两年，还是三年，能干的人必定升读 MBA。三年期的话，不能干的人因代价最大而放弃；能干的人喜欢两年期多于三年期，因为两年期的总代价稍微低一点儿，而不能干的人同样地由于成本高而放弃两年期。如果是一年期，不能干的人因代价最小而选择念书，当能干的人和不能干的人都选择念书时，雇主就不能有效地分辨谁能干，谁不能干，这就不是平衡点。因此，两年期是三个选项中的最优化、最和谐的选择。

现今市场上出现了在表面性质上与传统 MBA 学位类似的替代品，如一年期 MBA、一年期管理学硕士、一年期金融学硕士等。理论归理论，我倒不认为选择一年期的学生属于不能干的一群，选择两年期的就一定是能干的。一年期课程中也有不少名气大和实力强的例子，学生本身也是优秀的。但是，重点是供应问题。当那些与传统 MBA 学位类似的替代品日益普遍时，在职场上拥有 MBA 学位和其他商科硕士学位的毕业生人数越来越多，终于有一天，硕士学位实现大众化，那么，正如第三章提及的，为了更直接、更有效地向外界证明及凸显学位的差异价值和自身实力，学生只有朝着最顶尖的商学院进发。由于高度选择性的入学过程、严格的课程要求和一贯的教学质量，能够考进并毕业于名校的话，那不是最佳的信息传递吗？

对比不同商学院及课程的主要考虑因素

考虑因素（全日制课程）：

（1）文化氛围：招生官常谈及学校文化，听起来挺空泛，具体一点，这概念包含着学校的核心价值和历史背景、学生会和活动组织、学生与校友的背景分布、校园建筑特色以及校长和教授的言行理念。在第二章中，我建议在申请前期，如果时间和经济上许可的话，申请人尝试到学校当地进行实地考察，与在读学生交流、当旁听生、观察校园情况。这种个人化和细化的体验，就是为了亲身感受文化氛围。同时，参加学校在中国境内举办的官方讲座和校友活动，跟与会的招生处代表、当地校友和放假回国的在读学生打交道，这是认识学校以及它们的"代言人"——学生和校友——一个有效的渠道之一。跟他们谈话时，观察对方的言行，感受他们的磁场，放大自己的想象力："我可以跟他们一起上课，一起深宵做作业，一起谈天说地，一起讨论、研究商业问题吗？"情况如男生追求女生似的，女生应该想清楚可否跟他相处再决定是否进一步发展下去（当然，这个比喻不是最恰当的，因为现实中爱情魔力足以让人感情用事，选校却必须依赖理智分析）。

（2）名气：亚洲人喜欢名牌，中国人钟情名校、名师，排行榜是申请人选校的指标。在这章的后半部，我会分享一下对排行榜的理解和感受。有一点值得注意的是，有时，学校的国际名声与美国本土的名声有别，如果申请人打算有一天回国，对该校的国际名声，特别是在中国境内的名气，必须多加考虑。举个例子，耶鲁大学管理学院的排名比芝加哥大学布斯商学院为低，在金融和咨询行业的名声亦不及后者强，但是，在一般大众眼中，耶鲁毕业生在中国的名声却不比芝加哥逊色（根据我的日本和英国同学引证，这情况同样出现在日本和英国），原因是耶鲁大学夹着常春藤的名牌效应，又是中国近代史上第一位毕业于美国大学的中国人容闳的母校，与中国留学史渊源深远，因此，综合印象分（以及地位）较为优胜。

（3）班级人数：班级人数介乎 600 至 1 000 属于大班，如哈佛、沃顿、哥伦比亚、芝加哥等。班级人数介乎 200 至 400 算是小班，如耶鲁、康奈尔、达特茅斯、斯坦福等。前者的好处是你可以同一时间认识很多人（这基于两年中你跟每一个人有机会交谈的假设。不过，能否跟大部分人交心是另一回事）；另外，学生多等于毕业生和校友多，因此，前者赋予你们的是广而深的校友网，不过，因为学生数目不少，校园内的竞争气氛可能略为进取。后者呢？由于学生人数比较少，紧密互助、友善融洽的社区文化是它们的卖点，教授与学生比例一般较高，因此交流机会比较多。在研究排行榜时，对于前者，最好参考那些以雇主意见作为主要评分标准的排行榜；对于后者，应多加留意以学生和校友意见为评估基础的排行榜。

（4）学生群体背景：英美商学院跟亚洲区的学校比较，资讯方面相当透明，在官网上很容易找到一些有用的统计数据，包括新生班和毕业生班的背景资料，如职业分布、国籍分布、年龄层分布、GMAT 和 GPA 分数分布、薪酬水平分布等，申请人可以从统计数据中得到启示。学生群体比较国际化（INSEAD 和伦敦商学院是其中佼佼者），或是传统美国商学院的三七比例（大约 30 ~ 35% 的国际学生）？这一点跟下文"国际化元素"有关。毕业生主要在哪些区域工作？是不是跟你的目标职业方向有直接关系？另外，前文提及的"文化氛围",从学生群体背景也可窥探一二。例如,麻省理工的MBA学生群体中有不少对数字敏感的理工科背景的人才,如在小组中一起做作业,文科背景的你可以从他们身上锻炼和强化数据分析能力及思维,不过,也许开始时你未能及时适应过来,上课时力不从心,那么你仍然选择这种学习气氛吗?

（5）地点与环境:这点一言难尽,因为你需要考虑一些主观性强的问题,例如,你喜欢宁静学院小镇还是熙来攘往的大城市? 大城市生活成本高、租金贵,前者的生活成本却比较划算。如你的伴侣跟你一起过来,住在大城市,找工作是否比较容易? 你喜欢过怎样的生活,是隐私度高、可以让你专心一意当个全职学生的生活,还是多姿多彩、社交与学习融为一体的生活? 那么,当地的治安问题如何? 周边环境又怎样? 住宅、交通和社区设施可满足你的需求吗?

（6）课程结构和教学质量:在第二章中提到的徐同学,她有意识地只申请一年期、全日制的MBA课程,原因是考量到时间资源投放与成本存续期,在10~12个月内完成数个学期的课堂,缩短上学时间,早一步毕业,减少成本支出,加快投资回本。从投资效益和财务管理的角度来看,这是合理的。不过,除了财务支出之外,申请人应考虑一些非财务性质的因素,例如,两年制一般包含整整3~4个月的暑期实习期,并且给予修读商学院内外选修课的选择权和弹性,这些是你期望得到的体验吗? 另外,双学位方面,不少商学院与大学内其他研究院合办双硕士学位,这些是你的双重兴趣所在吗? 关于课程的结构和设计问题,读者可以在第五章中进一步了解。

顶尖商学院内有不少高调和知名的教授,学生俨如粉丝般,希望能够一见龙颜,甚至拜师为徒。因为有缘遇见并受教于耶鲁和芝加哥大学的优秀教授团队,所以我可以给大家一点提示:知名教授不一定在教学方面是最有效的老师,他或她也不一定每年授课,同一道理,名气一般的教授有可能是最好的老师。所以，教学质量与知名度不一定成正比。为免期望越高，失望越大，同学们需要收集多方面的资料来选择适合的学科和教授。

（7）国际化元素：鉴于全球化趋势，近年来，在课程内容上，商学院群起加入国际化元素。例如，哈佛规定一年级学生在寒假时数名学员一队到外地进行实地考察，为当地企业解答商业疑难。耶鲁的做法是，自从 2005 年开展全新课程后，每一个学生必须在毕业前达到 Global Studies Requirement（GSR）的要求，主要是修读某些跟国际商贸和环球金融有关的学科，或参加每年春季假期由个别教授举办和带领的国际考察团，到不同城市考察和研究。交换生是另一常见的国际交流机会。但是，除了课程内容外，申请人应多加注意个别学校的国际学生比例和种类，毕竟国际化的体验不仅仅是从一两次游学团而衍生出来，而是通过与拥有不同文化背景和国际经验的同学打交道和切磋辩论，慢慢培养出对多元文化的了解和体会。再者，对于中国申请人而言，如打算毕业后回国，学校本身的全球校友网，尤其是在中国乃至亚洲的校友分布网，对日后寻找职业和创业机会有着直接的影响。

国际化元素不仅体现于学习方法，上文提及的"学生群体背景"也是国际化的一部分，另外，不要忽略教授团队的背景以及个别教授的研究方向，中国籍教授可以是研究中国电商行业的专家，俄罗斯籍教授却对新兴市场贸易有独特的见解。国际化元素，就在你们的指尖。

（8）分数等级制度：商学院的环境是否竞争激烈？现实中，商业社会的竞争不是无休无止吗？相对来说，商学院的学习环境还是温和的。总括来说，以个人经验引证，分数等级制度对同学间竞争（包括文化氛围）的影响是肯定的。在第三章中曾提及芝加哥大学布斯商学院创业科目的女教授 Waverly Deutsch，她是公认的率性子，曾在课堂上直言分数和等级对硕士和博士生没有实际意义。无论读者们同意与否，究竟求学为了求分数，还是为了求学问，纯粹是个人的主观选择，悉听尊便。

举个例子：以前在耶鲁，我们只有四级制——Distinction（Top 10%），Proficient（Next 80%），Pass（Lowest 10%）和Fail，是少有没有GPA评分要求的商学院，大部分同学只要花上应有的功夫，做足功课，准时上课，复习备考，拿Proficient根本不是难事，同学们努力学习，不是由分数拉动，而是认真地为了学习而学习。毕业颁发学位时亦没有细分为荣誉毕业与非荣誉毕业。2014年开始，耶鲁在制度上进行微改革，由四级变成五级——High Honors（Top 10%），Honors（Next 25%），Proficient（Next 55%），Pass（Lowest 10%）和Fail，依然没有GPA评分要求。有一点值得一提，学校规定，在工作面试时，雇主严禁向学生询问关于成绩分数的问题（学生却可主动向雇主透露。如果你的成绩卓越，你会在面试时跟雇主分享吗?）。耶鲁以外，哈佛和芝加哥大学布斯商学院虽然有GPA评分要求，但是面试的规定是一样的，目的是让雇主无需过分偏重分数名次，而应对学生进行综合性的表现评估再作出招聘决定。

至于分数制度严紧与宽松，对学生毕业后的竞争力造成怎样的影响，据我所知，应该暂时没有人进行过或者公开过类似的详细调查和研究，我想，这可能又是另一相关性（不是因果性）的关系。

（9）学生课外活动组织：每所学校的学生活动组织大同小异。正如在第二章中解释的那样，在申请前期应多了解学校的各个方面，其中包括学生组织，它们的性质主要分为社交性、职业性和学术性。申请人应尝试在官网上找寻学生组织的活动资料以及联络人，尤其是那些与个人兴趣吻合或未来职业方向有关系的组织，与联络人沟通，了解组织的活动。这种多角度探究学校的举动有利于书写论文和面试。

（10）职业发展辅导和支持：说到底，升读商学院不是为了自己在事业上发展更好，赚更多的钱吗？既然如此，在协助学生和毕业生寻找工作机会以及规划职业发展路向等方面，职业发展辅导中心的江湖地位、实际助力和硬件设施尤其重要。在求职方面，我将在第七章中分享心得。

考虑因素（兼职制/EMBA 课程）：

笔者把兼职制（Part-time）与 EMBA 课程放在同一类别讨论分析，因为它们均不属于传统两年期、全日制 MBA 课程类别，同时，大家都是以兼职形式来修读，不过，兼职制与 EMBA 课程确实是有明显区别的：前者的受众比较年轻，工作经验要求大约是 3~7 年不等，适合那些未能全身投入商学院却希望升读 MBA 的年轻中层白领；后者的受众主要是高管，工作经验一般最少七八年，甚至是十多年，因此平均年纪略大，平均 35 岁或以上。

至于全日制课程与兼职制/EMBA 课程之间的差异，主要体现在学习经历上。在第八章中，通过叙述个人观察和体验，我会解释耶鲁大学全日制 MBA 与芝加哥大学 EMBA 两者的分别。

选择兼职/EMBA 课程跟挑选全日制课程所考虑的因素略有不同，虽然以上大部分的因素依然适用，不过，数个额外重点需要申请人多作考虑：

（1）学位名称（额外因素）：读者们是否知道，在世界上众多 EMBA 课程中，不是每所商学院都颁发跟全日制一模一样的 MBA 学位。某些学校只颁发名为 Executive MBA/MBA for Executives 的学位。这对申请人有何意义？一是课程内容的问题，后者在学分标准要求、分数等级制度及学科内容上不像前者（全日制 MBA）那么严谨和复杂；二是名声的问题，由于第一个原因，传统 MBA 学位的地位较高，名声较大，"识货"的雇主和专业人士是知道哪一个学位是真材实料，哪一个是比较轻松的；三是工作量的问题。由于第一个原因，前者不像后者那么轻松。

在我加入了芝大后，有人幽默地问过我，念 EMBA 不是颇轻松的吗？不是以社交为主，常开派对吗？或许，其他商学院的 EMBA 课程是这样的，但是一定不会发生在我的母校，为什么？我们课程的其中一位管理人 Mike Gibbs（也是我的微观经济学教授）常说，布斯商学院颁发的所有硕士学位（全日制、兼职制和 EMBA）只有一个，就是正统 MBA 学位，因此在学科内容、GPA 要求和工作量上是遵循统一标准的。

举个例子：我的市场学教授 Sanjay Dhar 是有名的市场学专家，历年来获得多项教学奖项。在芝加哥大学布斯商学院全日制学位的结构下，他教的市场策略课一般历时 10 周，每周上 3 个小时的课，每课讨论一个案例，并且要求学生准备个案分析报告，一共 30 个小时的课堂时间。在 EMBA 的结构底下，我们用了两周，每周连续 5 天，每天上 3 个小时的课，也是一共 30 个小时的课堂时间，用的案例跟全日制用的是一模一样，报告的评分标准和长短要求也是相同的，但请勿忘记，连续 5 天 5 个个案分析报告和课堂辩论，时间压力跟全日制的情况是两回事。

另一例子：过去一年，在执笔期间，因为上课和工作的关系，曾经到访不少城市，如北京、上海、南京、东京、新加坡、伦敦、芝加哥、多伦多，体力和脑力的折腾，情况就如在特定时限前、同一时间准备和完成 80 份 2 500 字的硕士程度论文一样。某天在南京，写作至凌晨 2 点才入睡，3 个半小时后起床，6 点 30 分在酒店顶层餐厅吃早餐，独自坐在朝东的窗边桌子旁，刚好目睹太阳初升，突然间想起 8 月时连续两周在芝加哥上课，每天早上 5 点左右起床，6 点多在酒店大堂吃早餐，8 点整已经回到学校继续看案例，准备当天上下午的两门课，一直到凌晨才能够休息。不知道这是不是芝大诺贝尔式求学精神的演绎？

我分享了这些看起来吓死人的例子，用意在于告诉大家，我们为了一个正统 MBA 学位而选择付出代价。另一部分人却作出别的选择，觉得一个正统 MBA 学位并不是最重要的。什么选择都可以，只要申请人查究清楚就好了：学校所颁发的学位属于哪一类型，学分和成绩要求又是怎样一回事，自己是否能够面对与承受此等挑战。

我承认，我们的 EMBA 绝对不是派对动物的天堂，但是我倒不觉得我们只是一班学霸，毕竟大家有高管背景，我们比较注重发展人际网络，所以，在坚持学习之余，我们非常努力去玩、去放松，我觉得芝大 EMBA 是"认真学习、认真玩乐"的一帮人。

（2）教学质量（额外因素）：授课的教授是学院内的全职常规教授，还是外援（从其他学院暂时聘请过来的讲师或是市场从业者），对学习经历构成直接影响。比如说，有些全职的明星教授只会在全日制课程授课，又或者外援教授未必提供课堂外办公时间，不能与学生一对一交流和面谈。

（3）入学准则（额外因素）：EMBA 审批准则的大方向跟全日制 MBA 没有根本性的区别，但是，实际上，审批 EMBA 课程依赖"艺术"（主观判断）多于"科学"（分数），意思是，学校更看重申请人经历和工作经验的独特性，相对而言，对 GMAT/GPA 成绩要求比较宽松。另外，视乎情况，某些学校比较看重雇主提供的财务补贴，如果有的话，有助于提高该申请人的成功率，不过，另一些学校却不会特别优待，主要仍以申请人本身的条件和经验作为审批入学的基础。

同时，EMBA 课程的录取率一般是 50% 或以上，原因是除了各大学院间竞争激烈和学位供过于求的问题外，EMBA 招生官在申请人正式提出申请前会以非官方形式向申请人作出一些改善建议，允许申请人在递交正式申请前先作出适当的调整和补救，待申请书正式提交时，申请人的整体申请条件基本上已经符合学校的要求，因此录取的胜数颇高。

关于 MBA 审批准则，请参阅第五章。

（4）文化氛围：当然，学校方面尽量保持原校风格，跟全日制没有太大区别，不过实际上，考虑到学位名称、学术水平要求、教学质量、上课时间、合资公司形式经营（参阅下文的"国际化元素"）等因素，究竟兼职/EMBA 学生能否与全日制学生一样原汁原味地体验该校的独特文化，这一点值得商榷。

（5）名气：排行榜是名气的指标（起码在某些人心中是一种指标）。在此章后半部提及，排行榜主要对商学院作出整体评估，不过，《金融时报》针对的是全世界的个别课程（而不是学校本身），因此，对于同一学校内的不同课程及学位，排名上可能有别。例如 2013 年度 FT EMBA 排行榜上，沃顿商学院 EMBA 课程的名次是第七名，但在 2014 年度 FT 全球商学院排行榜上，沃顿商学院却位列第四名。另外，《商业周刊》对学校和个别课程作出全球性的评估，而《美国新闻与世界报道》却只评估美国境内的商学院（不是课程）。所以使用排行榜时需要分辨清楚。

（6）课程内容和结构：每所学校有自己的一套课程方针和架构，申请人需要特别注意上课时间安排，是每两周两天（周末或是工作日），一个月一周连续六天，还是其他安排？对你、你的家人和工作情况会造成怎样的影响？交通成本和额外出行安排可以接受吗？另外，EMBA 学生一般只可以根据学校安排的必修课修读，因此选修课的选择性比较少，特别是商学院以外的选修课。

（7）国际化元素：近年来，许多 EMBA 课程以"合资公司"形式经营，例如 Trium（纽约大学/伦敦商学院/巴黎 HEC），让学生游历各国，体验各校文化。芝加哥大学 EMBA 课程内的国际化性质与其他学校有别，学校坚持"纯芝加哥"风格，因此多年来一直没有与别的学校合作，却在伦敦、新加坡和香港建立起自己的校园网，让学生以轮换方式在不同校园上课，所以一班200 多名的 EMBA 学生在整整 22 个月内有不少面对面交流和亲身互动的学习机会。因此，EMBA 课程的上课地点与环境是可变的。兼职式课程的国际化元素相对比较逊色，主要是交换生计划之类。

（8）学生课外活动组织：在兼职制/EMBA 课程的结构下，由于学生不是每天相见，社交活动全是自发性的，老实说，兼职/EMBA 学生不能奢求如全日制学生般全天候地享受多元化课外活动的乐趣。

（9）职业发展辅导和支持：全日制学生有机会参加在校园内举办的各类大中小型企业招聘活动和筛选面试；相反，因为兼职制/EMBA 学生是全职工作的学生，所以学校一般在此方面的配套设施和支持不及全日制课程那么完善和全面。

从资产负债表的性格组合诠释个人的学习方式

刚刚讨论过选择商学院和个别课程的一连串考虑因素。不过，我发现，不少人忽略了个人的学习方式和学校的教学模式之间的交汇点。国外商学院的资讯相当透明，我们可以从书籍和网站寻找、收集和分析不少关于教学模式和课程方法的资料，所以，对于后者，我们可以客观地评估定论，而前者好像不太受关注，不就是上课、下课、做作业、考试吗？

性格影响每人的学习方式，而学习方式就是选择哪一种学位以及哪一所学校（即学习环境和教学模式）的决定性动力。举个简单例子，某申请人比较内向，不太懂怎样跟别人交际应酬，但是学习特别专心，心思细密，希望将来进入金融行业——一个非常注重人脉联系的行业，他应该怎样选择？我们可以从两个角度来考虑：一、正因为自己的不足之处是社交沟通能力，所以选择上商学院把这个缺点纠正过来，补救性格上的缺点，让自己的社交技巧进步和成熟。二、专心发挥自己的专长，选择金融工程硕士，做好调研分析工作，不当投行家也可当上股票分析员或定量分析师，金融行业这么广泛，每一个角色均有自己的生存空间和发展价值。

长期以来，两种相对性格——内向和外向——在整体社会及商界中的生存空间备受争议，各种机构，如商学院、企业甚至宗教机构，倾向喜好外向性格人才，内向性格的人士被边缘化，不受重视。正因为这个原因，在 2013 年初，美国作者 Susan Cain 出版了一本畅销书，名为 *Quiet: The Power of Introverts in a World that Can't Stop Talking*。毕业于普林斯顿大学和哈佛法学院，律师出身的她认为，内向性格人士的价值完全被整个社会低估，领导才能并不等于超级外向的性格。实际上，有不少知名的 CEO，包括 Bill Gates 和 Charles Schwab，都是较为内敛和心思细密的内向人才。

为了印证自己的想法，她特别去了哈佛商学院作实地考察。在这个过程中，有几项有趣的发现：

◆ 大部分的学生确实属于外向型，课堂内的"辩论比赛"以及课外的社交活动无孔不入，有学生形容哈佛商学院为"Spiritual Capital of Extroversion"，即是说，外向人士的天堂。

◆ 没有内向型的学生吗？有，不过一点也不普遍。对于在这种环境下学习，她的访问对象觉得十分难受，很多时候（包括午饭时间）强逼自己合群，坦言社交互动是一种高强度运动。

◆ 有一位哈佛教授解释说，学校的教学方式奠基于一项重要的假设——领袖必须敢言，具备出色的表达能力。他们是苏格拉底问答法的信徒，提倡理性辩论及批判性思维。不过，他承认，这种倚重敢言外向性格的领导技能不是没有缺点的。在一个训练领导才能的模拟游戏中，由于拥有有关知识的学生在表达意见时不够进取，说话语气比较柔弱，他的专业而有用的意见因此不被接纳，最后让其他组别胜出。在赛后检讨时，这个组别回顾自己的得失，才明白真正问题的所在。

我记得，在纽约高盛当暑期实习生时，有一次参加了一个特别为全体 MBA 实习生而举行的大型聚会，世界知名的高盛投资策略师 Abby Cohen 做了一个简短的演讲。不过，她没有分享投资心得，而是分享了十项职场生存之道。其中一项给我的印象特别深刻，她说："We don't have to hear your voice all the time. So, think before you speak; speak only when you need to." 意思是我们无需常常听到你的声音，有实际需要时，想清楚再开口。

无论你的个性如何——内向外向敢言内敛低调高调宏观视野见微知著创造力逻辑力领导力团队精神温柔硬朗豪爽正义沉默幽默——你同样有潜质生存在商学院的生态环境中，关键在乎弄清个人的长短处和正负两极，认定适合的学习方式，找对配合自己发展的教学环境与模式，这正是第一章提及的"由内而外"的思维方式——先面对自己，再面向四方。

商学院内一班最少 200 人，最多 1 000 人，正是一个社会缩影，内向、外向，什么样的人都有，一样可以升读 MBA。在我认识的 MBA 学生和毕业生中，混杂了性格各异的人才。我常常问申请人，你怎样形容自己的个性？你的好朋友、家人、兄弟姐妹、妻子、丈夫、男女朋友、同事、上司、同学，怎样形容你的优点和缺点？你知道自己最喜欢的学习方式是什么吗？倚重数据逻辑、个案分析、课堂交流，还是喜欢以单方向讲学为主导的学习方式？学习模式是属于视觉型还是听觉型？由学习方式引申，你认为哪种教学模式最适合自己？每次问他们这些问题时，他们通常没有即时反应，是静心思量、一头雾水，还是百思不得其解呢？

当局者迷，旁观者清。我认为，如企业一样，每人的性格组合就像一份资产负债表。资本是个人天生和后天积累而得来的本钱，负债是自己的不足之处和包袱，我们整体的资产是由本钱和缺点组合而成的。如果用微软 Excel 工作表罗列清单，研究自己的优劣得失，在看不清这盘账时，是否应该找个独立审计师来看看？

商学院是培训未来领袖人物的训练营，在选拔时，如果其他条件是一样的话，他们自然倾向于那些有自知之明的申请人。一个优秀的领袖需要拥有高度自觉感和用人能力，有不足之处的话，招揽适当的人才，寻找有用的资源来辅助自己；有过人之处的话，创造适合的平台和机会发挥所长。因此，申请人必须挖心挖肺地认识自己，多加注意旁人给予的建设性反馈，这就是灵感的根源。

举个例子：目前，世界上集中采用个案分析及课堂辩论作为首要教学模式的商学院有四所，分别是哈佛大学商学院、弗吉尼亚大学达登商学院、瑞士洛桑国际管理学院和加拿大西安大略大学毅伟商学院。其他知名商学院的教学方法比较平均。我一早明白到，自己是多重性格集于一身，因此，学术兴趣属于多元化，不喜欢偏重某一学习模式，一篮子的教学方法——个案分析＋个人功课＋小组项目＋课堂讨论——比较切合我的学习和思维模式。即是说，相对地，我喜欢同一时间体验不同种类的学习方法，所以我选择了耶鲁大学和芝加哥大学这两所教学方法种类比较平均的学校。

一点点商学院历史：要明白现在必先理解过去

在讨论商学院课程之前，先介绍一下 MBA 课程的演变历史，让读者们掌握课程的过去，有助于了解现在的情况和展望未来的发展。从头到尾，商学院课程的进化过程是一场学术理论与市场实践的双文化角力赛。

直属大学的商学院，最早期的一批出现于 19 世纪末至 20 世纪初之间，包括沃顿商学院（1881）、芝加哥大学布斯商学院（1898）、加州大学伯克利分校哈斯商学院（1898）、达特茅斯塔克商学院（1900）、西北大学商学院（1908）和哈佛商学院（1908）。当时，美国本土经济发展日益蓬勃，企业对高端商业人才的需求增多，因而衍生了系统化的商业知识培训课程，这就是 MBA 学位的起端。虽然需求源自实践性强的企业雇主，但是由于这些学院直属大学，教职员主要是理论主义学者，所以教学方针依然以理论和学术研究为中心。学术理论与市场实践之间的鸿沟开始慢慢形成起来。

1959 年，福特基金会（Ford Foundation）与卡内基公司（Carnegie Corporation）共同公布了一份报告，强烈批评当时商学院的课程内容缺乏学术深度和宽度，它们建议商学院课程应该与大学内的传统文科系和理科系挂钩，目的是提高整体学术水平。自这份报告公布以后，商学院方面作出一些根本性的改变，包括大量增加偏重分析性的学科，课程内容与传统学术性强的学科（如应用数学、经济学、统计学、社会心理学等）挂钩，以及加强以学术研究与理论传授为目标的教授资源。

老实说，学术理论与市场实践脱节这个热门话题并不只限于商学院。国内外不是一早有不少声音对大学本科教育是否切合经济发展步伐和实践技能需求提出质疑吗？商学院的情况可能更尴尬，初衷目标是培训一级领袖人才，解决实际商业问题，但是如果商学院主要教授的是一大堆冠冕堂皇、高高在上的理论概念，到最后学生不懂怎样有效地实践于现实中，对社会、对经济、对学校、对学生，又有何种意义呢？

商学院的历史已经超过 100 年，经历过一次又一次的经济周期变化——萎缩、回升、转型、增长、放缓、衰退，当中面对不同程度和性质的挑战声音。到了今天，信用危机爆发了六七年后，金融系统依然千疮百孔，投行减少在商学院的招聘力度，创业潮流取而代之。商学院需要与时俱进，在课程设计和执行上所面对的挑战可不少。面向大潮流，如全球化和在线教育普及化，如何培训具备全面性的领导力、融会贯通的实践能力、口头沟通和书写能力、创新思维和跨文化认知的人才，达到英文上所谓"knowing-doing-being"的教学目标，保持实体商学院的差异竞争优势，我们拭目以待。

Coursera CEO 兼原耶鲁大学荣誉校长 Rick Levin 指点迷津：O2O 教育相结合

Rick Levin

Coursera CEO

耶鲁大学经济学终身教授

原耶鲁大学校长（1993—2013 年）

今年出席了不少关于中国各大产业未来发展的论坛、研讨会之类的活动，讲者一般是该行业的创业者、投资人和现有竞争者。综合各方意见，四大发展潜力最大和增长最快的产业包括在线教育、移动医疗、在线旅游和在线招聘。为了多了解在线教育的理念和模式，我决定直接向美国先驱 Coursera 取经。

Coursera 现任 CEO Rick Levin 是刚退休的耶鲁大学校长，当了 20 年校长，当校长之前是经济学教授，是耶鲁大学管理学院的主要教授之一，退下火线后便立刻加入 Coursera，接任 CEO 一职。当了传统实体大学校长这么久，在任期间，教授积极在校内发展在线课程平台，耶鲁的公开课视频我也看过，内容是原汁原味的课堂讲课，课程种类有待扩展。教授现在参与在线教育工作——一个被认为终有一天颠覆教育行业供应链、替代传统实体学校的新商业模式，他如何带领 Coursera 开拓新市场，把线上和线下模式融会贯通，这个商业案例的发展将会非常有趣。适逢教授途经香港，我特地找他聊天，作为新书调研之用。

"一直以来，Coursera 在美国发展迅速，未来发展的动力将来自亚洲区（包括中国）的高等院校。当我上任耶鲁校长时，大概是上世纪 90 年代中旬，互联网还未普及，在一次演讲中，我提出一个观点，教育产业需要更广更深的沟通渠道，与更大规模的人群互动，加强学习体验。往后的十多年中，随着互联网和社交媒体成熟化和普及化，当时的想法通过 Coursera 以及其他平台逐一实现。

"最近看过一份学术调研报告，研究某经济学公开课在加入在线元素后，在教学质量和学习体验上对学生产生的影响，研究人员发现，当老师讲了 15 分钟课之后（假设一个标准、无间断的课堂时段历时一小时），马上加入一个在线的小测验，主要测试学生在过去 15 分钟所学过的材料，调查结果发现，学习体验大大改进，因为学生能够即时知道自己究竟学会了多少，哪方面需要多下苦功，又能够帮助加深记忆。所以，只要在适当的切入点加入在线元素，整体学习体验的水平一定大大提高。

"关于互动，商学院不是有很多课堂讨论的科目吗？试想，你、你的同学与 Sharon Oster（耶鲁大学管理学院经济学和企业战略学的终身教授，我上过她的微观经济课）在线上互动，讨论公司案例，技术上完全可以配合。不过，我倒不认为在线教育可以完全替代线下教育、老师团队，甚至替代实体学校。你可以在线上跟 Sharon Oster 和同学互动，不过，你的学习体验中缺乏了一种很宝贵的东西——你与同学共同学习、生活、相处的经历。人与人之间的有形接触是人际网络的主要基础，你选择商学院不就是为了建立和扩大关系网络吗？"

在线上线下教育这个课题上，个人观察和愚见如下：从风投创投的角度来看，整体而言，有实力的项目还是存在的，只是当市场上充斥着形形色色的项目时，真品与假品的分野变得含糊，加上资金供应旺盛，泡沫风险逐渐增加，影响投资人对教育行业的投资意欲和风险评估。企业的基本面、现金流、团队资历、发展前景和经营模式等一般投资指标固然不能忽视，TMT 行业走向、技术面、资金流向等更是关注要点。

换另一角度，从教育工作者的视角来看，科技让教育和知识在低成本的情况下达到普及化，不是一件好事吗？不过，教育的覆盖面虽然扩大了，但是质量呢？质量与规模不一定是好朋友，提升质量的着眼点应该放在完善学习体验和提升学习主动性上。线上科技不是万能的，不一定能让学生更有动力去学习，但是如教授所言，只要在适当的切入点加入在线元素，整体学习体验的水平一定提高。

从学生的视角来看，学习体验影响学习主动性和意愿。如前文提及的，个人的学习方式左右学习环境的选择决定，另外，学习目标是什么？在线 MBA 课程越来越普及，便利和低成本是它的卖点，但是，如果你的 MBA 学习目标是建立和扩大关系网络，那么，在线课程对你没有意义。近年来，在两年期、全职课程中，商学院加入了不少实地考察和多方位社交平台等元素，这正是在线教育不能替代的地方。

哈佛教授告诉你：究竟各大商学院课程的真正区别在哪儿？

一般人可能觉得，每一所商学院的课程基本上差不多，学的不是经济学、会计学、金融学、市场学、企业策略学和运营学吗？教学模式包含个案分析、个人作业报告、小组作业和课堂讨论等？那么，究竟商学院的课程架构是否真的那么相似？如果不是的话，又有什么差异之处呢？

为了解答这类疑问，两位哈佛商学院教授连同一名研究员——Srikant Datar、David Garvin 和 Patrick Cullen——共同研究和分析了 11 所商学院全日制 MBA 课程的内容和架构，被访对象包括：

（1）卡内基梅隆大学泰珀商学院（CMT）

（2）芝加哥大学布斯商学院（CB）

（3）达特茅斯大学塔克商学院（DTS）

（4）哈佛大学商学院（HBS）

（5）法国 INSEAD 商学院（INSEAD）

（6）麻省理工大学斯隆商学院（MIT）

（7）纽约大学斯特恩商学院（NYS）

（8）西北大学凯洛格管理学院（KSM）

（9）斯坦福大学商学院（SGSB）

（10）宾夕法尼亚大学沃顿商学院（WS）

（11）耶鲁大学管理学院（YSOM）

综合来说，它们显示了共通点和差异之处：

● 除了 INSEAD（10 个月课程）以外，其他 10 所商学院的课程都是两年期。学生们头一年只念必修课，第二年的重点是选修课。

● 在 10 所商学院的课程中，学校把大班学生分为学习小组，方便管理及相互交流，最小的规模大约为 55 人（CB），最大的规模是 90 人（HBS），其他 7 所学校的小组规模约为 60～70 人。有些小组维持一整年（HBS、WS、YSOM），另一些却维持一个学期（MIT、NYS、SGSB），更有些只维持一两个学科（CB、KSM）。

● 9 所学校在分组后再划分多个 4～6 人规模的学习小组，案例讨论、分析报告、实验项目执行等都跟组员一起进行，有助于培养团队合作技巧和领导能力。

● WS 和 KSM 规定在九月份开学前，学生必须参加暑期培训班。HBS 的夏季训练班却非强制性的。

在 2010 年出版的英文书 *Rethinking the MBA* 中，他们公布了调查结果。如有兴趣了解详细数据的话，读者们可参考附录中的表格（第 278～282 页）。简言之，理论内容大同小异，但是教学模式、课程结构及目标却各有特色。

以下总结了他们对这 11 所商学院 MBA 课程架构的调查结果：

1. 内容：内容基本上是一样的。必修课主要包含基本理论、商业概念、分析工具、财务模型和技巧，有时，所采用的个案也是雷同的。不过，学校间的区别体现于每一个理论概念所涵盖的学习范围的深度和广度。在课堂上，有些教授在某些概念上着墨比较深入，另一些却避重就轻。

2. 方法：指的是教学和评核方法。学校间的差异比较明显。有些偏重课堂内的案例分析和讨论，有些侧重讲课模式，另一些采用多元化的方法——个案分析＋个人功课＋小组项目＋课堂讨论。

3. 结构：差异情况比方法更加显著。例如：必修课和选修课的相对比例、第一年与第二年的学科分布、主修学科的种类和选项、双学位的学分和学科要求，以及综合性实验项目（如 Capstone）的执行等。

4. 课程的大方向和目标：有雷同，也有差异。一般来说，所有课程以提升学生在职场上的竞争力为首要目标，同时，培训出一批具备软实力和硬实力的专才和通才。但是，学校的区别在于把重点放在不同方向，例如 INSEAD 侧重全球化理念，HBS 喜欢综合性、宏观化的管理哲学，CB 标榜以数据分析为基础的弹性课程组合，YSOM 则注重多角度、融会贯通的学习思维。

5. 以上 4 项相互牵连。由于课程重点和方向不同，学校在内容、方法和结构上作出相应的调整和配合。举个例子，HBS 注重综合性、宏观化的管理哲学，课堂内外分析和讨论案例有助于刺激和优化批判性思维，同时，把 900 人的大班学生分成 90 人一组一起上课，90 人的背景和经历各异，互补长短，训练全方位的宏观分析能力。

6. 他们认为，商学院的课程均有标准化和差异化两种元素。没有一套课程在所有层面上得到满分，各有优劣地方，亦没有一套课程架构是完美的。所以，学校在构建和完善课程架构时，牵一发而动全身，一个小改动可能会影响到其他组件，因此需要用整体思维作出权衡取舍。

看到这儿，申请人应该明白，在课程规划、架构和执行上，各商学院之间存在明显和重要的区别。因此，申请人在调研学校背景时切忌流于表面，不要忘记了个人的学习方式和学校的教学模式之间的交汇点。这与第五章提及的"Fit"有直接关系，对往后书写论文绝对大有裨益。

你相信哪一个商学院排行榜？

在很多申请人眼中，特别是那些对名牌概念敏感的同学们，最佳的商学院就是排名最高的学校，最重要的是在找工作和建立人脉上有强大的直接助力。因此，学校排名在整个 MBA 追梦计划中所占的比重极其大。对啊！在第二章中，我说过，一个工商管理硕士学位属于一项高端、高技术、重品牌的奢侈品，就像名牌服装或手包一样，有传统品质保证和正面的差异价值。

关于商学院排行榜，先举个例子：芝加哥大学布斯商学院全日制 MBA 的各项排名如下：

传媒机构	最新排名
《美国新闻与世界报道》（2015）	4
《金融时报》（全球）（2015）	9
《经济学人》（2014）	1
《商业周刊》（2014）	3
《福布斯》（2013）	2

芝加哥大学布斯商学院 EMBA 课程的各项排名如下：

传媒机构	最新排名
《美国新闻与世界报道》（2015）	1
《金融时报》（全球）（2014）	11
《商业周刊》（2013）	2
《经济学人》（2013）	9

由于各机构的调查重点不一，同一商学院在不同排行榜上的名次可能相距甚远。你会选择相信哪个排行榜？选择历史最悠久的还是规模最大的那个？又或者看看哪家调查机构的整体公信力最强？

每家评估机构的排行榜各有游戏规则，评估因素的名单、每项因素的性质及各因素在总分中所占的比例等存在不少偏差，所以不能客观和全面地作出跨学校的比较分析。排名是一场数字游戏的演绎，并不是一套评估教育质量的客观标准。再者，每个申请者心中拥有自己最重视的挑选因素，而此等准则跟排行榜的评核因素之间存有差异。所以如果将名次和分数作为选择学校的主导因素，不仅是一种流于表面的做法，对自己的学业及事业目标亦不负责任。

任何统计数据及背后的假设均有其限制和漏洞，要明白这一点，必先明白它们的背景和审核准则。现今常用的排行榜一共有五个，分别是《美国新闻与世界报道》（*US News & World Report*）、《商业周刊》（*Business Week*）、《福布斯》（*Forbes*）、《经济学人》（*The Economist*）和《金融时报》（*Financial Times*），每家机构的评核重点及准则各有特色，内容如下：

《商业周刊》

　　《商业周刊》每两年一次在十月份出版的周刊上公布商学院排名。《商业周刊》分别接触两个群体——学生和招聘企业，征询他们对30所商学院的意见和评级，学生从各个方面，如教学质量、学习环境、职业发展支持服务等，来评估母校，而招聘企业则以毕业生素质、工作表现、校内职业发展部的专业水平等来打分。另外，《商业周刊》对于"学术知识资本"这一点尤其重视，厘定准则是教授发表公开意见、研究成果和学术言论的覆盖面和频率。每所学校的评分由学生评分（45%）、招聘企业评分（45%）和学术知识资本（10%）组成。

盲点

- 招聘企业的调查只集中于大型企业。但是，有不少毕业生却加入创业公司、中小企业和其他不常做校内招聘活动的公司。因此，对招聘企业调查分数的代表性存疑。

- "学术知识资本"的厘定准则有点奇怪，例如当中一项是教授论文的长短，论文越长，分数越高。论文长短与学术素质不一定有直接关系吧！

- 访问学校院长和课程总监，让他们评价自己学校在哪些专业最出色，然后计算"学术知识资本"的评分。但是，不是应该访问学生和招聘企业的想法吗？又是另一偏见风险。

《福布斯》

《福布斯》每年对已毕业五年的校友进行调查，比较就读时的成本（机会和经济成本）与毕业五年后的薪酬，然后根据不同地方的生活水平作出适当的调整，最后计算出投资回报率。其他的排行榜以被访者的主观意见来打分，《福布斯》的做法比较科学化和客观。

盲点

- 所有关于利用投资回报率来评估 MBA 学位价值的潜在问题，可参照第二章的解说。

- 薪酬和成本的五年期对比以及投资回报率可能受到外围经济周期及其他与学校和学生无关的因素影响，因此，计算结果不能作准。

《金融时报》

每年年初对全球 100 个 MBA 课程（不是学校）进行调查，当中包含三大范畴——毕业生的职业发展（55%）、课程的多元化（25%）和学校的研究质量（20%）。

"毕业生的职业发展"评分由八大因素结合而成，毕业三年后的薪酬与薪酬升幅（由课程开始日计起）所占的比重最大，每所学校毕业生的薪酬是根据一套特定的行业分布比例（29% 金融、15% 咨询和其他个别行业）而计算出加权平均值。

"课程的多元化"评分根据教授团队、学生群和学校管理层的国际化程度来厘定，学生的第二/第三语言能力（英语以外）亦包括在内，同时，如学生毕业后在学校所在地以外的地方工作，这也是加分的一环。

"学校的研究质量"包含了教授中拥有博士学位的数目、每年博士毕业人数和教授论文的质量。

其他四个评估机构主要针对美国商学院及其课程，但是《金融时报》却对全球商学院进行评估调查。

盲点

- 就业情况调查只集中于大型企业。但是，有不少毕业生却加入创业公司、中小企业和其他不常做校内招聘活动的公司。"毕业生的职业发展"评分出现漏洞。

- 行业分布的假设比较笼统，如学校毕业生在金融行业的占比远远超过 29%，计算出来的薪酬加权平均值并不准确，未能客观地反映该学校毕业生的实际就业情况。

- 如何中肯地评价教授论文的质量是一个争议点，再者，每年出产博士毕业人数跟 MBA 学位和课程的情况未必有直接关系，这项因素有实际意义吗？同时有些学校特别招聘了一些没有博士学位但行业实战经验丰富的教授来授课，那么，这些学校在"学校的研究质量"评分中可能略低。

- 如学校坐落于小城市，学生在毕业后到大城市或金融商业重镇工作是人之常情，但是如果学校位于纽约，因为纽约市的工作机会丰富广泛，学生选择留在当地工作大有人在。于是前者看起来比较多元化，在"课程的多元化"中得到较高评分。

《经济学人》

调查的形式是向学生和学校发出详细问卷，收集一系列的数据，包括官方统计数据以及学生对学校和课程在四大范畴上提供的支持和力度的评价。(1) 职业发展。(2) 增加收入。(3) 人脉网络。(4) 个人发展和学术水平提升。这四大范畴正是学生和申请人最看重的 MBA 价值驱动力。

盲点

- "职业发展"评分主要看重参加校内招聘的企业数目，当然，企业一般只会集中火力于规模大的学校，因此这项评分过于侧重这类学校。同时，此评分只包括通过校内职业辅导中心而找到工作的数据，利用其他途径找工作的数据并没有计算在内，毕业后创业或打理家族生意的学生不在计算范围之内。

《美国新闻与世界报道》

调查报告针对三大因素：(1) 学校名声（40%）。(2) 招聘成功率（35%）。(3) 招生选择性（25%）。每方面再细分，包含一大堆的分项。"学校名声"包含两项问卷，一是针对商学院院长和课程总监，二是针对招聘企业的人力资源人员。"招聘成功率"代表着刚毕业与毕业三个月后的就业数据，以及平均入职薪酬和奖金。"招生选择性"则包括申请人的本科 GPA 成绩、平均 GMAT 分数和最后录取比例。

盲点

- "学校名声"方面：商学院院长、课程总监及招聘企业内人力资源人员的答案存在偏见风险，因为院长和总监位高权重，未必对学院的运营情况有充分的理解；至于企业内人力资源人员，他们对于商学院的运作毫不了解，怎能提供全面性的意见和评估？

- "招聘成功率"方面：平均入职薪酬和奖金主要受到就职行业和地点影响，例如纽约金融行业与美国中部零售业的区别可大啊！如某一学校毕业生受聘于金融行业的比例比较高的话，这间学校在此方面的分数应该颇高。更何况，所有资料是经由学校提供的，因此学校是可以先整理原本数据再提供一些"完善"资料给评级机构。

- "招生选择性"方面：同样，所有资料是经由学校提供的，因此学校是可以先整理原本数据再提供一些"完善"资料给评级机构，例如 GPA 成绩是包括美国本土学生的成绩，还是包含国际学生的分数呢？如果包括国际学生的话，把国外本科分数转化成为美国 GPA 标准时，学校的转换计算方式怎样定义和运用，直接影响最终公开的本科 GPA 成绩。更何况，在不同国家和学校，GPA 成绩夸大的情况并不罕见，所以，以本科 GPA 成绩作为其中一个主要评估成分，公允性有所不足。

2014 年 11 月底左右，美国 MBA 教育网站（Poets & Quants）制作和刊登了自己的排行榜。他们的做法不觉得何等的创新，纯粹把以上五大排行榜综合起来，计算出一个加权平均指数和排名，加权分布是《商业周刊》（10%）、《福布斯》（25%）、《金融时报》（15%）、《经济学人》（15%）、《美国新闻与世界报道》（35%）。他们认为，这种计算方法会大大弥补五个排行榜的漏洞，降低他们之间的"噪音"。个人认为，网站本身的资讯含量还好，不过自家的排行榜存在逻辑谬误。五大传统排行榜出现个别漏洞，是各自计算方法和搜集资料的问题，加权平均计算不会解决既有问题，改善方式应该是从根源入手。纯粹把各自的一部分（15%~35% 不等）加起来，这是主观的选择，没有科学根据。为什么两个非美国背景的机构的占比各自是 15%？为什么《美国新闻与世界报道》的占比最大？《福布斯》的占比可以是 35% 吗？只要我把相对占比稍微调整，学校排名就不一样了。

总的来说，没有一个排行榜是完美的，更何况五大排行榜均由刊物负责，利用排行榜来提高销路和广告费收入，这个动机不能忽视。由于学生、毕业生和学校管理人员是主要的被访对象，他们明白答案本身可以影响到学校排名，而排名靠前对学位名声和职业前途绝对有利，因此在受访时表达对学校偏正面的意见也是自然的，就是说，所有的评分和排行榜都不免面对不同程度的偏见风险。从访问者角度来看，评级机构如何定义问题、用哪些字眼去问、如何收集资料和数据、怎样分析数据等动作，对最终结果又起了什么程度的"操纵"作用，申请人需要审慎明察。

在运用排行榜时，我的建议是：

◆ 排行榜是具有参考价值的统计数据，尤其是对于一些初接触 MBA 学位的申请人，是一个开端，但绝不是终点，更不是决定性的因素。价值 30 万美元成本的学位不应由一个统计评分来牵着走吧！

◆ 根据自己关注的因素，创造个人排行榜，加上比重，计算个人化的加
权分数。

◆ 同一所学校，参考所有标志性的排行榜，同时研究过去五年的排名升
跌变化。

◆ 排行榜主要代表综合性排名，但是某些学校可能在个别学系特别出众
或表现平平，因此不要只顾留意综合排名，而忽略了学校在个别学科
和职业方向的实际情况。

你可能会问："哈佛与斯坦福在众多排行榜中持续地名列前茅，这证明，
从不同角度来评核，它们都是最优秀的学校。所以，选择它们并不是跟风
吧？"它们是最知名的商学院之一，毋庸置疑，但是，根据你的条件、要求和
目标，它们是你的最好选择吗？"最好"这个概念是绝对优势还是相对优势？
它的定义是什么？我觉得"最好"是个人化的定义，就如心中价值一样（参
阅第三章），最好商学院的"最好"是在个人条件、需要和目标的大前提下的
最理想、最优化的选择。

在第七章中，读者们可找到两个有趣的案例：一个当事人是我在芝大的
同班同学，最初锁定全日制 MBA，但最终加入 EMBA 行列；另一个当事人
是我的耶鲁师弟，他恰恰相反，虽然拥有十年工作经验，照常理比较适合
EMBA，但是他主动选择全日制学位，享受了两年当全职学生的愉快时光。
为什么他们各自作出这样的决定？

第五章

差异与参考价值——
入学游戏规则与部署战略

"A person who never made a mistake never tried anything new."

Albert Einstein

Physicist

招生官的思维模式如投资人一样,展望每一个申请人的将来,通过透视未来而作出现在录取的判断。

要成功进入顶尖商学院,首先需要明白它们的教学目的——为社会及商界培训领袖人才。领袖必须具备学习能力、领导才能、沟通能力、世界视野、团队合作精神等综合性的才智与思维。由此引申,在招生审核时,商学院自然倾向选择那些具备以上才能或表现出相关潜质的申请人。

申请人必须发掘自己的差异价值,学会如何讲个动听的个人故事。如投资项目一样,在招生官的计算内,每个申请人均有风险回报率;因为每人的条件有别,面对的难点和纠结点不一样,所以风险回报率高低有异。申请人的目标当然是回报率最大化!

回顾好莱坞电影《点球成金》(*Moneyball*)

2014 年 7 月，《商业周刊》刊登了一则名为 "Chicago Booth tries to predict which applicants will get rich one day" 的报道，意思是芝加哥大学布斯商学院尝试预测申请人的财富增长概率。报道一出，同学和校友们在脸书群组上喋喋不休地议论纷纷。这是怎么回事？据报道，过去 3 年，招生处向教授们做了一项问卷调查，征求他们的意见，认为哪个学生的未来事业发展最有前途（钱途），根据他们的答案，进一步看看这些"潜在成功人士"的背景、条件和特点等。招生处解释说，调查目的是为了探究事业发展潜质、财富升值潜力与个人特质的关系，对招生时的审批工作有帮助。读者觉得怎样？相信吗？

对于这些调查，我不觉得惊讶，只是，我对于调研本身的应用性以及背后假设的可靠性心存疑窦。

这则报道顿时让我想起了数年前的一部由布拉德·皮特（Brad Pitt）主演的好莱坞电影《点球成金》(*Moneyball*)，它改编自名作家迈克尔·刘易斯（Michael Lewis）的畅销书《魔球：逆境中制胜的智慧》(*Moneyball: The Art of Winning an Unfair Game*)。在戏中，我们看到主角（棒球队经理）排除众议，推翻旧有思想和一贯作风，利用精确和详细的数据资料协助自己寻找"沧海遗珠"，即有潜质和实力却被忽视和低估的球员。在另一层面上，新公司创始人的背景、特质和表现一般没有客观和透明的数据支持，因此天使投资人不能用统计方法来挑选可投资的创业者。商学院招生呢？究竟学校能否利用特别设计的量化模型或科学化数据来提高选拔新生的精确度？

商学院招生方法是大数据？向沃顿商学院教授 Cade Massey 请教

实践芝加哥学派的求知作风，我特别接触了一位老师。在第二章中，我提及曾经于 2013 年夏天在芝大伦敦分校上了一门课，名为"管理决策学"（Managerial Decision Making），当时的教授名为 Cade Massey（CM），他是芝大招聘过来的客座教授，现任沃顿商学院全职教授，从经济学与心理学的角度来剖析、解释及预测人们在不确定性和资料不全的情况下如何作出理智及非理智的决定，例如职业球队如何选拔有价值的球员、医生如何更准确地判断病情等。

作者：你在课堂上谈及以数据分析为主导的判断思维方法，好像跟我们现在常谈的"大数据"相似，可否讲述这种科学方法的来源？

CM：这概念源自上世纪 50 年代的一本书，名为 *Clinical vs. Statistical Prediction: a Theoretical Analysis and a Review of the Evidence*，是 20 世纪的知名心理学家 Paul Meehl 的大作。在书中，他认为，很多时候，纵然我们有数据资料在手，但依然侧重以直觉、观察、个人认知、主观经验等为基础的思维模式来对事情和人们的行为作出判断，常见例子：医生诊断病况。但是，据研究显示，用广泛和详细数据支持的运算模型，人们能够更有把握地在不确定性偏高和资料不完善的情况下作出判断性和精确性的决定，以及推断行为模式。

根据以往在企业咨询和科研方面的经验，我了解到，目前美国的机构，如美国教师联盟、谷歌以及知名足球/篮球/棒球队等，均广泛地使用这种方法论招聘人才和选拔有潜质的队员。

作者： 如果放在招生的范畴上，你认为这种方法可行吗？或许，学校应该怎样做才能借助此方法来提升招生工作的效能？

CM： 在招生方面，我并未做过大规模的调研，究竟哪些学校比较倚重数据分析，哪些着眼于人为判断，又或者前者在招生上的实际效果有多大，以上种种，我暂时不太清楚。对于采用统计数据进行招生工作，我不觉得有何不妥，我相信采用科学方式绝对有助于提高选拔过程的效率性、客观度和正确性。不过，最重要是分清楚谁是主、谁是客，意思是，海量数据分析是一种辅助工具，而人为的直觉判断、经验、意识是不能被替代的。况且，建立具备宽度和深度的人类判断思想模型量化系统绝对是一项庞大的工程，所需要的资源——财力和才力，加上时间因素，不是三言两语的事情。

作者： 可否举个例子说明一下？

CM： 要创建可行、可靠的量化系统，必须具备三项条件：一、订立明确目标：这一点极为重要，如果目标不清晰、不明确的话，往后收集和运算的信息和数据可能不是最恰当和最有用的，就会浪费资源。二、定义输入模型的数据元素：元素的特质是可追踪（Trackable）、可量化（Measurable）、可加权化（Weightable）的，客观和主观性质均可。三、收集、分类、整合、追踪、保存和维持数据资料。

假设某一商学院订立新项目，目标是 GPA 最大化，需要收集的数据包括入学时的 GMAT 分数、本科毕业时的 GPA、入学后两年间的 GPA 变化、学生的个人背景因素、选修科目、职业方向、入学与毕业年份等。随后，计算、认证和测试各种因素对 **GPA** 所产生的相关性影响，引证假设及推断结论。最后，结果需要反馈到招生过程上，从而调整招生细节和策略，如在招生过程上有任何新发现，可能需要在系统内作出相应改动。总而言之，这是一条积极的反馈途径。

你想象，为了单一目标项目，收集、维持、认证、测试和追踪数据的量与质不是纯粹找几台电脑和数名程序员就能达成理想效果，更何况，学校关心的不仅仅是一个目标。那么，在多元化目标的背景下，所需要的资源和组织规模并不是一个普通、标准化的招生处所能及的。因此，我不认为，目前为止，任何学校愿意并且有能力花上财力、人力和时间资源去进行和落实广泛性、系统化的运算数据模式。

假如有一天，技术上、规模上不再是问题，依据经验、观察和直觉的人为判断还是有价值的。例如，为了评核申请人的社交能力，在面试报告上，面试官利用个人观察和判断为这位申请人打分，这个分数可用作其中一个可量化的输入元素，不过它是由主观判断而厘定的，所以说，系统化的分析模式不可能没有受到主观和人为因素的影响。

海量数据分析是一种辅助工具，弥补人为主观的不完善，有助提高效率，但是建立、统筹和进行运算分析和数据收集工作的依然是人脑，它是不能被完全替代的。

教授这番话，让我想起在网上看到的一篇文章。题目是《写字，不能被取代的价值》，详细的内容暂且不提，作者名叫洪兰，是台湾"中央大学"认知神经科学研究所教授。她是这样说的："机器固然可以替代人力，但是某些美的、气质的、灵性的东西是无法替代的，就像没有任何一个电脑的合成音可以像人的歌声一样美妙。"我不能想象有一天，我们全用数据和机器挑选商业社会的未来领袖……

投资人与招生官的共通点：透视未来

芝加哥大学布斯商学院所坐落的大楼名叫 Harper Center，内里收藏了不少艺术壁画，一幅幅分布在接待处两侧、纵横交错的宽阔走廊上、形似四合院且采光度十足的 Winter Garden 大堂中。有一个展品特别有意思，是一名丹麦艺术家 Jeppe Hein 在 2004 年面世的作品——一句貌似手写、用霓虹灯管筑成的英文标语"Why are you here and not somewhere else"，意思是为何你在此处而不在别处。

如果有一天，你有机会求学于芝加哥大学布斯商学院，你认为，为什么你会到那里而不到别处？换转另一问题，为什么你会在芸芸众生中脱颖而出，被邀请进入芝大进修？除了佛教常说的"缘分"之外，他们为什么选择你，而不是别的中国学生？

闭上眼睛，转换角色……试想象，如果你是招生官，你最喜欢哪些学生？

商学院拥有建设性和增值型的数据资料，应用面甚广，潜质有待发掘。目前为止，人为因素仍是主导力量。招生官的思维模式如投资人一样，展望每一个申请人的将来，通过透视未来而作出当前录取的决定。投资是在投入资本于某资产后，经过一段时期才有机会获得正回报。所以，投资，无论是人才、物件，还是有形资产，都是将来式。

从前当资产管理人时，在开始募资前，我们需要先构建一个模拟资产池，厘定选拔准则。同一道理，招生程序分为两个阶段：个人评估（Evaluation）

与整体筛选（Selection）。

第一阶段的个人评估所涵盖的要点正是这章后半部介绍的审核准则。很多人认为，只要符合所有审核准则就会被录取。但是，事实上，在顶尖商学院里，每年达标的候选人数远远超出最终被录取的人数，究竟怎样决定你是否成为被录取的一员？这与第二阶段有直接关系。

第二阶段：举个例子，哈佛商学院的总申请者数大约为9 000人，每年新生班的人数接近900人，即是说，录取率大约是10%。其实，通过第一阶段的达标候选人达1 800人之多，在这1 800人中，招生人员最后筛选了1 000人，他们是终极幸运儿，是收到入学通知书的一群。最后落实加入哈佛大家庭的候选人为900人，即新生班的人数。

由1 800人到1 000人，中间发生了什么事？商学院的学习模式建基于"集思广益、同辈互相学习"的理念上。例如，一位在莫斯科从事IT行业的技术人员，从一位在南美从事咖啡贸易的学习小组同学身上，学习到咖啡生产的工序，大开眼界之余，又可帮助自己在营运学上的功课，而后者呢？他可以认识到IT系统的运作，吸收灵感，为自己公司日后建立类似系统作出准备。两个人，位于一南一北，从事风马牛不相及的行业，透过商学院的平台而相交相知、互补长短，这就是在商学院念书的有趣之处，周边的同学及他们林林总总的经历是叫人惊喜的宝藏，而你的个人和职业经验亦是他们的学习对象。

为了丰富学生的学习体验，招生处职员费尽心思，从以上已达标的1 800人中，抽出那些具备最独特背景、性格、经历的候选人，组成一班在各种主要范畴上（包括种族、性别、地理分布、职能、行业、语言）均最具备代表性和最多样化的学生群。如果新生班是一幅1 000块的拼图的话，最后被筛选出来的1 000人就是每一小块图片，各有不同形状，缺一不可，组合起来，成为一幅风景作品。

换个角度来看，你与另一位申请人拥有相同背景——亚洲人、投资银行分析员、名校毕业生、男性、通晓中英文等，但最后你没有被录取，背后的可能性是在整套申请书中，他比你更有效地说服了学校：为什么自己的条件是同类型申请人中最特别的一个？为什么自己的经验可以为同窗增值？为什么自己的潜质和才能正是学校所寻找的？

应付第一阶段的主动性策略是准备好申请材料，这正是第六章的重点所在。第二阶段的战略如何部署呢？基本上没有进攻性的应付策略。由于你我他（包括招生官）均不能准确地预测当年的实际申请人数和申请人的背景，所以最终的新生班组合存在着一定程度的变数。当提出申请时，你根本没法知道竞争对手的实际数目以及当中哪些与你的背景相似，那么你又怎能作出适当的部署？所以，对申请人而言，第二阶段基本上是不受控的。既然不可控，申请人应该集中精神，放眼于可控的事情上，即是写好个人申请书，创造出让招生处人员难以忘怀的独特形象，成为终极 **1 000** 强之一。

耶鲁大学 MBA 招生处总监 Bruce Delmonico 分享：谁能当耶鲁人？

为了参加 MBA 申请这场游戏，并且成功胜出，必先熟读游戏规则。MBA 入学的审批规则如何呢？总的来说，并不繁复，只是审核过程涉及人为判断因素，是一套夹杂客观兼主观元素的系统。

商学院的招生官是伯乐，在众多竞争者中慧眼识英雄，把你这匹千里马选拔出来。招生官最喜欢的申请人就是那些对自己的未来方向有清晰的概念，对过去的得与失坦然地面对和接受，认定商学院是连接未来与过去的最有效的资源和平台的人。换句话说，招生官喜欢那些知道自己在做什么以及为什么这样做的人。

什么意思？让我们听听耶鲁 MBA 招生处总监 Bruce Delmonico 的亲口诉说：

"我们采取批量处理形式，分为三轮阶段处理和审批申请个案，如申请人在到期日前提早递交申请书的话，并没有审核优先权。

"每年平均申请量大约为 3 000 多份，新生班的规模不超过 230 ~ 240 人，因此每年录取比率大约为 8%，在众多名校中属于偏低。

"由于不能完全准确地预测当年的实际申请人数及申请人的背景条件，所以对不同种类或组别的申请人，不会有硬性的目标配额，必须保持一定程度的弹性。同时，根据过往经验及学校的大方向，我们会在首轮选拔时先概括地定下翌年新生班的初步组合分布，然后，根据实际的申请人数及其素质，调整组合的分布，构造我们眼中最多元化和最优秀的新生班。

"收到申请书后，学校的电脑系统先核查递交的资料是否完整。在到期日最后 24 小时内，系统的负荷会加重，不要留待最后一小时才上线递交文件。

"审核程序是这样的：关于申请论文、简历和推荐信等文件，一般经过两位招生处职员复核，然后 8 ~ 10 人的委员会共同决定谁被邀请进行面试。另一做法是，一开始申请人先被邀请进行面试，然后再由两位招生处职员详细复核整套申请文件，这些申请人一般拥有另类的背景，或者表面条件很强。

"面试官和审核人员一般不是同一人，因为不想让面试官在面试前有先入为主的感觉。面试报告上的所谓打分机制，事实上涉及不少面试官的个人观察和判断。

"当所有资料审核完毕（包括面试），入学委员会负责作出全体性的终极录取决定。

"目前为止，我们未曾采用量化系统作为挑选学生的工具，却继续沿用传统的人性化方法。

"职业发展中心与我们是独立运作，在宏观的层面上，他们会分享最新职场资讯，如雇主对学生的关注点、职位走势和现象等，但是，在微观的层面上，他们绝不会直接参与招生工作。

"关于候补名单，主要有两种情况：一是申请人的背景存在着一些瑕疵或疑点，有待改善；二是申请人的条件基本上没有问题，但是，相对于当时的竞争对手，这位申请人依然稍微逊色，加上整体新生班组合的宏观考虑因素（例如多元化因素），这些申请人未能即时被录取。我建议候补申请人应该积极跟我们联系，找出背后原因。"

从招生官的角度来看，中国申请人考获高分数是一件理所当然的事情。GMAT/TOEFL 考试是技术层面上的问题，任何学生只要全心一意，绝对可以通过军训般的密集式训练而掌握这项技能，成为考试机器，可以说，考试是整个申请过程中最容易把握和掌控的一环。不过，重点是报考商学院 20 强跟高考完全是两回事，校内成绩和公开考试的分数不再是成功考上名校的保证。让我们先看一些统计数据：

世界排名前 20 位的商学院每年总招生人数约为 1 万人，平均录取比率大概是 10%～12%，相比所有商学院合计的平均录取比率 45%～50%，相距甚远。因此，成功考进名牌商学院的难度之高，可见一斑。对于来自大中华地区的申请人而言，申请更具挑战性：世界排名前 20 位的商学院中，每届总录取人数及国际学生的比例基本上近乎持平，但申请人数却大规模地持续上升，例如，2008—2013 年期间在大中华地区，报考 GMAT 人数的复合年均增长率（CAGR）大约为 15%；同时，2012 年度全球 MBA 课程的总申请量，以国家地理分布计算，中国的增幅为全球之冠（31%）。

申请哈佛、耶鲁的考生中具备突出的学术成绩者数不胜数，如果纯粹以学术成绩作为唯一或最重要的审核和筛选因素，每年新生班的人数及中国学生比率一定超额，招生处主任的工作就容易多了。但现实是，在供求失衡、名牌效应和竞争加剧的大前提下，申请 MBA 这场激烈的游戏中，单凭考试成绩务求突围而出是没有意义的。另外，学校资源有限，同时为了维护教学质量和名声利益，学校不会大规模地增加招生人数。根据以上的逻辑，拥有优秀学业成绩的申请人并不能稳胜。为了有效地挑选贤能之士，审核和筛选过程及准则须要科学（客观成绩分数）和艺术（主观个人特质）兼容。

招生官一般关注的五大元素包括：

一、学术成绩及学习能力

◆ 在众多因素中，这是最客观的一环。学术才能可以从校内成绩（如 GPA，以 4 分为满分）、主修科目、母校背景及 GMAT 分数等方面来判断。

◆ 美国的法学院和医学院对学术成绩的要求比商学院高，因为后者比前者更重视学生的人生和事业经验。以哥大为例，法学院新生的 GPA

中位数是 **3.71/4**，商学院的 **GPA** 中位数则是 **3.5/4**。话虽如此，这并不代表商学院不注重学业成绩，在第四章提及的排行榜中，新生的 **GPA** 和 **GMAT** 是其中一项评估重点，所以，商学院在入学成绩上需要维持一定的水平。一般来说，前 **20** 位的商学院的统计数字如下：

- **GMAT** 中位数/平均数：**720/800**
- **GMAT** 分数的 **80%** 范围：**680 ~ 780**
- **GPA** 中位数/平均数：**3.55/4**
- **GPA** 的 **80%** 范围：**3.1 ~ 3.9**

◆ GPA 和 GMAT 相辅相成。如大学时的 GPA 属于一般的话，应在 GMAT 考试中多下苦功，争取更高分数；又或者，距离大学毕业时间越长，GPA 的影响力越小，GMAT 的意义越大。

◆ 不少申请人曾经参考 GMAT 有二三次之多，这是颇正常的，学校只看最高分数的一次。商学院是没有 GMAT 的最低要求和最理想的分数水平，但是，如果你的分数持续地远低于该校的平均数，甚至是**80%**范围的低点时，或许，你需要加把劲，或者选择其他学校。然而，考取 800 满分不代表一定可以被录取，因为 GMAT 分数只是审核因素的其中一项。

◆ 如大学时的成绩不太理想，可考虑在额外论文中解释个中因由，亦可以用工作有关的实例去说明和展示个人的学习能力。

◆ 关于 GPA，绝对数字当然是重要的，不过，过往数年 GPA 的走势同样地看重。另外，招生处会参考你的大学母校背景及选读的各项科目，一个从顶尖课程毕业而考取 **3.2** 的申请人比起另一个从普通课程毕业而得到 3.8 的同学，你觉得招生处对哪一位比较看重呢？如你就读的课程具备一些特别的条件，不妨与招生处分享，因为这可能是你的独特之处所在。

二、事业目标与发展潜质

◆ 2~5 年的工作经验是必需的。不过，可能由于近年经济不景气，越来越多的年轻申请人，如投资银行的初级分析员，向商学院进发。如拥有一定年资再进入商学院深造对学习及求职绝对有好处，就无须急于一时去申请。

◆ 在第一章提及，大部分选择商学院的申请人是转行一族，所以申请时定下的职业目标可以跟目前的行业没有 100% 的直接关系，只要背后的动机解释得清楚明白就可。列明目标时必须明确，切忌含糊不清。

◆ 成功的申请人能够穿越过去与未来：追索过去的事业经历，发掘自己的未来目标，最重要的是要明确地表明该校的 MBA 学位将会怎样帮助你迈向目标，从过去走向未来。

◆ 对任职大机构并且从事于 MBA 常见行业的申请人而言，具备这些条件是一把双刃剑。理由是：一方面，大机构有严格的招聘标准，因此，你作为它们的员工，个人能力应该已经达到一定的水平。另一方面，由于有很多申请人与你一样，具备雷同的条件，如果你不能将自己的故事讲清楚，你的申请书将会被埋没在书海中。再者，每项职业通常给人一种特定的第一形象，这种形象框架包含了卖点和盲点。窍门是在强调自身应有的优点之余，冲破特定的框架，加入个人经历、特质、技能等。

三、领导才能和团队参与经验

◆ 商学院尤其重视这方面的经验。经验可以分为不同性质和阶段——大学时代、工作时期和公益活动。领导和团队经验是一种有过程、有结果的体验，并不是一个冠冕堂皇、有名无实的名堂。

◆ 无论是关于带领团队、创立新组织，还是参与团体活动，学校最关心的是：你属于哪种类型的领袖？你如何解决团队纠纷？你怎样与不同性格的团队成员合作？你如何激励团队成员，向同一目标迈进？当项目失败后，你与团队成员怎样从中学习，修正后再接再厉？

◆ 当列举实例时，内容必须包括当时的情况、面对的问题、解决的方法、你参与的角色、与团队成员的交流情况，以及对机构/客户造成的影响。适当地、交替地用"I"和"We"，过多的"I"予人你以自我为中心的感觉，过多的"We"则未能突出你本身角色的特点。

四、课外活动

◆ 与第三点有关。工作和上学以外的活动包括个人兴趣、公益活动等。课外活动可以追溯到大学时代，如果你是工作年资比较短的申请人，大学时代的活动对你的背景审核相对地重要。总的来说，学校希望了解工作和上学以外的你，如何平衡发展自己的兴趣和爱好。领袖不能纯粹是书呆子或工作狂吧！

五、个人背景

◆ 申请人本身拥有一些对自己性格、价值观或职业方向等造成影响的个人经历，透过分享私人经历，好让学校对你加深了解，又能凸显你职业以外的一面，将自己的背景立体化。

◆ 个人经历不一定跟意外有关，可以是半工半读的经历、首次创业成功、家庭变故、运动创举等，总之是对自己有特别意义的个人体验。

你值多少钱？

看到这儿，读者们应该明白，招生审核过程的艺术含量比科学含量为高，人性化强于机器化。个人愚见，评核重点刚柔并存，当中刚柔成分多寡因学校理念而异；在整个过程中，最"刚烈"的一环莫过于 GMAT 和 GRE 公开考试成绩。

在谈论公开考试成绩的刚烈性之前，先用一个现实而简化的例子讲述"参考价值"与"差异价值"——两个对每个人存在实际意义的市场学概念。

当我成为芝大学生后，平均每个月需要到新加坡上整整一周课，每次来回机票不是国泰航空，便是新加坡航空，只有两个选择。假设他们机票的价格一模一样，香港至新加坡来回经济舱机票是 3 000 元；由于市价一样，好像它们之间没有什么明显区别，那么，你喜欢国泰还是新航？

"参考价值"是最佳替代品的价值，如我乘搭国泰，我的最佳替代品是新航，参考价值是 3 000 元；同样，如我乘搭新航，我的最佳替代品是国泰，参考价值是 3 000 元。差异价值是竞争产品或服务之间的区别价值，假设消费者只关心三大因素：积分、服务质量和班次频密度。差异价值是从个别消费者角度而计算出来的价值，因人而异，却不是真实的金钱价值。例如：

国泰机票

参考价值			¥3 000
差异价值	亚洲万里通积分 服务质量 班次频密度	¥1 000 ¥500 ¥1 000	¥2 500
总经济价值			¥5 500

新航机票

参考价值			¥3 000
差异价值	飞行常客计划积分 服务质量 班次频密度	¥500 ¥0 ¥500	¥1 000
总经济价值			¥4 000

在第三章中，我提及价格与价值之间的平衡问题。总经济价值就是两张机票分别在我心中的价值，由于国泰机票的价值超出市价约2 500元（5 500元 −3 000元），而新航机票只超出1 000元，即是说，对我而言，由国泰机票所产生的"消费者净收益"（参阅第三章的最后一段）最大，俗话说，国泰机票最"超值"，所以，我选择了国泰机票。

由此引申，如果在你心中，差异价值的性质、成分、定价等有别于我，总经济价值和消费者净收益当然不同，最终的选择可能完全是两回事。

好，经济学名词的课堂完毕！现实中，为什么这两个概念如此重要？因为每个人、每件产品、每项服务均包含这两种价值，如果你能够发掘最深的差异价值，并且有效地将其价值与目标受众沟通妥当，你的利益最大化指日可待。同时，作出选择时，我们关心的是两者的相对价值（国泰2 500元和新航1 000元），哪一个产品相对地给我最大的净收益（相对地最超值），我就应该选择哪个产品。

实例比比皆是，例如：

你代表高盛跟打算上市的阿里巴巴高层见面，目的是打败竞争对手摩根大通，被聘请为全球首席承销商，两者都是老牌美国顶尖投行，人才济济，背景看起来非常类似。所以，你必须说服对方，高盛具备哪些比摩根大通优胜的重点，例如交易业绩、广泛投资人关系网等，为什么是担任此项目领导的最佳选择。

你是全新电商平台的创始人，专营皮鞋销售，在"参见"各大天使投资人时，你要告诉他们，自己公司与同行竞争对手在服务和产品上有何区别，这些区别如何提升正面经济效益，最终，为什么你提供的独有价值值得他们对你的公司作出投资。

你准备换新工作，面试到了最后阶段，你是最后两强之一，另一候选人与你一样拥有复旦硕士学位，工作经验年资和英语水平相若，为了面试成功，你尽最大的努力表现和说明自己的过人之处，为何你比别人更优胜。

到了商学院申请这一关，同一道理，通过各种载体——论文、简历、推荐信和口头面试，有技巧地告诉招生官究竟你拥有什么让他们看重的技能和经历，与类似背景的申请人相比，你有何特别之处，为什么你是最合适的人选，为什么这所商学院最适合你。

所以，从今天起，无论什么情况，归根究底，个人市场学的窍门要诀是<u>发掘</u>、<u>实践</u>和<u>展示</u>目标受众所<u>重视</u>的<u>独特价值</u>。以横线标记的重点元素，缺一不可。

话说回来，公开考试成绩就是参考价值。中国人的应试能力全球闻名，是名副其实的考试机器，只要有一套可依循的死记背诵方法，就会专心一致地照单全收，从我们在 GMAT 考试中的卓越表现，便可见一斑。基本上，因为中国申请人的成绩优良，700 分似乎是常态，达到相同水平（或接近平均水平）成为基本标准，算不上是有差异价值的独特表现。因此，良好的公开考试成绩（700～750 分）是基本要求，是必需的，不过，它只是"标准入场券"，不是"VIP 入场券"，更不能保证顺利打开录取的大门。要打开大门并且跨进去，必须证明和说明相对的差异价值。差异价值是什么？就是你的个人故事、特质、经历、背景等，运用得宜的话，便能脱颖而出，哪怕公开考试的成绩稍逊，亦可逆转弱势，转危为安。

与哈佛大学 MBA 招生处总监 Eileen Chang 对话："FISO"

也许读者没听过"参考价值"和"差异价值"两个概念，毕竟它们是进入商学院后才学到的名词术语。再举一个例子，读者们有没有听过"Fit in-Stand out"（FISO）这几个字？在不少实际情况下，FISO 这个概念的应用面挺大，例如企业招聘（如谷歌、高盛、BCG 等公司）、学校招生（英美寄宿学校、国外本科和研究院）等。如果你能明白 FISO 这个道理，考商学院也好，找工作也罢，相当管用。

与哈佛商学院招生官 Eileen Chang 对话时，她指出，中国申请人不明白什么是"Fit"，学校要求的是认识申请者的真正特质及个性，但是他们往往缺乏那份表现真我的勇气和技巧。

我们必须理解一项根本的事实，中国教育强调知识学习：重知识传授，轻能力培养；重分数提高，轻人格塑造；重老师的主导地位，轻学生的个性表达。相反，西方教育注重对学生创新能力的培养，鼓励学生独立思考和表达自己的个性。两者比较，不言而喻，不同的教育理念与方式带来不同的教育结果。

"Fit in"是什么？如果随机问一位中国同学，在MBA申请上，怎样解读一个名为"Fit in"的概念，他们的解读极有可能是："'符合'入学条件，即入学条件的清单上有很多✓号，并且构造一个'迎合'学校的形象。"可不是！假设你进入耶鲁，与同学相处正常、融合，学习环境给你心安舒服的感觉，也能融入学校的教学模式和思维，以上种种代表你已经"Fit in"。"Stand out"又是什么？你的独特条件和技能，就是上文所说的"差异价值"。在入学后，鉴于你的特别之处，你能为同学和学习环境带来怎样的新刺激、新冲击呢？假设你精通4国语言，在康奈尔大学的环境中，这是独特之处，但是在法国INSEAD中，这素质相对显得正常，因为他们学生中具备多种语言能力的人不算罕见。当然，前提是这素质必须是学校关注的特质之一。

所以，根据她的意见，"Fit in"与"Stand out"是一种互相牵引的关系："Fit in"是融入一堆与你的兴趣和观念相投的人群中，互相学习与交流；同时，你需要"Stand out"，利用自己独有的才能和经验，为学校、社区和同窗增值，当个学习榜样。换句话说，不失自我之余，又能融入群众。成功（求职和求学）申请人一般能够表现出在某些层面上的"Fit in"，以及其他层面上的"Stand out"。因此，假如一个华尔街投行分析员申请哈佛，在"Fit in"这方面应该问题不大，他/她的重点应放在表现自己的"Stand out"；但是对于一个女模特而言，她的职业背景相当特别，所以她要说服学校自己如何"Fit in"，例如，如何有足够数学能力应付数据分析科目。

人才投资要看风险回报率

如投资项目一样，在招生官的计算内，每个申请人均有风险回报率（Reward/Risk Ratio）；因为每人的条件有别，面对的难点和纠结点不一样，所以风险回报率高低有异。申请人的目标当然是回报率最大化！

再用同一例子：一个华尔街投行分析员拥有标准闪亮的背景条件——知名企业工作背景、实战数据和逻辑分析经验、学习能力强、名校本科毕业等，招生官不担心"Fit in"的问题，因此，他/她的风险水平（分母）属于低位，风险回报率一般处于高位，不过他/她的问题在于"Stand out"方面，独特处不明确，必须挖掘和表现差异性的素养。那位女模特呢？她刚好相反，风险水平属于高位，风险回报率一般处于低位；由于她的背景条件独特，这是她的优势，也是弱势，招生官有理由担心她究竟能否应付沉重的学术性功课，会否习惯商学院那种密集性的训练，与来自传统商业行业的同学如何相处。所以，她必须证明自己的学习能力和商业敏感度。

从前有一位郭同学，芝大在读 MBA 学生，现在我们已经成为好友，当时对他提供个人化指导历时 15 个月之久，结果非常满意，耶鲁和芝大录取了他，并且颁发奖学金。这个案例的特别之处（也是成功之处）是选择性地和集中性地表现独特素质，务求提升他的风险回报率。首先，他拥有一些传统的正面特质——国外名校本科生、优良校内和公开考试成绩、M&A 投行工作经验等，这些就是"Fit in"方面的贡献，所以风险水平偏低。不过有一个难点，他效力的投行不是最顶尖的国际银行机构，相对地，大多数的同类型竞争对手却来自摩根士丹利、摩通、高盛等。因此，如果大家的条件是一样的话，招生官极有可能偏向他的竞争对手，毕竟他们毕业后的招聘成功率（被同级别的国际机构招聘的成功率）较高。

于是，当我透彻地了解过他的过去、个性和条件后，在一切申请文书上以及面试中，我建议他必须强调三大差异点：

◆ 青少年时期的启蒙发展：在英国就读寄宿中学的纪律化训练。

◆ 大学时期的课外领导训练：怎样创办大学里会员规模最大的学生联谊会。

◆ 特殊工作情况：在南非大小城市领头做跨国合并与收购交易的文化冲击体验，包括到访高危"战事"地区做实地考察。

以上种种表现了主人公的主动性、纪律性、领导能力、应变能力和文化差异敏感度，而且，这些都是商学院看重的特质之一，又是郭同学的特别之处。很多从事投行的中国申请人未必有当领头做跨国交易的经验，何况是南非这个国家？英国寄宿学校的教育背景也不是很普遍（将来应该会越来越普遍）；另外，课外活动的经历是很有意义的。所以，他可以突围而出，彰显了差异价值，提升了回报率。

专访上海电视节最佳导演杨文军：如何讲个动听故事

MBA 名校生是何方神圣？

普通人。

男男女女，眼耳口鼻，双手双脚，高矮肥瘦，吃喝玩乐，七情六欲，喜怒哀乐……

我的意思是：我们跟其他没有上知名商学院的朋友们一样，都是普通人，没有高攀低就可言。例如，跟不少地道香港人一样，我光顾茶餐厅，我看商业电影，我看电视剧（国产剧、日剧、韩剧、美剧、英剧等，只不过一边看，一边批评而已）……虽然我不能代表所有 MBA 学生发言，但多年的观察和真人接触告诉我，无论出身和背景如何，我们的兴趣、嗜好、外形、衣着等跟其他人没有两样。

你可能依然心存疑窦，既然我们能够排除万难，考进那些录取率长期介乎于 10% ~ 12% 的商学院，个中因由究竟是什么？我们的优势是那份比一般人早熟及发达的自知之明和自觉性，这些都是领袖应该具备的主要素质。摸清自己的个性后，懂得如何讲个动听的故事，将自己推销出去。

讲故事的形式层出不穷，影像、声音、文字、动作等，影像则可细分为照片、电视、电影、绘画、话剧……我不是研究多媒体的学者，不打算在此扮专家。只希望利用其中一种常见的媒体向大家解释"讲故事"的道理，那就是被誉为梦工场的电影。

大中华地区有两位电影导演——王家卫和陈可辛，相信内地观众应该看过他们的作品，如前者的《一代宗师》（梁朝伟主演）和后者的《中国合伙人》（黄晓明主演）。个人而言，对他们没有特别喜好或偏见。你喜欢前者还是后者的作品？前者的电影获奖无数，但并不代表叫好又叫座，后者的作品则比较大众化。个人喜好各有不同，有人喜欢前者，因为电影内的对白有深度，惹人深思细味，激发遐想；喜欢后者的却说，他的电影不落俗套，直接流畅。两位大导发挥创意，透过各种题材、故事、人物，用自己的方式向观众讲故事。

如果你的论文是一部电影，你是导演，你属于哪种风格呢？在撰写论文时，个人风格，如开场白、结尾、词语运用、语调，有助于突出及加深你的形象，不过最关键的是故事本身。就如我们常吃的饺子一样，无论饺子的外表（饺子的形状，皮的厚薄、材料成分和颜色）如何，饺子内的馅才是主角。在电影院内，我们一边欣赏电影，一边自问：这部电影的前文与后理是否互相呼应？故事情节是否合情合理？内容是否与主题吻合？主角跟配角的行为是否与性格相符？内容上有没有无谓的枝节？最后，导演和演员的表达和演绎是否达到预期的效果，让观众透过整个故事对各人物的行为、背景、性格和意念了解清楚？

你的论文是一篇自编自导自演的作品。当你书写论文时，请问自己，如果你的故事拍成电影或电视剧，作为观众，你会有哪些评价？会否一边看，一边批评？为什么主角在第一集的性格与第五集的表现判若两人，他/她有人格分裂吗？如果不是的话，作为导演，你应该在片中解释清楚这个转变的前因后果，否则，我们作为旁观者的观众会摸不着头脑，然后索性停止收看。在审批申请论文的层面上，当招生处职员遇上这些答非所问、前言不搭后语，以及内容含糊的论文，他们脑内的接收系统会出现思维障碍，分析系统则充满了问号，在不能透过文章去真正掌握你的情况和意图下，后果是没有后续面试机会，宣告申请失败。

写论文跟拍电影一样，用最丰富的想象力去演绎一个故事，一个没有无谓想象空间的故事。什么是无谓想象空间？即是说，内容含糊不清，破绽百出，让观众不明所以，倾向任意空想，最终未能将预期的信息表达出来，更落得一个词不达意之名。

说起电影电视，数月前到内地出差，晚饭后在酒店房内看到一部电视剧名为《离婚律师》，吴秀波和姚晨主演，当时没有特别感觉。后来发现，这次"偶遇"原来是预备将来的"重遇"。事隔不到两个月，当我在北京出席耶鲁北京中心开幕式时，通过师兄的介绍，认识了他的好朋友杨文军先生，他就是《离婚律师》的导演，真巧！

先说说杨导演的履历。从记者出身改行做导演的杨文军，善于在剧中把握社会热点，贴近人民生活潮流。他导演过多部电影和电视剧，近年的代表电视作品包括《老马家的幸福往事》、《刀客家族的女人》和《离婚律师》。2011 年，他凭着《老马家的幸福往事》获得第 17 届上海电视节"白玉兰"最佳导演奖。2015 年他的最新作品是电影版《何以笙箫默》，看看杨导演如何通过男主演黄晓明和女主演杨幂讲动听的爱情故事！

他的专业经验顿时让我联想起了在论文中"讲故事"这个概念。导演不就是天天拿着剧本讲故事的专业人士吗？近年来，越来越多商学院的论文题目基本上不是论文，而是多媒体材料，包括视频之类。也许，他的专业知识可以让读者们借鉴，激发灵感？

离开北京后，我毛遂自荐，主动跟杨导演联系，坦白地表明背景和来意后，分享自己对如何在学校申请以及职场面试上应用"导演讲故事"的手法，平易近人的他认同我的观点，更马上答应要求，百忙中抽空做了电话专访，分享了几个关于"如何讲个动听故事"的专业要点：

"表现一个真实的自己才能打动别人，不是演出一个外人心中的形象。

"一开始讲硬道理的话，对方未必立刻接收到信息。相反，用生动例子、打比方比较有用，让他们自己感受和了解背后的意义。

"讲故事的节奏必须掌握切当，行内叫一波三折。例如：你想强调某一主题或重点，你需要用不同方式重复又重复。但是，强调哪一重点、怎样重复主题、在什么阶段重复主题，全是依靠讲故事者的判断力和经验。节奏很重要的，就算你有一个很有意思的故事跟对方分享，但是如果时间和执行上有偏差，掌握节奏有误，最终效果不会理想的。

"逆向思维是我常用的手法。在塑造人物和诉说故事时，在性格统一和故事合理的基础下，先给观众们表面上的错觉，然后出其不意地出现剧情逆转，杀人们措手不及。这种惊喜（或惊吓）是讲故事的重要技巧。

"故事内采用的素材也非常重要。在我的电视剧中，我注重灌输那些引起观众共鸣的题材和主题。同一道理，申请人的故事内容也应包含一些对方关注的要点，抓住对方的心态。另外，故事内的情节、情感、细节和性格需要多加留意。"

我一边听他的讲述，一边将论文和面试的应用技巧与电视电影的拍摄手法联想起来，确实相当相似。毕竟，两者均是抓住故事重点，从而表述一个主题、一个故事或一个理念，区别在于目标受众的复杂性和表达渠道的性质，因此，发放信息的技巧有异。

我不是说，从今天开始，为了学会"说故事"的艺术，必须密集地观看电视剧或电影，导演也不是唯一一种懂得"说故事"的职业。只是，我希望大家明白，虽然这本书是关于升学、就业等比较严肃的话题，但是灵感随处可找。更何况，近年来，美国名校的论文题目（商学院也好，本科学院也罢）越来越创新，录影和实时视频渐趋普遍，接触多元化媒体绝对有实际性的启发作用。

试试放大心窗，不要把思维局限于自己熟悉的领域上，不要光顾着工作专业和学习圈子，有时候，通俗文化也可以是有用的教材和启发灵感的泉源。

第六章

3C4P 销售理论——
表彰独特个人品牌

"In the modern world of business,
it is useless to be a creative, original thinker
unless you can also sell what you create."

David Ogilvy

Co-Founder of Ogilvy & Mather

　　市场学的 3C 和 4P 概念在 MBA 课程中是最普遍、最常用的商业理论之一。每人都应该为个人发展、为事业规划做一份详细的 3C4P 分析报告。了解自己的定位和品牌，评估周边的竞争对手，面对自己的长短处，订立市场推广和销售战略，继而运用四大载体（4P）配合计划的执行。第五章描述的概念关乎宏观定位和战略方向（3C），第六章则是关于实行推广和展示定位的一步（4P）。

　　简历是一份解答"What"的宣传文件，精确简短和引人注目是首要任务；但是论文的作用是解答"Why"和"How"。我们不是由一堆数字制造而成的，却是一群有血有肉的人，审批论文的招生官也是有血有肉的，所以他们想听真实的情节、故事。

　　与申请文书、推荐信和 GMAT 考试相比，面试应该是最难拿捏准确的一环。毕竟，30～45 分钟的面试是一场自编自导自演的现场独角戏，没有第二次机会。面试问题症结主要是心理障碍，克服心病的方法是换位思考。

　　市场学的 3C 和 4P 概念在 MBA 课程中是最普遍、最常用的商业理论之一。3C 代表公司（Company）、客户（Customer）和竞争对手（Competition），4P 就是产品（Product）、地点（Place）、价格（Price）和推广（Promotion）。在芝大上了两周的"市场战略课"，由两位知名教授 Pradeep Chintagunta 和 Sanjay Dhar 授课，10 堂课配 10 个案例，全围绕着这几个概念，再加上额外一周的"定价战略学"，如果加上关于市场数据分析和战略一系列的选修课，市场学在芝大课程中的比重可不小！记得在其中一堂课，教授当场问我们，我们"认为"哪所商学院——芝加哥大学布斯商学院和西北大学凯洛格商学院——在市场学方面比较优胜？虽然我们是芝大学生，但是大部分人举手选择后者，教授说："这就是'感知'的威力。无论实际情况是怎样一回事，一旦心里存在既定的形象，是很难改变的。就是说，要建立一个形象时，必须思维清晰，执行上小心处理。建立过程需要时间，成功建立后一旦需要改变，需要的功夫更多、更复杂。"

　　教授曾建议说，每人都应该为个人发展、为事业规划做一份详细的 3C4P 分析报告。了解自己的定位和品牌，评估周边的竞争对手，面对自己的长短处，订立市场推广和销售战略，继而运用四大载体（4P）配合计划的执行。在申请的事宜上，你们不正是为自己规划和执行个人化的 3C4P 分析报告吗？第五章描述的概念关乎宏观定位和战略方向（3C），第六章则是关于实行推广和展示定位的一步（4P）。故此，在未来的章节中，我们会看看如何通过不同载体来实现一套个人市场推广计划。

　　补充：在大数据这股潮流的影响下，芝加哥大学布斯商学院在量化分析和经济学应用上的领导地位可派上用场。

简历：粉饰过的宣传单

从小开始，我喜欢上了乐高积木（**Lego**），曾经憧憬当个建筑师。虽然最后没有实现，但是热情未减，现在有空时我依然把玩手中积木，创作不同"建筑物"。任何建筑物都需要稳固的地基和结构，乐高模型亦然。如果你的个人市场推广计划是一栋全新的建筑物，简历就是建筑物的地基和结构。原因是：在前一章中我提及，申请人应该从个人背景中找出独特卖点，以此作为整套申请推广计划的中心思想，然后有系统地、统一口径地通过各种文件表现出来。简历是整体中心思想的框架，为论文、推荐信和面试搭起了舞台，确定了基调。简历内的详细内容是中心思想的延续，用以支持和强化综合卖点。

一般来说，简历是第一份审批的文件，是奠定第一印象的主要工具。求职简历跟 MBA 简历有哪些区别？总体上，两者相当相似，但是由于针对的受众不同，内容配置有别。整体道理就如中医按药方为病人配药似的。以前的中药店不是有百子柜吗？在香港，历史悠久的中药店越来越少，剩下的老店几乎成为古董。在香港中环闹市中有一间名为"回春堂"的百年老字号，是老朋友的家族生意。听说，他们的木制百子柜已经超过 80 年历史，沿用至今，内藏着各色各样的药材，大夫针对病人的需要而按照药方来配药。究竟百子柜的道理是什么？收藏与分配。

在构建简历时，首先，尽情地把每方面的过往经历（教育背景、工作经验、兴趣、公益活动等）逐点写下来，将来随着新工作或经历的来临而相应地更新内容，因为这是供自己使用的版本，所以外观、用词和语法并不重要，自己看得明白就可以。这份简历一点也不简单，内容十分丰富，篇幅可达数页纸之多。记录要点时可以采用一套方法，名为 CAR（Challenge + Action + Results）。这方法挺普遍，可能读者们已经听闻过。每一个经历/项目/要点应该包含这三个元素：一、挑战（Challenge）：项目、工作或问题的背景情况；二、行动（Action）：如何应对当时的情况以及背后的动机；三、结果（Results）：可量化的结果或影响。在这个阶段写得清晰、想得透彻，是"吃力"，但不是"不讨好"。如果准备周全的话，不但有助于简历的构建，而且能打好往后面试的基础。

有了这份最原始、最详细、最全面的个人经历和亮点的报告后，将来面对不同情况时，如应聘各类型的新工作或申请入学，你能够以此作根据，抽出最切合该目标要求的亮点和经历，创造一份浓缩而有针对性的简历。

近年来，商学院要求申请人和在读学生准备一份线上简历，放在领英网（LinkedIn. com）的平台上。无论是实体还是线上简历，道理是一样的，以个人故事卖点的中心思想为基础，找出针对性和标志性的实例和亮点，成为简历的"组件"。随后，以简历作基础，透过各种形式和视角——论文、推荐信和面试，说明自己的条件、特长和历史。

在耶鲁时，一年级的我们在开学后的一个月内，几乎找遍所有二年级的师兄师姐，让他们为我们简历的构建和内容点评，给予一些可行的修改建议，碰过不少钉子。常犯的错误包括：

◆ 过多职业性术语：由于申请者惯于撰写一般性的求职简历，有点理所当然的惯性，因此，申请用的简历布满行内术语，但是，毕竟这是入学简历，而招生主任的背景各异，未必明白你所从事行业的术语和特点，因此影响他们对你的评估和印象。所以，最好的做法是用普通简易的英文把背后意思直率地表达出来。如果是求职用的简历，行业常用的术语是可以接受的，适可而止吧！

◆ 标准长度：很多申请者惯于准备两页或以上的简历，不过商学院（特别是美国的商学院）的标准是一页纸。例外：某些学校允许 EMBA 的申请人提供多页的详尽简历，毕竟他们一般是工作 10 年或以上的人士。

◆ 流于表面化：当我们准备求职和 MBA 简历时，很容易把每份工作的工序和职业描述陈列出来，但是，卖点应是可量化的成就和影响。所以，理应想清楚每项经历和实例对各阶层（自己、雇主、客户或行业等）的实际意义。

◆ 重复工序：很多申请人的背景不是会计师、咨询师，就是投行分析员、律师或审计师，工作了 2 ~ 5 年左右，职位算是属于中低层级别，实际上很难找到一些具有深远意义的职业成就；同时，职责的重复性强，周而复始地在不同项目上重复同一工序，例如，有的申请人是负责设计和建立销售网点的建筑师，每一项目做的事情基本上是一样的。那么，如何突出自己？应该在众多项目上，筛选一些有意思、有纪念价值、有特色的案例，每一个案例代表和显示一个亮点、一个教训或一个成果，比如案例一的亮点是团队精神，案例二是解决问题的能力，案例三是协调能力。因此，虽然每一个项目的性质以及申请人的职责差不多，但是这个做法能够将审批者的着眼点从死板的项目性质转移到申请人的贡献和行为上，让他们全面地看到申请人的技能和表现。

◆ 颠覆思维：几乎所有我遇到过的中国申请人，他们的简历内容确实枯燥，因为在他们心目中，简历是一份记录事实的清单而已。从今以后，求职者和求学者应该完全颠覆对简历的看法。这是一份解答

"What"的宣传单张，所以精确简短和引人注目是首要任务，简历上的要点要量化。你在街上接到产品的宣传单张，如果信息含糊、复杂、死板或缺乏焦点的话，你会立刻把它扔掉吧。

◆ 多元化的动词库：不要在简历上重复同一动词。哪怕是表达同一行为或动作，最好选择不同的同义动词。

◆ 头衔与内涵不对称：简历上布满头衔，头衔与内涵相称当然是最理想的，毕竟，虚名是很容易被发现的；头衔是锦上添花，内涵才是主菜。

◆ 进步观感：从最早期的工作到最近期的工作这个流程，应该予人一种循序渐进的进步观感。第一份工作应该属于最低级别，所以职责是最普通的，侧重行政方面的文书工序；后期工作应该包含了管理项目或带领团队的经历；到了现在的工作应该是侧重多元化的领导经验。

◆ 空间布局：密密麻麻的内容不一定代表经验丰富。简单等于丰盛（Less is more），给简历多些呼吸空间。

论文：同学，请问你是谁？

简历过后，下一步就是教申请人废寝忘食地写申请论文。

先给读者一道选择题："以下哪种论文类型最具挑战性？A. 一道没有主题、没有字数限制的论文题目。B. 六道属于同一系列，但各有特定主题及严格字数限制的论文题目。"

例子:

A. We can see your resume, school transcripts, extra-curricular activities, awards, post-MBA career goals, test scores and what your recommenders have to say about you. What else would you like us to know as we consider your candidacy? There is no word limit for this question. We think you know what guidance we are going to give here. Don't overthink, over-craft and overwrite. Just answer the question in clear language that those of us who don't know your world can understand.

B. (1) In what role or sector do you see yourself working immediately after graduation? Why? How will your past and present experiences help you achieve this? How will our MBA program contribute to this goal? (500 words)

(2) Where do you see your career progressing five years after graduation and what is your longer-term career vision? (200 words)

(3) Give a specific example of when you have had to test your leadership and/or team working skills either professionally, or outside of work. What role will you play in your first year study group? (300 words)

(4) Student involvement is an extremely important part of our school's MBA experience and this is reflected in the character of students on campus. What type of student club or campus

community events will you be involved with and why? How will you contribute? (300 words)

(5) Our school offers a truly global and diverse experience. Describe any significant experiences outside of your home country or culture. What did you gain and how will your experience contribute to the school? (150 words)

(6) Give an example of a person who, in your opinion, has made a profound impact on the way the world does business. How will this person influence your contribution to your MBA program at our school? (300 words)

你选择 A 还是 B？

经过非官方、非科学性的调查，我发现大部分人选择 B。B 的问题看起来比较复杂，限制性强，但胜在有根有据，有迹可寻。A 的问题好像虚无缥缈，叫人无从入手，但胜在自由度高，适合想象力和创造力丰富的申请人。

这令我回想起当分析员的经历。当时，每天撰写不少长篇大论的分析报告。有突发事件时，上司会要求我在短时间内写一段简短的总结，他认为，因为篇幅简短，大概 200 字左右，应该不会花很多时间。错！200 字、2 000 字或 20 000 字，事前的准备工夫基本上是一样的。而 200 字的困难度最大，因为需要在极小范围内表达所有要点，字眼选择必须精辟简洁。所以，字数限制越严（即字数越少），挑战性越高。

这些问题当然不是虚构出来的。前者是 2013—2014 年度及 2014—2015

年度哈佛商学院唯一的一道论文题目，后者是 2013 年伦敦商学院的整套论文题目，要求和内容可算是非常传统。当哈佛在 2013 年首次公布这道题目时，几乎在所有关于 MBA 资讯的网站上，对于哈佛这项"创举"，网民们议论纷纷，不知道葫芦里卖的是什么药，琢磨着审批准则、内容长短、格式等。前一年，哈佛减少题目的数量，并且缩短每道题目的字数限制；接着，去年的变动更新颖，是一道自由发挥、没有字数限制的选答题（不是必答题，即考生可以选择不回答）。

除了哈佛商学院的自由题外，录取率最低的斯坦福商学院（即最难考入的商学院）的官方论文亦相当有趣——7 个字 "What matters most to you and why?" 再者，芝加哥大学布斯商学院继去年要求申请人提交多媒体的自我介绍材料后，今年全日制 MBA 的必答论文题是 "Who are you?" 其实，哈佛、斯坦福和芝加哥大学布斯商学院的题目是同出一辙，关键不是那个 "What" 和 "Who"，而是背后的 "Why" 和 "How"。读者，你真的知道自己是谁吗？了解为什么你是你吗？为何我再三在书中跟读者讲人生哲理？

当你还未踏进商学院之前，通过申请论文，学校要求你事先细心思考人生大事。商学院不是教导我们估值、投资、盈利最大化等概念吗？但是，哲理思维不能量化、现金化，难于准确配上估值，那么这些问题有何意义？招生处关心的不仅仅是你是谁和你在乎什么，更重要的是背后的为什么，什么事情和经历让你一步一步演变成今天的你？这些事情和经历包含了成就、成绩、失败、挫折、难关、挑战等，当中，你有何体会？如果人生是苦多于乐的话，你如何苦中作乐，转危为安，保持处变不惊的心态？出色领袖人才往往在逆境下和转折点显出真功夫。

从第一章开始，我一直强调，申请前，深入透彻的自我反思极为关键。这是最难缠的一环，过程是费劲而痛苦的，但结果是值得而有用的。

在投资圈中，人们常说，做天使投资或创投，重点是看人——创始人及其团队。同样，学校的本意是通过聆听你的故事，从事实、行为、态度去了解你的个性，从而判断你的"Fit"（参阅第五章）。

回顾自己当年的耶鲁申请论文，我的想法是这样的：为了让审批人员留下深刻印象，我选择了一个特别的包装手法——中国掌纹学。生命线代表我的成长历程和个性，事业线是我的工作亮点，而感情线则是我的人际关系和团队领导经验。透过三大方面的综合性叙述，带出自己对未来职业的期望。当年我的职业目标是什么？管理咨询师。原因？在 1997 亚洲金融危机发生时以及往后三年的后遗期间，我效力于香港金融管理局，负责监管商业银行。工作于刀锋浪尖上，目睹银行业的不景气，我希望有一天能够以咨询人身份为大中小型银行出谋献策。文章节录于第八章。

看到现今那些激发无限想象空间的题目时，我一方面庆幸自己已经一早毕业，不需要费尽心思去写出触动人心的惊世文章，另一方面，却不禁忽发奇想，如果我需要申请芝加哥大学布斯商学院全日制 MBA 的话，我会如何介绍自己？有兴趣的话，看看第八章。

活在电影《黑客帝国》（*Matrix*）中的一堆数字

社交网站的发达让我们变成"透明人"，私人信息满天飞。以我为例，你可以在本书的开端找到我的背景资料，我的简历也放在领英网上，个人专访在香港、台湾和内地的报纸、杂志、电视和广播中随处可见（经过媒体过滤过的资讯，可信度有多少，读者自行判断）。在这章的前半部，我强调简历上的要点要量化，因为那是一份解答"What"的宣传文件，精确简短和引人注目是首要任务；但是论文的作用是解答"Why"和"How"。我们不是活在电影《黑客帝国》(*Matrix*)中，不是由一堆数字制造而成；我们是一群有血有肉的人，审批论文的招生官也是有血有肉的，所以他们想听的是有血有肉的情节、故事，如果你们在论文上只顾重复简历上的要点而没有加入实实在在的个人元素，以及解释背后的意义，那么，这篇论文是多余的，在申请书上没有任何价值。

曾经看过一篇文章，是一个美国工程师写的，她引用了物理学和化学的理论，为读者们的人生规划提点意见。我不是念工科出身的，但是她的想法不无道理。其中，她说过：

"和原子一样，我们的核心有某种独一无二的东西。把我们的核心分解，等于进行核分裂或核融合一样耗费能量、具爆炸性，而且很可能留下危险的残余。如果你是可靠的铁，想要成为精明的氢或奇特的铱，可能会把自己搞得灰头土脸。很痛，而且没用。

"如果是铁，就做个钢铁人吧！如果是碳，就顺着天性吧。在化学周期表上，每一种元素都刚好有一格。同一道理，不管你属于哪一种类型，在宇宙里都占有独特位置。"

在本书的附录中，读者们可以找到 **20** 道常见申请论文的题目及其背后意义，看看怎样在纸面上讲述个人故事、过去经历和个性特质。

你喜欢哪种葡萄酒？

定位！每人应该拥有一个定位，不是飞机上或汽车上的全球定位系统(GPS)，而是个人品牌定位。认识我的朋友们一定知道，我极度喜欢品尝葡萄酒。为了满足这份兴趣，我特别抽空认认真真地每周上课，学习了一切关于葡萄酒的知识——制造流程、土壤结构、山形地势、种植方法、环境气候、各类葡萄的特性、品酒技巧等，最后更考取了 WSET 高级品酒证书。可想而知，我对葡萄酒的热爱是多么的浓厚和沉醉。后来，我的兴趣更使得一位非常要好的老朋友用葡萄酒来形容我在她心目中的形象。

那是我的耶鲁师妹，还记得大家一起上了一门名为"固定收益和债券"的选修课。大冬天时，我们一起留在学校赶作业至很晚才徒步回家。毕业后虽然分隔两地——纽约和香港，只要有机会，我们一定见面，各自经历过起起伏伏，继续相互扶持，一直保持好友关系。时隔多年，在一次私人聚会中，她首次在众人面前坦白地分享了对我的评价。

她说，酿造葡萄酒的过程细致，每一步骤都精确严谨，与我的认真性格吻合（她认为我对人对事的认真程度超过 100%）。另外，优质的葡萄酒是具备结构性和层次感的，味道上的变化经过陈年累月后渗透出来，时间越久，越有味道。在她的眼里，我就是这种"结构型"人物，认识我越久，我的多面化便越明显，双方的了解就越细腻。在感谢她的肺腑之言时，我不禁有感而发，其实，葡萄酒与商学院之间存在相似之处。

原因有二：一、品酒跟一般喝酒不同，不喝酒也可以品酒，亦不会因此而喝醉。品酒是利用各种感官——望（眼睛）、闻（鼻子）、尝（舌头）而对每一瓶酒作出质量的评价和分析，只有这样，才能从多角度去体验它的优与劣。同一道理，招生官何尝不是透过各类方式去评估每一申请人的客观和主观素质吗？二、葡萄酒有很多种类，根据原材料葡萄作分类，例如霞多丽（Chardonnay）、长相思（Sauvignon Blanc）、黑皮诺（Pinot Noir）、赤霞朱（Cabernet Sauvignon）、美乐（Merlot）、西拉（Syrah/Shiraz）和雷司令（Riesling）等，各有各的精彩。哪一种的味道最棒？询问 100 个人可能有 100 个答案，因为每人的喜好和葡萄敏感度不同，所以每人的"最棒"定义是根据自己的口味而定。同样，选择"最好"的学校也是根据自己的情况和条件作出决定。

如不了解葡萄酒的话，我们转换视角，看看汽车，道理是一样的。市场上有无数品牌，每一品牌拥有不同定位的汽车模式。例如，都是 SUV，我喜欢雷克萨斯（Lexus）RX，而别人却喜欢路虎（Land Rover）Freelander 2，因为我对前者产品的形象、质量和卖点产生共鸣，别人却对后者情有独钟，因为后者切合自己的外形和需要。

做个立体真实的申请人，必须挖空心思地回顾，写下笔记，先不要过滤，究竟哪些有用、哪些没用，容后再研究决定自身定位及其主题。在人生的轨迹上，在不同的时段中，遗留着一些痕迹，一些显露本性的证据、提示或信号，平时不甚察觉和探究，但是，只要本着善意的批判精神，细心回想，绝对可以发现端倪。

你的足迹就是个人品牌的成分和定位的标记。如果想不清、找不到的话，只有一个原因，是你没有用心去想、用劲去挖。活了 20 年以上，你的历史不会是空白的吧？你不可能任时间白白流逝，虚度寒暑。

推荐信：找个有权有势有名有利的推荐人？

简历和论文是申请人的自我宣传工具，所有卖点都是从你的角度出发。然而，推荐信是第三者对你的为人和工作表现的独立、客观评价。当然，所谓的客观亦不尽然，因为他们既然答应助你一臂之力，对你的印象自然相当正面，所以他们是你的粉丝。也就是说，他们透过推荐信去"挺你"，为你摇旗呐喊。

很多人问过我，是否应该找个什么高大上的领导为自己准备推荐信？你选择什么推荐人，是一种信号——通过这个信号，学校认识到你的软实力。什么软实力？你对第三者评价的认知、判断和理解，以及说服别人去推荐和支持你的"销售"和"影响"能力。

先讲一些理论。有一位知名学者叫罗伯特·西奥迪尼（Robert Cialdini），他是全球知名的说服术与影响力的研究权威，现任亚利桑那州立大学（Arizona State University）的心理学和市场学教授，畅销书《影响力》（*Influence: Science and Practice*）的作者。经过多年实地调研，他发现并综合了说服术的六大要点，全是销售手法的基石，其中一项是权威，意思是权威人士、专家或有权力人士对销售信息产生了正面的影响力。在推荐信的层面上，你认为这个理论适用吗？

实际上是这样的：如果你是马云先生的手下，跟他有紧密的工作关系，而他对你的表现和人品有一定程度的认识，那么，你找他当推荐人是合情合理的，他对你的真实评价是"主"，而他的知名度是"副"（即额外收获）。老实说，我有一位耶鲁师弟，曾在阿里巴巴建立初期给马先生打工，后来在申请耶鲁时，就是马先生以上司身份提供推荐信。如果你找了一些对你了解不深，但高职位和高知名度的人士作为推荐人，就算他们答应，碍于内容不是源自真实体会，推荐力度与效果将会受到影响。推荐信的内容是真心还是门面功夫，招生官看得出来，他们确实不太关心推荐人的头衔，内涵才最重要。

切记，不要选择一些"Coffee-break recommenders"，即是交情有限的推荐人。根据以上逻辑，与潜在推荐人的关系既然不是朝夕的事，就应该尽早部署和"播种"。正如在第二章中，我已经说过，每人的斤两并不是一时三刻用魔术变出来的。经验是经过成败得失而来的，业绩是通过长期积累而建立的，人脉是透过人情点滴而发展的。选择和培养推荐人是申请前期（参阅第二章）的事项之一。

因此，最理想的对策是选择那些认识你的为人、欣赏你的工作表现和喜欢你的性格的支持者，例如直属上司（其中一人为直属上司是学校的标准要求）或与你亲密共事而留下良好印象的团队成员、客户、供应商等是工作经历方面的最佳人选。如果你在家族企业中工作，父母叔伯不是适当的推荐人，因为感觉上存在个人偏见风险，非亲属乃是比较适当的。对于创业者，客户和合作伙伴（内在和外在）是可以接受的。工作以外的推荐人，如你曾参与公益活动，公益机构的工作人员对你留下正面的印象，这都是可行的。

教授呢？很多中国申请人问过我这个问题，老实说，教授不是首选，原因是：一、招生官一定有疑问，你已经离校数年，难道在职场的3～5年间你找不到两三个对你的工作表现和办事能力有良好感觉的人吗？二、教授一般会对你的学术能力作出评价，但是 GMAT 和 GPA 成绩已经是学术表现的主要指标。因此，除非教授提供的个人评价有别于一般的学术能力评估，否则他们推荐信的价值在整体申请材料中没有太大意义，白白浪费了一个推销自己的"名额"。三、你上的是商学院，商业实战经验放在首位。因此，找个推广实际办事能力的推荐人比较合理和有用。相反，如果你申请的是博士生，学术调研经验最重要，教授对你的评价便较为有利。

找对了推荐人，如何接触他们呢？当然要看实际情况，但最理想的是推荐信到期的前三个月开始与推荐人联系，除非那人身在外地，首次接触应该是面谈，而不是电话联系，表示诚意吧！在面谈中，目的让他们明白你的升学选择和职业目标，所以重点是坦白地交代自己的想法，解释为什么他们是最适合的人选。完全了解以后，再提出要求，接受的胜数会更大。

学校一般要求两个推荐人，一是上司，二是其他人。实际上，他们未必上过商学院或出过国，对国外学校的要求不太熟悉，英文书写方面的经验亦不丰富，更何况，作为你的推荐人，他们一般已经身居要职（大忙人呀！），所以你们尽量让他们舒服一点，自己打点一切，减轻他们的负担。总体来说，需要注意和考虑的地方包括：

◆ 最好让推荐人亲自撰写推荐信，因为那是最真实的记录。不过，如果不行的话，权宜之计就是大家先沟通好内容和要点，申请人笔录他们的叙述，然后草拟一封稿件让他们过目和批准。

◆ 推荐人的英文书写水平无需最完美，就是说，如果你真的代他们执笔草拟信件，无需用书写申请论文的标准来准备草稿，同时，风格完全不同也没关系。如果看起来是出于同一手笔，审核人员会对推荐内容的真实性生疑。

◆ 推荐信的内容不外乎对申请人赞赏有加。不过，光用漂亮的形容词是不够的，最有用的是实例。例如，推荐人在某些项目上曾与你共事，通过这些时光，他们看到你的做人处事，因此需要举一两个例子具体说清楚。实例的说服力是最可靠的。有句话不是"事实胜于雄辩"吗？

◆ 举例有窍门吗？有。简历、论文和推荐信是一整套的申请文件，看起来是独立的文件、个别的要求，但是，记得我说过他们全是"讲故事"的载体？个人故事只有一个，但是载体的种类不同，申请人通过不同方式和视角"讲故事"而已。因此，口径应该是一致的。例如，你的卖点是数据分析能力，在论文上介绍过一些经历，在简历上罗列了相关论点，然后在推荐信上，第三者以旁观者身份对你在有关项目上的表现作出正面的评价。

◆ 为了帮助推荐人做好推荐报告，事先提供自己的简历、论文、学校资料等。谨记提醒他们申请的截止日期，做了这么多的功夫，如果最后耽误了时间就不值了吧！

面试症候群：心病还须心药医

在耶鲁念二年级时，我应聘当招生处面试官，主要负责美国本土学生的申请审核和面试评估。毕业后，作为回馈母校的举动，我义务参与大中华地区的招生工作，在过去的十多年中，我曾为不少的内地申请者进行面试。

经过多年的观察，对于申请人而言，与申请文书、推荐信和 GMAT 考试相比，面试应该是最难拿捏准确的一环。毕竟，其他环节可以找朋友、同事、校友或顾问从旁协助，但是 30~45 分钟的面试是一场自编自导自演的现场独角戏，没有第二次机会。坦白说，曾几何时，我对面试和演讲存在着不必要的恐惧。试想象在面试中，作为面试者，我们感到恐惧，因为感到面试官的势力一面倒，高高在上，操控我们的命运，又担心遇上什么怪问题，让自己哑口无言，使得场面尴尬等。但是，你们知道吗？面试官的情况不是如你们想象中那么轻松和有权有势。在我接受入学面试官这个职位后，我接受过一些培训。那个导师曾说，面试官与面试者同样地感到紧张。为什么？面试官可能是临时拉夫上阵，却要在最短时间内收拾心情，装作镇定，除了与面试者对话，评估对方的表现外，更需要现场解答面试者的提问。就算不是"临时工"，需要在 30 分钟内对一个陌生人作出品格、成就、文化融入度和技能等各方面的主观判断，同时，又要以学校"代言人"身份解答和面对面试者咨询的问题，维护学校的形象，他们的压力大是真的！

我很清楚，当时的问题症结是心理障碍，所以，需要用心理方法去解开心结。最终，让我能够克服心病的方法是换位思考。

人类的天生特点（或缺点）是以自我为中心，这是一个普遍性问题，没有文化差异因素影响，我们倾向由个人角度去解释、理解、合理化或否定人和事。在成长的过程中，我们接受教育、积累社会经验、与各式人物打交道，然后尽量学会体谅别人，从而建立起同理心，不过，设身处地的盲点依然存在，换位思考方式讲易做难。

芝大的一位管理心理学教授名叫 Linda Ginzel，她的学术专长是领导力、谈判学和管理心理学。我去年上过她的谈判学。在课堂上，她让我们每个人把一张纸放在脸上，然后用笔在纸上写上一个数字——789，这个数字的正面不是让自己看的，是让别人看的，因此必须用别人看到这个数字的角度来写上去。结果呢？有些人写得不错，是一个 789 的正面（对外），字体算是端正；有的却写了一些不像数字、也不像文字的符号。这个小实验证明我们以别人的角度来看事情是具有挑战性的，只有我们有意识地融入别人的角色，强烈地压制本能反应带来的主观思维，腾空脑袋内的空间，启动别人的思维模式，想象对方的感受和体会，才能有效地换位思考。

刚才说，我是以换位思考来帮助自己克服心病，最好的方法不是纯粹幻想，而是亲身入场，让自己体会坐在桌子对面那位面试官的心态、视角和感受，用另一眼光打开面试的面纱，于是我决定当上入学面试官。当然，这个举动还包含了其他的动机，回馈母校是真心的。受到当年的入学面试官的影响，我希望能够如她一样，做个称职的学校大使，选拔未来新生之余，更可以代表学校吸引人才。额外收获是赚点外快（参阅第三章）。

心理问题是绝对个人化的，每人的根源有别，根治也不是一朝一夕的事。知道几年前有一部电影叫《国王的演讲》（*The King's Speech*）吗？故事改编自英国已故国王乔治六世的真人真事。他患有严重口吃，对他来说，演讲是件天大难事。语言治疗师采用的医治方法不仅是技术性的，更重要的是心理治疗。但是，如果没有语言治疗师或心理医生，你们怎么办呢？

练习、练习、练习……熟能生巧这个老生常谈确实是太对啦！

另外，在准备面试时，建议你多找几个朋友同学相互做模拟面试，除了熟能生巧、建立信心、发挥互助精神之外，更重要的是让你亲身体验当"面试官"的心理状况，融入"面试官"的思维。

归根结底，首要的是设身处地，试从对方的角度来思考和应对。如果你真是面试官的话，你对自己的背景有哪些提问和质疑呢？看到哪些亮点？又有哪些短板？你和你的搭档对手必须同样地投入各自角色，积累的锻炼是不会白费的，你们一定会看到明显的进步。

奥运会选手如何克服心理压力与切肤痛楚

在 TCW（Trust Company of the West）工作时，大老板特地请来一名英国演讲专家，挑选了包括我在内的 8 名高管上了一堂演讲技巧小组课。开始时，他让我们每人当场在没有准备的情况下做一次简短的演讲，然后提出一些建设性的改善意见。在小休时他故意走到我身边，私下跟我说："刚才做演讲时，我注意到你跟其他人不同，好像没有紧张反应出现，我想这份淡定是你的天赋，记着好好利用，对你的事业发展绝对有利。"虽然有点质疑他的动机，我还是谢过他的赞赏，然后坦白地告知真相。其实刚才演讲时，我的心跳加速，还以为所有人都看得出来。他解释道："你听说过一位著名英国女演员叫朱迪·丹奇（Judi Dench）吗？她是 007 电影里饰演 M 夫人的那位女演员。我跟她是多年朋友。除了拍电影之外，她是舞台剧的活跃分子。毫无疑问，她演戏的经验相当丰富。不过，她坦白地告诉我，每次出台演出前，她总觉得胃部不太舒服，但是一出台，好像变成另一个人似的，挥洒自如，旁人根本看不出她的身体出现了状况。演出完毕后，身体的毛病就突然消失。明显地，之前的感觉完全是压力和紧张所致。你知道吗？压力和动力只差一线，在乎你怎样看待和处理。"

哪怕是经验丰富的表演者，也有心理压力过大的时候。所以，如果你们在面试时感到紧张，形成心理压力是很正常的。只要尝试发掘问题根源，有意识地帮助自己跨过心理关口就好了。

再给你们一个提示：职业运动员怎样应付心理与生理压力，又如何在失败后重新振作？在一项调查中，研究员访问了不少世界知名的奥运会选手和得奖人，他们的经验之谈是：自己是典型的完美主义者，练功十多年为的是冠军荣誉，但是冠军只有一个，差一秒到达终点就是亚军，所以承受的压力超乎常人一般能够接受的程度。解决压力的方法是一门心思聚焦在一个动作、一个步骤和一件事情上，只顾做好这个动作、步骤和事情，训练大脑不要再回想刚才出错的地方或身体上痛楚之处，同时，放大思维空间，想象达成目标的情境，依赖这样的思维才有真正成功的希望。

运动员与军人一样，心理素质训练极其严格，他们的"特异功能"对在商界作战的我们非常有用，创业失败没关系，再创吧！损失一个客户，再找新的吧！这个面试做得不好，下个做好！那份耐力、正能量以及积极心态在挫折和刻苦中锻炼出来，发挥效力。小时候，我钟情于游泳和田径运动，但是，自小学六年级开始，父母不允许我参与任何团队和个人运动训练，理由是"学业为重，不能分心"。他们不知道的是，让我专心一意和学业突飞猛进的不是他们的禁止令，而是个别中学老师的攻心术——激励和启迪。21 世纪的父母们，请不要一味让孩子们专注于学业、考试成绩和名次，运动锻炼的得益远超出一个奖杯。国际知名投行和管理咨询公司尤其喜欢运动员或军人出身的 MBA 毕业生，除了团队精神和领导才能等素养外，就是这份打不死的心理素质。技术知识很容易学会，体育精神不是人人能够融会贯通的。

入学面试也好，求职面试也罢，如何做到最好？

上文提到，征服心理问题的方法是换位思考，这是宏观性的观察和建议，那么，微观技巧呢？其实，入学面试与求职面试的技巧同出一辙，前者只是一个开端，难度更高的面试陆续会来。从进入商学院那天开始，这些年来，我经历过林林总总面试的洗礼——中央机关、特区政府、监管机构、华尔街投行、商业银行、私人银行、中央银行、资产管理人、会计师事务所、信用评级机构、专业协会、创业公司……一对一面试、小组面试、电话面试、视频面试……北京、上海、南京、香港、台北、首尔、东京、新加坡、曼谷、胡志明市、悉尼、墨尔本、珀斯、惠灵顿、洛杉矶、旧金山市、华盛顿、纽约、多伦多、伦敦……会议室、咖啡室、高档餐厅、私人会所、酒店"总统"套房……30 分钟到 600 分钟不等。赤裸裸的博弈经历是加速成长、成熟的磨炼，透过原始经历，带来有价值的经验和教训。

当然，面试包含的不仅仅是求职和求学面试，定义可以很广泛。回想起来，我分别以求职面试者、招生面试官、座谈会演讲者、专题讨论会主持人、媒体受访者等身份面对不同的面试情况和应付各类型的提问挑战。规模有的几百人，有的一对一；受众中有的是初出茅庐的年轻记者，有的是政府高官；形式可以是单向，亦可以是互动；有的气氛端正严肃，有的却笑声漫溢。在大部分的情况下，面试的目的、对方的心态、提问的内容、规模的大小、气氛的营造等不是自己可以掌控的，因为未知而产生的不安全感加添压力。我通过了入学面试，但是当时的我确实紧张。诚然，试问谁未曾因为面试而紧张？

最近，有缘跟一名耶鲁校友交流和分享面试心得（Bernice Lee，香港仪礼学坊创始人，社交礼仪和面试技巧私人培训教练，耶鲁大学社会学学士和康奈尔大学工业和劳工关系硕士，原国际资产管理公司人力资源高管），在面试教训上，我们有不少同感，在此做个盘点，为读者迎接未来的各种面试挑战打打气：

1. 不当的肢体语言、无自信的眼神接触、不必要的小动作、无意义的词语（填补停顿时间）……是人们经年累月养成的坏习惯，最容易表露出来，给面试官留下不良印象。正因为这些是最容易被发现的缺点，所以必须马上纠正。既然是习惯使然，培训时间、耐性和强烈自我意识是改正过程中的必需品。除了朋友之间进行相互模拟面试之外，录像是另一个暴露坏习惯的有效方法。早点发现，早点纠正，早点让好习惯替代坏习惯。

2. 英文不是我们的母语，对某些人来说，或多或少，语言障碍依然存在。由于这是技术性问题，解决方法必须是技术改进和培训发展。线上、线下、课堂大班、私人定制……形形色色的英文口语班、演讲技能培训班、仪态培养班等应该可以帮上忙。

以上两个观点有共同点——基本上，它们是技术上的问题，人们可以接受培训，经过一段时间后，只要有恒心，一定有进步。

3. 面试的内容（面试人的个人故事表述）不够真实、透彻、全面，这却不是技术上的难点，是内在条件的分析功夫做得不足。面试是用口述方式讲自己的故事，但是人们往往忽略了分析和构建故事情节这个步骤，在第五章中已经解释过"讲故事"的思维，在此不多说。内容想得不周全、不深入，你就容易"露馅"。当你支支吾吾回答问题时，有经验的面试官绝对听得出来。改进的方法就是先做好个人功课，加上技术上的进步，面试能力才可以获得整体的提升。

4. 不要背诵标准答案，面试官是听得出来的。中国学生惯于且善于背诵，一字不漏。不过，面试是两个人对话、交流，你跟一般人谈话时会用背诵话语吗？不自然的面试是最难看的、最失败的。讲话自然的技巧很简单，四个字——重复练习。你记得小时候怎样学讲话吗？除了上学接受正统教育之外，不就是与真人说话和聆听对方回答吗？当然，心理上也要摆正——记住，面试是对话，一问一答，是最自然不过的事情。

5. 面试前，熟读（不是背诵）你的简历。你作为简历的主人，应该知道每一要点的支持论据和背景原因，如果有些连自己都不清楚的地方，也许你不应该写上去。否则，面试时未能解释清楚，给人欺骗的感觉，面试效果会打折扣。

6. 如果面试官对你的整体印象有良好和正面的感觉，你的一些缺点相对地显得不甚重要；但是，如果他们对你的印象有所保留，哪怕是一些看起来不太关注的地方，都可能成为破坏你的成功率的杀手。换句话说，如果我不喜欢你，我总会找到一些地方来批评你，让你不能得逞；如果我喜欢你，我也自然会找到论据去支持你的面试表现。所以，在面试上做到最好是应该的，但同时，减少留下口实的把柄也不要忽视。

7. 以上种种的关注点是相互牵连、相互影响的，一方面有长进，能对其他方面起正面作用，但必须做得全面，才能体现整体水平的提升。比如说，一开始，你的英文口语水平相对比较低，对做英语面试没有信心，于是你习惯背诵答案，说话时没有眼神交流，个人故事的发掘和解释也做不到位。后来，培训班的持续性训练终于使你纠正了不少口语交流上的弊病，你的自信增强了，心理上渐渐地觉得踏实，慢慢地开始比较自然地讲英语、有眼神接触，以及清晰地解释论点。

以上的综合建议适用于不同面试情况。也许，应该讲几个真实故事，让你们借鉴实战经验。这些全是我的一些难忘个人经验，虽然是求职面试，但技巧和教训绝对可以应用在入学面试上。

1. 高盛式面试：高盛的面试是出名的马拉松过程，会面人士的背景、职位、风格丰富，会面次数繁多。在拿到正式受聘书前，我跟差不多20个人会面，每次历时半个小时，连续十多个面谈放在同一天（即一个小时内两个面试连在一起）完成，先不要说智力上的较量，体力上的负荷已经不小。

当天的第一个面试算是标准规格，面试官提了一些面试应该关注的问题，我的表现总体平稳。然后，到了第二个面谈，面试官是一个身材略胖、态度亲切的副总，大家坐下来后，他一边拿着我的简历，一边友善地说："我仔细看过你的简历，我相信你绝对可以胜任这份工作，所以我对你的背景和经验没有任何疑问，你想对我提出什么问题吗？" 我发呆了两秒。

　　面试前对求职公司进行详细调研，准备一些有意义的问题是必需的，我一般准备数个问题在面试后提出，但是，从头开始就是由我作主导，这倒是第一次。这招确实杀我一个措手不及，他是想测试我的临场应对能力，看看我究竟有否做足功课，准备问题。在这短短两秒的电光火石之际，在我保持淡定仪容的包装下，脑袋内的微处理器急速地分析形势和制定对策，我在想："这是考验，千万不要受到这些漂亮的话语影响而不知所措或自乱阵脚，怎样可以在 30 分钟内提出一连串有深度的问题？" 应付的对策是让问题自然流露出来。第一步，让他先介绍自己。以此作为第一个问题是非常合理的。他认识我，我却不认识他，这对话怎样可以进行？所以，我面带笑容地回答说："我真的受宠若惊了！真的过奖了！谢谢！确实是准备了一些问题，不过在提问前，可否先介绍你自己？你在高盛工作了多久？为什么选择在这儿工作？"

　　他用了数分钟回答这个问题，在这过程中，我小心聆听，发掘蛛丝马迹，寻找触发点。一个触发点引起一个新问题，而他的回应又带出新的话题和跟进问题，再加上事前已准备好的问题，适当地混杂于 30 分钟的对话中，听起来变得自然利落。就这样，30 分钟过得很快，在离开时，我感觉到他非常满意。事实上，在进入高盛后，我与他碰上了，他跟我说在面试报告上，他是极力推荐我，原因是我有技巧地带领整个对话，提出了一些有想法的问题。

忠告：（1）人算不如天算，做好"什么情况都可能发生"的心理准备，只有这样做才能临危不乱，站稳阵脚。（2）临场应变能力是这种情况的救星，耳朵积极聆听，眼睛观人于微，脑筋迅速过滤和消化。

（3）一定要事前调研清楚，把问题清单准备周全。

2. 笑容破冰：面试时，笑脸迎人是绝对重要的，除了向对方表示友善之外，更是有效舒缓个人紧张情绪的中和剂。如果面试官面无表情或毫无朝气，让你更紧张，你应该怎样应付呢？有一次，从我踏进房间那一刻开始，面试官就板着脸对着我；我继续保持笑容，让自己心情平稳，不受他的影响。他立刻说："在我们开始正式面试前，我有一个非常重要的问题需要提出。"心生狐疑的我平静地回答说："好的，请说。"面无表情的他以严肃的语气开口说："为什么你的英文名字是Vince，这不是一个男性的名字吗？"顿时，我不禁大笑起来，两个原因：一、希望我的笑声感染他，让他放松，事实上，这招挺管用，他立刻笑了起来，这证明他是故意地在开始时以一脸严肃来试验我。二、这个名字的背景故事本身是一个很有意思的破冰话题，他在开端时已经提出，给了我一个很好的机会，用一个有趣的故事作为开场白，正中下怀。于是，随后的面试过程变得十分轻松，我顺利过关。

忠告：（1）笑容有化险为夷之效，越紧张越要开怀大笑。所以千万不要忘记面带真诚的笑容。（2）准备破冰的点子和话题，适当时候大派用场。

3. 时间管理：作为面试者，我们总是希望对方对我们加深了解，从而留下良好印象，提高面试成功率。不过，有句话是"重质不重量"。受聘于TCW前，驻守洛杉矶总部的大老板说部门的另一主管刚刚在纽约出差，因为他是超级大忙人，很难约定时间面试，于是他们送了机票，让我从加拿大多伦多（当时我在那儿探亲）直接到纽约与这位大忙人会面。

到达办公室，其他跟我面试的高管非常友善，面试过程相当顺利。那位部门的联合主管不知去了哪儿，等了良久才出现。然后，他说 10 分钟后必须马上离开，还有另一个会议需要出席，一个原本 30 分钟的会面忽然被缩短到 10 分钟，我飞过去不是为了见他吗？他是联合主管，操生杀大权，我知道我必须见他，并且留下好印象。于是，我跟他提议，10 分钟没问题，为公平起见，我们各自用 5 分钟发言。

我的难题是怎样在 5 分钟内把"自我销售"做到最好。他是大忙人，我估计他没有时间审阅我的简历，于是我即时把个人背景和经验中最精彩的部分浓缩至 2.5 分钟，自然地讲述得清清楚楚。讲完后，我让他用剩余的 2.5 分钟提出对我的背景和经验有关的跟进问题，我一一简短地作答。为什么我那么紧张时间安排？面试者一般希望用尽每一分、每一秒，甚至"占领"后半部的 5 分钟，务求尽量把准备好的资料和盘托出。但是，面试是一条双程路，不能只有面试者发言而面试官没有机会提问或者解答问题，同时，之前不是说过面试者的发问是一种表现自己做足功课的举动吗？于是，在我的前半部 5 分钟完结后，我马上说："我真的希望能够继续讲述自己的故事，不过，我答应过你，最后 5 分钟是让你去讲述你的部门和公司的情况，可以吗？"

他回答说："非常好，你具备敏锐的时间观念，对时间安排方面拿捏很准，亦顾及我们在对话上的均衡交流，不会只顾自己，一味发言，忘记对方的感受。你对我或我们有哪些问题？我尽量在这几分钟内向你解答。"让对方用最后 5 分钟解答我的问题，不仅是顾及公平交流，让大家都有发言权，更是通过我的发问去传递重要信息：我对他们进行过深入调研，找到了一些不能在官网和公开渠道上发布的信息缺口，需要向他了解背后意义，这样表现出我的深思以及我对他们的真实兴趣。

忠告：（1）不要只顾自己，忽略了对方也是面试的另一部分，发言权是均等的，应该让对方感到受到尊重。（2）急中生智的能力不可或缺。在危急时能够生智，需要依靠事前准备。就是说，你不能预计有什么危急以及其发生的时辰，但是对可控的情况必须事先准备好，心里才会觉得踏实，在任何突发事件发生时，就能集中精神解决当前紧急要务。

我的耶鲁入学面试

当面试官这么久，遇见过各色各样的申请人。媒体访问我的时候，必定有一道标准问题——可以分享一些难忘的面试经历吗？老实说，历年来这么多的申请案例，有些已经给忘记了，所以不想多说。军人、投行家、销售员、演员、教师、义工、创业者、律师、外科医生、环保分子、工程师、汽车设计师、政府人员……中国人（北京人、上海人、香港人、台湾人）、美国人、印度人、韩国人、日本人、新加坡人……有的满腔真诚，有的准备十足，有的睁着眼睛说谎，有的随意轻松，有的过度紧张，有的幽默有趣，有的低调温柔……总之，什么人都有，这正是我喜欢这份工作的其中一个原因，有机会跟多元化工作和文化背景的人士见面，从他们身上看到自己的影子，同时有机会受到各人背后故事的启发和鼓励。对于我而言，这是难得的持续性学习机会。在此，向多年来的面试者说声谢谢。

我选择当耶鲁面试官，其实跟自己入学面试的经历以及当时的面试官有关系。那时，我的感觉非常正面，面试官全情代入了一个"代言人"的角色，专业地宣传学校之余，亦能真实地表现出耶鲁人的身份。于是，我决定跟她一样，在申请人前，做一个称职的耶鲁代言人。

我的入学面试，应该从 2000 年元旦后开始说起……

由耶鲁 MBA 首轮申请到期日——1999 年 11 月 8 日开始，我一直没有收到任何消息，距离 1 月中，即首轮选拔结果公布日越来越近，内心着实有点七上八落。突然在元旦后收到一封由一位耶鲁 MBA 校友发出的电邮，内容是由于她刚从纽约放假回来，时间比较紧迫，希望与我尽快见面，好让她在公布日前完成面试报告。我当然欣然接受了她的邀请。

面试日是一个寒冷的周六早上。为了尊重场合，我仍穿上整齐的上班西装。她是耶鲁 MBA 1999 年的毕业生，美国土生土长的美籍华人，加入高盛当投行部 Associate。我们约好在中环长江中心（高盛的香港办事处所在地）的大堂先见面，然后她带我到办公室进行面试。

在长江中心落成前，高盛与香港金融管理局（我当时的雇主）坐落于同一座办公大楼。高盛搬家后，两所机构依然是"邻居"，一左一右。那天我是当值的（当时金管局跟政府部门一样，周六是上班日），不过一大早回到公司，把工作搁在一旁，只顾专心地复习自己的简历、论文及学校资料。深呼吸一口气，便怀着战战兢兢的心情慢步走到隔壁的长江中心去。

"她会穿什么衣服？她是长发还是短发？"这些（无聊）问题在我脑中反复盘旋。我觉得紧张吗？那当然了！不过，我不断地提醒自己，从见面的第一刻开始，面试就正式开始，所以不能掉以轻心。无论她的外表和态度如何，一定要保持冷静和面露笑容。终于到了约定时间，有一位穿着休闲服、不施脂粉并戴着黑框眼镜的年轻长发女子出现在我面前，第一印象是她皮肤白皙，大方自然，态度诚恳，笑容甜美，完全没有任何架子。"Hi，you must be Vince. How are you? My name is Nancy Yao."姚南薰，她是书中推荐序言三的作者，亦是我人生中遇见的第一位耶鲁毕业生，她后来更成了我的导师。

我们的面试不是在会议室内进行的，而是在高盛那间位于 **62** 层、远眺中环及维港景致的员工小食咖啡座发生的。当时，我恐怕隐私度不足，影响自己的表现。现在回想，这是精心的安排，好让我们轻松畅谈。毕竟，任何面试的首要规则是表现自我。

面试开始不久，我的紧张情绪已经差不多一扫而空，取而代之的是真情交流的快感。印象最深刻的情景，不是因未能回答难题而露出局促不安的尴尬，而是大家不时开怀大笑的神态。我已经忘记她问过我的每一个问题，但是，依我的记忆，所有问题都是合情合理的，主要围绕着我的背景、兴趣、选择耶鲁的原因、未来的职业目标等。同时，作为刚毕业的校友，她分享了不少个人经历和学校趣事。总的来说，这次历时一个半小时的对话（一般不会超过 **45~60** 分钟，可能我们太投契）十分顺利和愉快。

结果如何？第六感让我觉得自己在面试中发挥不错，但毕竟面试只是选拔过程的一部分，自己未敢过分乐观。过了几天后，我收到一份速递文件，是耶鲁大学寄过来的急件——一封正式的录取通知书。就这样，我开始了漫长的耶鲁之旅。

面试官究竟做什么？

招生官拥有什么背景？拥有 **MBA** 背景的属于小众，很有可能是原人力资源要员或是教育硕士毕业生，未必有前线实战商业经验，对所属学校的文化和入学要求了解透彻，阅人的经验也挺丰富（你知道一年中他们每人要看多少份申请书，面试多少申请人?），因此，他们对申请人的那份第六感（直觉）相当敏感。我建议，不要弄虚作假，尝试忽悠他们，这样做只有弊，没有利。

申请周期有两种类别：滚动法和轮选法。前者属于持续性质，只要申请材料收齐，审核工作随时开始，例子是哥伦比亚大学商学院，对考生而言，越早申请越好，特别是背景比较传统的申请人（投行、咨询师、会计师、工程师等）。后者比较常见，一般学校分为 3～4 轮申请周期，在到期前递交申请材料没有任何优势，因为招生人员通常在到期日后才开始随机逐一审核。审核过程需时大约为 6～10 个星期，步骤大同小异，例如：

哈佛商学院：每份申请书经过最少两位招生官审阅，审阅完毕后，委员会决定面试名单，面试属于邀请性质。

加州大学伯克利分校哈斯商学院：一共有两位招生官参与审阅过程，如果两位的结论是一致的（例如录取），这位申请人算是成功了；如果有分歧，第三位招生官加入审批过程，申请人可能需要做面试。最后，委员会将对申请人作出终极决定。

达特茅斯塔克商学院：先后有两位招生官参与审阅过程，对申请人各方面打分，然后根据总分排次序，对于最高分数和最低分数的申请人，委员会首先审核，因为比较容易作出决定。分数属于中度水平的审批难度比较高，所以委员会需要较长时间作出决定。

沃顿商学院：第一阶段审阅由经过培训的二年级学生负责，他/她会对申请人作出初步评价，然后一位全职招生官再次审阅，准备详细的报告，作出推荐：一是发出面试邀请，二是不邀请。招生处总监再审阅一次，特别是不获邀请的那一批。面试过后，委员会将对申请人作出终极决定。

弗吉尼亚大学达顿商学院：与很多学校不同，面试在递交申请书前已经举行。然后，每一位潜在申请人会被分派到一个招生官手上，这个招生官就像客服一样，为他们解答申请上的问题，一直到申请书完成和递交为止。然后，这位招生官与最少两位招生处同事将对申请人作出审核和终极决定。

面试形式一般分为公开和邀请两种。

西北大学凯洛格商学院和达特茅斯塔克商学院属于前者，所有申请人必须接受面试。通常在递交申请文件后，申请人马上跟学校预约，与招生处职员或校友尽快完成面试程序；面试完成后，整套申请文件才算完整，审核评估随即展开，结果在特定日期公布。

哈佛、耶鲁、斯坦福、芝加哥和哥伦比亚大学商学院等属于后者。在收到所有申请文件后，学校先进行第一阶段审核，筛选出部分申请人作下一轮面试。收到邀请信可算是正面消息，起码你的申请文件过了第一关卡，本身的质量已经达到该校的标准。但是，请不要过早高兴，现阶段没有任何绝对保证，收到面试邀请信而最后没有被录取的大有人在，所以绝对不能掉以轻心。在全职 MBA 申请中，从统计数据来说，学校一般会在所有申请人中挑选 25% ~ 60% 不等的候选人接受面试，面试后，平均大概一半候选人会被录取。

另外，除了哈佛外，大部分学校通常以简历为基础来进行面试；哈佛却在完成审核申请人的所有书面文件后，先制定一张后续问题清单才举行面试。作为校友面试官，我不会预先阅读申请人的论文，学校只会让我先审阅申请人的简历，原因很简单，学校希望我对申请人的印象不会受到论文内容的事先影响。

面试在哪里举行比较有利呢？我们身在亚洲区，因为时间和金钱的考虑，未必可以随传随到前往学校进行实地面试，不过，正如第二章提及的那样，如果许可的话，我极力鼓励申请人亲自到学校走一趟，参观校内设施、考察所在城市的周边环境、在课堂上听课、与在读学生交流。以上种种，绝对让申请人对学校及其课程有另一番体会，一种不能在网上感受到的体会，有助于申请人在面试时表达出真实感觉，而不是预先彩排的台词和对白。

但是，如果真的不能在校内进行面试，校外面试的选择亦不少，例如，与校友在你的居住地直接面谈，以及与招生处职员通过视频电话科技，如Skype，进行对话。另外，当招生处职员走访几个主要城市作地区性面试时，你可以特地走一趟与他们见面。比如说，哈佛以上海为中心，耶鲁则以北京为基地，邀请所有来自亚洲的申请人在那里进行面试，省却亚洲申请人舟车劳顿之苦。

从面试评估的角度，校外与校内面试，以及招生主任与校友面谈，对你成功率的影响没有什么区别，因为评估的标准是一模一样的。不过，你的表现可能会出现偏差。例如，如果你不习惯面对机器讲话，那么，用视频电话形式对你不利，你应尽量避免视频电话的面试模式。至于招生主任和校友的区别，其实，你不能随意选择，所以，你需要注意的是，他们各有风格，在发问对话的层面上，前者比较系统化和公式化，后者的灵活度较大。

以下就是某商学院对面试官发出的面试评估指引。为了保留原汁原味，让读者对规矩清楚明白，我决定保留英文原文：

What we are looking for: Presentation and Content

◆ The applicant's story and how well they tell it.

◆ What is NOT on the resume:

  • Leadership potential

  • Potential to contribute to the school and beyond

  • Transition points and motivations behind decision-making process

  • Gaps in employment

  • Passion and commitment

  • Initiative and motivation

Presentation

◆ Was the applicant: Articulate? Persuasive? Concise? Poised? Prepared? Dressed well? Nervous? Timid? Not talkative enough? Too talkative? Rambling?

◆ Did the applicant seem comfortable with small talk as you were introduced?

◆ If the applicant's interpersonal skill weren't the best at the beginning of the interview, did they improve by the end?

◆ Tell us about the applicant's habits (poor posture, poor eye contact, etc.) and general level of professionalism.

◆ Would the career office of the school feel comfortable putting this person in front of a recruiter?

◆ Is this person a leader? Is this someone you would want leading you — at school, at work or in a volunteer organization?

◆ Evaluate the candidate's English ability.

Content

◆ Background: What is the applicant's story: from deciding on their undergraduate institution up until why they want an MBA? Do the transition points in the applicant's background make sense?

◆ Goals: What are the applicant's career goals, both short and long-term? Do the goals make sense given the applicant's background?

◆ Potential contribution at school and beyond: Is the applicant someone who will contribute to the school community? How have they contributed to their organizations in the past?

第三部
奋斗拼搏期

第七章

边际利益与边际成本——考进了商学院又

如何?

第七章

边际利益与边际成本——
考进了商学院又如何？

"Life really does begin at 40.

Up until then, you are just doing research."

C. G. Jung

Swiss Psychiatrist and Psychotherapist

　　无论是耶鲁全日制课程还是芝大高管课程，时间压力都是最大的挑战，每周 **7** 天，每天 **24** 小时（包括睡觉时间）总是填得满满的。成绩、社交、求职……什么最重要呢？难道真的要计算每件事情、每项活动、每个人的边际利益和边际成本，才能够决定做哪些事和跟谁打交道，以便达致经济效益最大化？

　　多年经验和教训让我深深感受到：能够有资格被挑选成为你的同学，他们自有过人之处。因此，必须学会欣赏身边人的优点，无论你多么优秀，也要懂得放手，演绎团队精神。放胆作出尝试，交替不同角色，一会儿当团队领导，一会儿当组员，又或者跟不太熟悉的同学合作一下，可能有机会擦出新火花。人脉需要多元化，但也要注重质量。任何关系必须建基于付出与接受上，两者不平衡的话一定不能持久。敞开怀抱，广而深地暴露自己，如海绵般吸收各方信息和知识。成绩已不再是成就指标，你已经是硕士生，应该重视学习过程远超乎结果。最后，求职与创业一样，需要厚脸皮与勇气，这两份信念，一生受用。

与陈寻匆匆追逐 15 年前初恋的那年

与耶鲁时代相比，现在的我当然有所不同。起码，20 多岁的我比现在消瘦多了，体重大概打个八折。当然是近视，依然是短发，进入耶鲁前满头黑发，父亲曾断言，因为家族遗传关系，我应该 40 岁前不会有白发出现，结果呢？打从耶鲁第一年开始，一根根的白发慢慢浮现。毕业后，没有改善之余，渐渐灰白起来。写书期间，白发又长多了。幸好，私人发型师的经验相当丰富，他知道如何为我的头发做出补救。

自嘲归自嘲。零零碎碎的记忆碎片积累、沉淀、整合、强化、联结。男主角陈寻在电影《匆匆那年》中回忆 15 年前横跨中学和大学时代的初恋。巧合地，我与耶鲁的"初恋"也是发生在 15 年前。当哆啦Ａ梦的时光机徐徐启动，我又走到 15 年前……寻找与 200 名同学的集体回忆片段……

惦记美国新英伦的青葱岁月，在一个犯罪率偏高的大学城里居住了两年，有空时便坐一个半小时火车到纽约吸收时代气息……大冬天时，歌德式古旧建筑物衬托着灰暗天空，典型东北地区的寒日气氛……有次不幸患上细菌性重感冒，未能自行起床，需要朋友搀扶才能到诊所去，医生给了我两周的抗生素剂量，喉咙痛和高烧让我超过一周软禁家中，更失声了！可惜没有微信或社交网络，只能用电邮与同学沟通，他们给我买吃的，提供一切生活上的需要；重回学校的第一天，同学把课堂上的所有笔记和资料二话不说与我分享，不明白的地方给我私人辅导……不知为何，老外对中国饺子的兴趣和好奇心特浓，于是我们举办了一个饺子派对，宣扬中国饮食文化，十几个人一起包饺子、烹调和品尝……每年一度的哈佛耶鲁足球赛是感恩节长假期前的高潮亮点，第一年特别开车到波士顿看比赛，坐在空旷的球场几个小时，把我这个多年生活于加拿大的寒命人冻僵了！球赛第二年在耶鲁举行，刚好是耶鲁建校 300 周年，喜庆气氛明显，工作人员带着耶鲁的吉祥物斗牛犬（Handsome Dan）绕场一周，好不威风，而我，在寒风凛冽下，最后又冻僵了……9 · 11 恐怖袭击发生的早上，我们正在学校上课（企业战略课），下课后，全体商学院教职员和学生聚集在两部电视机前，一个月前在这栋大楼顶层的高端餐厅里，我不是刚参加过高盛举行的实习生聚餐吗？震撼、无言、难以置信，世界从此不一样……年轻时差不多每人都有可能当过穷学生。下午一点开始上课前，在家中吃了一打雪藏饺子（我是北方饺子爱好者），听起来好像分量不少，不过，下一餐将在 12 小时后的凌晨时分发生，就是下课后留在校园做完作业回家后的深夜时分，肚子活受罪！如果幸运的话，回家前可能遇上企业招聘活动后放在教室外的剩余冰冷比萨，我们如饥民般一拥而上……在迎新周的第一天，与我们班中唯一一位来自意大利的同学初次认识，他拥有典型意大利人的开朗和热情个性。数年前收到同学的电邮，原来意大利同学的小型葬礼刚在某意大利小镇的教堂内举行，死于癌症的他，当时还未过 40 岁……

生活体验，人情点滴，缘分聚散，可一不可再。

初恋，通常是刻骨铭心。耶鲁大学的传统是，专业类研究院的班别规模属于小型（与其他学校比较），加上大学城的环境，所以小社区的文化氛围相对浓厚，同学间的相处比较亲密。虽然当时商学院大楼的设备和外形吸引力不足，但是那些实实在在的片段却让我回味无穷。这解释了当母校为了创建新校舍而筹款时，我立马决定接受了他们的冠名捐款邀请。一所优秀的商学院值得拥有一个内在美和外在美兼备的总部大楼。这是我的骄傲，也是我的荣幸。

芝加哥大学呢？第二春。与第二春融洽相处的要诀是不要与初恋作出无谓对比，如果偏见地觉得第二春一定不及初恋，又或者在第二春身上尝试寻找初恋情人的影子，这段新关系是没有前景的。因此，从决定加入芝大的那天开始，我有意识地将两所学校分开，不作任何比较。不过，周边的所有人，尤其是芝大的同学，从未间断地咨询我，例如，究竟这两所学校及其课程有哪些区别，哪一所学校的课程比较优胜。关于这些问题，请参阅第八章，自有分晓。

724：成绩、社交、求职……什么最重要？

在第二章中，我曾经说过时间是世界上最宝贵的资源，所以在筹备和进行申请时，要早点启动流程，不要拖延，往后步骤一定会遇上大大小小的阻滞。终于有天考进商学院（恭喜！），但时间管理的噩梦并未结束，而且变本加厉。戏剧化一点的说法，这才是"自虐"与"被虐"的开端。

无论是耶鲁全日制课程还是芝大高管课程，时间压力都是最大的挑战，每周 7 天，每天 24 小时（包括睡觉时间）总是填得满满的，因此，时间管理就是最必要的武器。在坊间，我们可以随处找到不少关于时间管理方法的书籍，故此，我不会在此多谈。在商学院里，我们每天的基本本分不外乎是上课、下课、做作业和 GPA 最大化吗？在耶鲁当了两年全职学生，有机会跟来自耶鲁大学内其他专业研究院，如法学院、医学院、林业及环境研究院、音乐学院、戏剧学院、文理研究院等的硕士生结识和交流，他们确实是专才，焦点放在一门学问上，做好学生的基本本分就好了。相对地，商学院培训出来的通才不仅需要融会贯通各大方向的商科专业，而且更需要懂得吃喝交际，雄辩滔滔，如果用古代的语言，我想"文武双全"这四个字应该是最恰当。

我们究竟为了什么而奔波和折腾？

成绩分数有多重要？

在老外的心目中，中国和印度留学生被贴上"最勤奋和最聪明的学生"标签。这是我们的幸运，也是不幸。印度暂且不谈，只看中国（包括香港和台湾地区）。全赖我们的教育制度和成长环境，我们的知识学习能力相当强，但是实战能力培养不被看重。同时，重知识传授，轻能力培养；重分数提高，轻人格塑造；重老师的主导地位，轻学生的个性表达。相反，西方教育注重对学生创新能力的培养，鼓励学生独立思考和表达自己的个性。两者比较，不同的教育理念与方式带来不同的教育结果。

进入商学院后，数学和技术含量高的科目，如统计学、会计学、企业融资、量化金融等，对我们来说一般比较容易上手。但是，那些要求批判性的个案分析、活学活用的模拟项目以及主动式的课堂辩论的科目，我们的表现明显逊色。话虽如此，毕竟能够考进顶尖商学院的中国人资质底子好，加上自发性强，于是，我们尽力改进，在成绩上做到最好。

几千年来，房产观教导我们有房产等于有安定。同时，在古时的士农工商制度下，我们抓住根深蒂固的成才观念，有知识等于有地位、有财富、有权力。到了现代，成绩好和学历高依然是件好事，是中国人教育观的恒久美德，我何尝不是传统观念下的产物？但是，成长于两所学术水平被公认为首屈一指的研究院，与一大群天之骄子和学术翘楚打交道，学术成绩在求职招聘方面（以及在入学申请时，详情参阅第五章）所占的比重只是一道标准门槛，而不是中国人心中的决定性地位。

请勿忘记，无论现实中个别学校的教学方式是何等的理论化，这是商学院，目的是培训优秀领袖人才，解决实际商业问题，所以一些在考试中未能有效地测试和验证的技能和表现，如实战能力、沟通能力、思考能力等，相对地备受重视。

对于全日制 MBA 学生，一般来说，放在简历上的 A 级优异成绩有一定程度的吸引力，让人力资源经理在首轮简历筛选时多加注意，甚至提出面试邀请（实习和全职职位），但是简历上的实战工作成就以及面试中的表现才是决定性的选拔因素。事实上，有些商学院，如耶鲁、哈佛和芝加哥大学布斯商学院向雇主事先声明，在面试时不允许向学生询问成绩分数等问题，目的是不想招聘过程和判断受到分数影响。但是，学生可以决定自行公布（为什么你主动公布？很简单，成绩好）。

举个实例：一位耶鲁同学，第一学期的成绩完美无瑕，全是 A 级优异成绩，在年中的暑期实习面试期间，他收到所有顶尖投行和咨询公司的面试邀请，结果一间公司都没有给他发实习录取信，那年暑期，他回到升读 MBA 前的雇主那里当了两个月实习生。另一位耶鲁同学，斯坦福本科，耶鲁双硕士学生，同一情况，收到顶尖企业的面试邀请，但是最后一个实习录取信也拿不到。由于我们没有真正观察每一场面试，对于各种潜在失败原因，固然不能随便乱下判断。不过，既然有这么多的面试邀请，但又拿不到一封录取信，面试时出现问题的概率似乎不少。有一点是肯定的，在学校里，他们同样地沉默寡言、作风低调，绝少跟同学联系、打交道、聊天，这些行为是否影响他们各自在面试时的应对能力和交流沟通呢？有可能。

对于高管 MBA 学生，成绩的地位相对地没有那么重要，不是说高管对学习可以掉以轻心，合格与否无关痛痒，这还需要视乎个别学校的学术和毕业要求，但是事实上，实际工作经验和成就才是高管的价值所在。当然，对于有雇主赞助的高管而言，可能达到相当水平的成绩要求是必需的。另外，有些高管学生，虚荣也好，对自己交代也罢，为了分数和荣誉毕业的头衔争个头崩额裂。当 MBA 学生，视野不是应该看高一线？细微如某一考试的分数其实对人生和事业发展有什么明显的影响？我想，由于价值观有别，这个问题对每个人的意义不同。对我而言，从硕士学位开始，成绩已不再是成就指标，更不是学习进展的证据，我重视学习过程远超乎结果。

商学院是一个零风险的空间，学校中的测试和考核只是学习过程的一部分而已。只要你愿意打开心扉，如创业家和创造者一样，勇于尝试和体验，拥抱挫折的光明面，商学院的两年生涯以及后商学院时代的历险奇遇绝对是物超所值。

苏格拉底问答法：个案分析与课堂辩论

在第四章中，我讨论了各大主要商学院的课程内容和结构。世界上集中采用个案分析及课堂辩论作为首要教学模式的商学院有四所，分别是哈佛商学院、弗吉尼亚大学达登商学院、瑞士洛桑国际管理学院和加拿大西安大略大学毅伟商学院。其他知名商学院的教学方法比较平均。采用个案分析及课堂辩论作为首要教学模式的意思是基本上每一科目（不管是侧重数学和技术含量的科目，还是偏重概念和策略分析的学科）的总分有至少一半来自个案分析及课堂辩论。对 MBA 新生而言（所有新生，不仅是中国学生），学习上的主要难点正是这对孪生兄弟。

案例分析包含着大量信息和资讯，同一时间摆在你面前，内容不一定完整，情景更可能有点混乱。同时，不止是一个案例，上午科目可能有两三个案例，下午的另一科目又有两三个案例，一天内哪有时间看完布满密密麻麻的英文字和数字的几十页文件，并且把内容清清楚楚地记下，更与学习小组同学讨论教授事先准备好的一系列问题，最后写好一份论文，在课堂开始前提交？最后的考验当然是大家一起在课堂上讨论。课堂讨论的精髓是大家在同一层次、共识和水平的基础上进行互动式、理性、批判性的讨论，教授作为辩论主持人，他们负责引导我们实时讨论、思考、分析。

在耶鲁求学的初期，我确实不太习惯这种学习方式。进入芝大后，因为已经拥有丰富经验，反而倒过来协助其他同学尽快适应这种模式。有一位哈佛教授曾说，这种教学方式是奠基于一项重要的假设——领袖必须敢言，具备出色的表达能力。哈佛商学院是苏格拉底问答法的信徒，提倡理性辩论及批判性思维。诚然，如果操作者与参与者恰当运用这种方式的话，学生的得益远超出书本上的硬知识。综合而言，经历过一个完整流程，学生能吸收和培养一系列全面性、实践性的技巧和能力，由英语阅读能力到逻辑化书写能力，数据分析能力到时间管理能力，团队协调能力到沟通表达能力，宏观思考能力到批判分析思维。重复地用心练习后，渐渐地，你应该察觉到各种技能有所增进。

不过，达到最佳学习效果取决于不少不受控的因素，例如：

◆ 一个出色的演员不一定是一个有急才的节目主持人。同一道理，教授本身可能十分卓越，但是，他们不一定适合当辩论主持人。教授的案例认知度、感染群众的功力和沟通表达能力等直接影响到同学间讨论的质量。

◆ 同学们对案例的了解程度和事前准备工夫不一致。例如，如果你没有细心阅读整篇案例，对细节不清楚，当场很难积极参与讨论，亦不能完全明白和吸收旁人的观点。

◆ 同学们的个性有异。理论上，我们作为一班被精选出来的 MBA 学生，应该明白案例分析和互动讨论的好处，但是实际上，碍于个人性格和文化背景，有些人在课堂前的小组讨论和实时课堂上选择保持沉默（就算心里确实有些有趣的点子）。

不受控归不受控，那么受控因素呢？个人认为，同学们可以注意以下几点，对整体学习效果应该有所裨益：

◆ 语言障碍：这是不以英语为母语的中国学生以及外国国籍学生面对的共同问题。不过我认为，正如入学面试（参阅第六章）一样，相对地，语言障碍属于次要的因素。在其他因素得到改善后，这一点根本不是问题。环顾自己在耶鲁和芝大的所见所闻，身边的外籍同学不管自己的英语是如何的不完美，依然大方地高谈阔论。他们的英语不是一样带有口音，流利程度始终不是百分之百吗？所以，又是克服心病的问题。

◆ 心理障碍：同学们可能怕自己讲得不到位，被人背后取笑，又可能担心语言问题，表达上有偏差，同时又不习惯这种课堂互动模式……总之，内心不踏实。或者，同学们应该尝试为这种教学方式重新定义：这不是一种考核的工具，而是一大班同辈和一位前辈多方位交流意见。情况就如古时罗马知识分子在大广场中蛮有自信地发表意见差不多，没有无谓压力，没有实际风险（如在公司重要会议或记者招待会上出言不逊，后果可能相当严重）。为了降低心理障碍，从小处着手，先与规模小的学习小组共同讨论一些自己比较熟悉的案例，建立了信心后，再把舞台转移到课堂上，一步一步、一句一句地把信心和业绩建立起来，做得越好，信心就越大。在第八章中，现实个案 13 的主角 RZ 分享了如何克服心理关口，培养互动沟通的表达能力。

◆ 分工合作：我们常说的团队精神和相互学习应该好好落实。当一天内有数个案例需要过目、分析和总结时，小组同伴可以分为两小队，各自负责一半的个案，然后，每队把过滤过的个案向另一队总结及分析，在讲述的过程中，除了帮助组员学习以外，同时训练自己的表达和应对能力。当然，这种方式必须依赖双方同学的共同努力，如果任何一方不按照原本计划作出应有的付出，那么，双方的学习经历将是反效果的。

在此与读者们分享一些关于个案分析的心得。整个过程可以分为三个阶段：

一读：把整份案例粗略地从头到尾看一遍，对内容和主题形成整体的感觉。

二读：详细地审阅整份案例（包括附录上的所有数据和列表），同时，对案例情景作出深入和全面的分析，例如，竞争环境、产品定位、供应商和客户实力等。

三读：了解清楚教授事先准备好的作业问题的重点，然后再把整份案例看一遍，要解决一个问题，必先明白问题本身的根源。因此，到了这个阶段，必须发掘案例情景的问题症结，然后，针对情景的问题症结，加上作业问题，构思解决的对策和方案。

团队行为学：三个臭皮匠胜过一个诸葛亮

三个发生在我身上、关于团队合作的真实案例：

案例一：在某一门选修课中，校方根据不同的职业和国籍背景，让学生组成多队多元化、5~6个人的学习小组，小组的目的是让我们在学习周结束后共同完成一份大作业（考试作业）。后来不知道为何允许学生自行重组，于是，同学争相跳槽，我们有一个组员"变节"了，他是俄罗斯人，跟其他几个俄罗斯同学组成一队。他亲自跟我道歉，我倒不觉得有什么问题，只是对突如其来的政策改动感到有点混乱而已。他解释道，跟所有居住在同一城市的同学一起组队在协调和操作上更有效率。这倒是真的，试想象，如果我们分布在不同地点，虽然说科技进步，用网络视频电话随时沟通十分方便，成本也很低，但是当大家回到各自的国家和岗位后，又再次需要面对和完成当前的责任，加上时差的关系，协调工作确是有难度的。

案例二：这个情况正是案例一的反面教材。在芝大上课的头三周叫国际周，不论你原本属于哪个区域，三大组别（亚洲区、欧洲区和北美区）一同上课。同样，每个同学被安排在一个学习组别中，在这三周内共同完成所有功课和作业。在组内，我是唯一一个亚洲人，其余的包括住在迈阿密常常出差的美国商人、常驻芝加哥的美国律师、家在瑞士的高管以及全班唯一的亚美尼亚同学，为了落实一个电话会议的时间和日期（一个横跨五个时差地带的电话会议），我们就用了几天来协调，更不用说用了接近两周才完成首份小组作业。当然，大家是聪明人，到了后期，在相互协调和磨合上，我们的合作情况改善了不少。

案例三：在芝大最后的两个学期，我们可以自由组织学习小组。自然地，同学们各自选择一些在工作上（以及在个人交流和相处上）与自己合得来的同学。我与几个以前合作过、有正面交流的同学联合起来，组成一队。在过去十多个月内，我们曾经一起上课、辩论、闲聊、吃饭、喝酒、跑步锻炼、赶飞机、发短信互动、写作业至夜深……对大家的脾性、工作习惯、个人风格、专业能力和思维方式有一定程度的认识和了解。例如，其中一人是工程师背景、从事股票分析的印度人，他对数据分析的敏感度非常强，无论是什么科目，作业是什么主题，只要涉及任何形式的数字计算，他绝对有能力一手包办。而我呢？由于耶鲁的学习经验，加上过去的工作经验赋予我全面性的技能和思维，对任何形式的作业，基本上我可以独立执行。从效率化生产力和品质保证的角度而言，我们让这位印度同学准备一切涉及数据分析的工作，然后其他组员（新加坡人、中国香港人和韩国人）作出对案例的个人分析，我是负责把关的总策划，确保组员的论点和数据分析结果与论文的整体思路和表达方式吻合和接轨，并且负责书写报告和论文。在从事金融分析和投资管理期间，书写并发表英文分析报告和理论化的文章是我的职责，也是我的强项，再加上申请论文咨询和书本写作的经验，应该是同学们把这个重任交给我的原因。

看了三个真实案例，读者们有何感想？

民间俗谚："三个臭皮匠胜过一个诸葛亮。"意思是一群人同心协力，集思广益，想出来的计谋胜过一个有才智的人。在商学院的学习环境中，精心挑选的学生当然不是臭皮匠，每个人都拥有独当一面的潜力。大家聚在一起，目的是通过协同效应，让大家相互学习、启发和鞭策，在商业范畴上创造更大的价值和更多的可能性。我明白，自己有能力独立完成一份作业，成绩应该是平均分以上，对组员绝对有交代。但是，作为（未来）领袖，我们在建立和领导团队时，是否应该懂得观察组员的表现和性格，尊重每人的专业技能，让队员发挥所长，达到最理想效果和利益最大化？

根据以上的逻辑，在案例三中，在效率最大化的大前提下，印度同学应该负责一切关于数据分析和量化模型的工作，我应该负责书写报告，其他几位同学则各自专注于自身的优势。案例一的情况也是效率最大化的另一演绎，身在同一地点的他们讲同一语言，对协调工作应该比较有把握。不过，从学习经验的视角看，案例二可能是最全面的，因为组员的文化背景和职业方向比较多元化；一开始的合作效率略微逊色，但是大家能够从不完善中寻找更完善的对策。因此，为了加强学习经验，在案例三的情景中，我们应该每次都转换角色，让每人有均衡机会执行不同职务，暂时离开自己的安全地带，作出新尝试。

我相信，在现实中，在你们各人的工作环境中，碰到类似或是更难缠的团队合作的情景，解决方案当然视乎当时的情况和当事人的个性、行为和（办公室）政治地位。在商学院里，放胆作出尝试，交替不同角色——一会儿当团队领导，一会儿当成员，又或者跟不太熟悉的同学合作一下，可能有机会擦出新火花。记得在上谈判课时，我们每天参与不同规模和性质的模拟谈判游戏，教授建议说，我们应尝试做出一些偏离自己常规个性的行为，看看对方的反应如何。例如真实的你是个心软之人，那么，在某一次模拟测试中，你尝试扮演一个强硬的谈判对手，你可能发现，原来在谈判中，你是可以演绎强硬角色的，又或者你确实做不到，如果做不到的话，是否应该改变策略呢？在这些模拟游戏中，无论你做什么尝试，后果是什么？损失价值几十亿的交易吗？被解雇吗？入狱吗？大家身处一个零风险的学习环境，就算出错了，作业的分数受到影响，充其量拿不到 A 级，那又如何？

还有一个建议：能够有资格被挑选成为你的同学，他们自有过人之处。因此，必须学会欣赏身边人的优点。无论你是多么优秀，也要懂得放手，演绎团队精神。

人际力量：由关系网筑成的新书

关系这个名词，对中国人来说，应该不陌生。人脉关系在中国社会应该是最宝贵、最难得的资源。跟不少 MBA 毕业生一样，我是关系网的得益者，由耶鲁阶段开始，往后的每一份工作都是经过教授、校友和其关系网穿针引线而促成，背景故事可参阅此章往后几节以及第八章。近年来，有声音说传统 MBA 学位的价值只包含关系网络。在第三章中，对于 MBA 学位的价值，我已经表态，重点是我们如何建立和运用这种宝贵资源。

除了在课堂上和学习小组里与同学近距离地接触、交流之外，学生组织和团体活动自然是另一常用渠道。犹记当年在耶鲁，除了在招生处兼职工作以及当助教外，我是中国同学会的一名干事，也参加其他的组织和活动，如金融专业学会、女性高管学会、高尔夫球训练班（耶鲁大学高尔夫球场是美国大学中首屈一指的球场之一）等，又参加首届春季游学团（当时管理学院并没有国际游学团，是我们自发的，在这次游学成功举办后加入中国游学团，最后整个计划更伸延到其他地区，成为一年级课程的特定国际部分），一行20多人与运营学教授 Art Swersey 到日本去，从大阪到名古屋、从京都到东京，我们参观和访问了丰田汽车、资生堂、NTT Docomo、昭和壳牌石油、九州电力、中央银行、经济产业省、广告公司等。我常到日本购物、旅游，但是有系统地了解当地的商业文化和人民思维，那份处女经历相当难得。

体会：敞开怀抱，广而深地暴露自己，如海绵般吸收各方信息和知识。

前阵子，终于在国内与几个耶鲁老同学重聚。毕业后，有些人选择居留国外，而我常常到处跑，永远停不下来。后来，智能电话和社交网络的发展让大家再联系起来，就算不常见，起码大家知道对方的情况，随时可以直接联系。有一次与一位同班同学终于有机会在上海见面，久别重逢，说得特别投契。然后，我们谈到同学们的近况，突然讲起一位非常低调的同学，原来他/她的父亲在北京是什么局长，现任配偶的父亲是中央政府领导班子成员之一，配偶是某大机构的高层人士……用今天的语言，"官二代"这个名词非他/她莫属。然后我接着说："原来如此。其实，从认识你们每人那刻开始，我从来未曾故意打听每人的家庭背景。对我来说，我是与你做同学朋友，不是跟你家人做同学朋友，对吗？"他回应道："那当然啦！我也是毕业后才知道。其实，没有什么特别，我们很多同学都是'老百姓'，普通人家的孩子。"大家相视而笑，继续闲聊别的事情。

在名校上学或在国际知名企业工作，与有背景人士的后代一起学习、工作十分正常。他们基本上是正常人，只是拥有一些别人没有的背景，因此外人对他们投上非常眼光而已。在耶鲁求学时，由于是全职学生，同学们大约

20多岁，除非是家庭背景的关系，否则大家基本上是无名小卒，典型的相识于微时。毕业后怎样建立职业价值链，走过自己那条马拉松赛道，哪位快一步发财立品，哪位多走了弯路，哪位选择另类生活方式，悉听尊便。在整个人生马拉松比赛上，在某一点、某一时刻，你可能比别人跑得慢，而别人已经到达一个惹人羡慕的境地。不过，在序言中我谈到，我们的马拉松不是没有特定的赛道和目的地吗？因为大家走的路线不同，根本不能够且不应该比较。与其浪费时间作出无谓比较，倒不如专心做好当下的事情，为将来的更好做到最好。没准有一天，当你这匹备战已久的千里马遇上了真正欣赏你的伯乐，从此，你就成为了一个传奇。

在芝大求学时，情况有点不同。由于是高管，大家已经在事业上达到某种程度的成就，所以，林林总总的大人物一点也不稀奇，什么国会议员、名门之后、知名大国手、政府高官、政协委员、跨国企业高管、创业家、十大知名律师、私人银行家……各人的私人网络又是何等的广泛和强大。但是，我不是建议大家攀龙附凤。同台吃饭，各自修行，每人有自己的一套建立和维持关系网的战略、标准和目标。例如，给读者一个反面教材：假如你是做风投的，希望找一个更好的职位跳槽，于是积极地、有意识地、有系统地与从事金融界的同学及其关系网的有力人士打交道，这是无可厚非的。不过，你一味集中火力，选择性地进行"网络搭盖工程"而忽略了班内其他同学，那么，无形中，你给自己的关系网建起了围墙。你怎知道别的同学不认识你需要认识的人士？你怎知道现在这个沉默寡言的同学将来不是有名的风投专家？你一早对身边同学的发展潜力下了判断和计算，是否言之尚早或略为武断？

体会：人脉需要多元化，但也需要注重质量。任何关系必须建基于付出与接受上，两者不平衡的话一定不能持久。很多事情在最不经意时发生，同样，对你最有价值的、最有影响力的可能是一些意想不到的人。

让我举一个活生生的例子：我的书。它不是由文字写成的，而是由一层一层关系而筑成的。

2013 年 7 月，我在香港和台湾出版了第一本作品《MBA 实战录》。写作这本书时，安排上十分紧迫，总觉得内容上有不少不足之处，加上升学和职业发展这个课题是内地年轻人和家长的关注点，所以希望特别为内地读者出版一本加强版。偶然在一次同学聚会中（那是 2013 年 9 月 20 日中秋追月夜），我向其中一位芝大同学随意地透露了个人想法，她表示了支持后，很有效率地为我介绍了一位认识多年的内地朋友，通过他的热心帮助以及背后的网络联系，在 2014 年 3 月时，终于得到中国人民大学出版社编辑的认同，落实出版计划。这半年的过程，不管是缘分驱使，还是事在人为，经历和结果很奇妙，成功概率相当低。首先，首本作品的质量不能不靠谱，否则就算找到出版社也不会获得认同。同样重要的是，找到认同我并且愿意为我开门的人，这就是我的同学。作为重要关系的"钥匙"，她为我找对了第一道门。门终于开了，我踏进去，走过每一个转折点，遇到了有心人，一道道门随后打开了，最后带领我到达终点。要成事，以上所有涉及的因素，缺一不可。

以上是关系网发挥威力的上集。下集是这样的：

为了对有志出国求学或对职业有抱负的内地年轻一辈作出适当的调研，我需要寻找和接触几十名 20 多岁、拥有内地背景、就读于各大国外商学院的同学们。这可不是我的朋友圈中的伙伴啊！于是，我广发英雄帖，向所有有可能认识这类调查对象的朋友求助。朋友们很给力，为我介绍了不少目标人物，但是因为他们不认识我，我必须先得到真正的认同和信任，清楚表明和解释书本的目的和要求，说服他们作出坦白的分享和陈述。最后，在六个月内，我成功地分别跟几十人进行了电话会议和面谈。

在目录上，读者可以找到不少特别嘉宾的名字，他们不是我的耶鲁同班同学，就是母校的校友和管理人员。无论是推荐序言还是访问分享，他们确实出了不少力。如果不是耶鲁和芝大的教育背景，不是长期以来苦心经营的人际关系网，不是以公平和真诚对待身边人和事，我绝对不可能获得他们的协助。这是我的幸运，无时无刻的感恩是必需的，更常常提醒自己不能滥用任何人的好意，不能觉得所有人和事的发生是理所当然、理直气壮的。这就是人际网络的力量，亦是对每段关系的承担和承诺。

求职策略：厚脸皮与勇气

很多人以为，只要你进入了最顶尖的商学院，你的暑期实习甚至毕业后的全职工作已经"搞定"，基本上一劳永逸。顶尖商学院与不少人梦寐以求的大企业雇主无疑有着紧密的关系，在市道畅旺的时候，一人手上有数份招聘邀请信完全不足为奇；但是在市道低迷的时期，手上有一份招聘邀请信已经相当幸运。在招生方面，商学院是抗经济周期的，市道越差，申请人数越多，录取人数却不变；但在职业发展方面，商学院与经济周期的相关性十分接近，市道越差，招聘 MBA 毕业生的职位越少。你申请商学院时，无从合理地预知考进后的职场和经济情况，这就是留学的风险。

在我眼里，求职与创业一样，需要厚脸皮与勇气。为什么？因为我就是凭着这两份信念渡过难关的。

科网泡沫爆破阴霾下的高盛暑期实习生

进入耶鲁那年是 2000 年，互联网泡沫爆破风险逐渐浮现，但表面上，职场好像风平浪静，从 9 月开始，各大投行和咨询公司的招聘活动好不热闹。虽然曾经在申请论文上表示过对管理咨询行业有兴趣，但是进入耶鲁后，我改变了主意，选择留在金融界，只是不知道应该从事哪一范畴。在此种情况下，大部分人一般选择加入投行（一所具有规模的投资银行拥有不同业务范畴，不过，投行亦泛指投行内进行一切关于企业融资、上市、并购等的交易

业务的投资银行部），见见世面，工资丰厚（市道好的时候），又是开拓人脉
和职业机会的主要工具。不过，我并没有作出一般人的选择。也许，我的天
生个性就是喜欢做一些大部分人不选择做的事情，自我挑战吧！但要战胜挑
战，必须有勇气和厚脸皮。

由于过往一直以会计师和中央银行家的独立第三者身份监察国际银行业
务，我对信贷产品风险管理的经验比较丰富，却未曾亲自在银行工作，因此
希望有机会转换身份，从另一角度了解跨国银行内部运营情况，丰富自己的
银行业知识面之余，更尝试从中发掘一条适合自己个性和技能的金融路。但
是，这类角色很难找，起码在暑期实习的层面上，怎么办？当时，华尔街
的投资银行一般招聘 MBA 暑期实习生加入以下几个部门：投资银行部、销
售交易部、股票研究部和私人财富管理部。高盛纽约总部是唯一的例外。

高盛是唯一一家招聘 MBA 暑期实习生加入全球运营部的投资银行。一听
运营这个词语，读者们可能联想起反反复复的工序和层层叠叠的文件，跟站在
前线、与大企业 CEO 打交道的银行家相比，一点也不威风、不浪漫。但是，对
高盛而言，这是一个战略咨询部门，专责管理、优化和监控全球各项业务的运
作，部门职员和高管的前身是知名管理咨询公司的咨询师，以及拥有多年前线
实战经验的资深银行家，因此，招聘高素质人才如 MBA 学生合情合理。

于是我申请了。在为期十周的实习期中，实习生一般被委派到某一项业
务上，负责针对性、策略化的运营工作。对我而言，现有的标准安排未必是
最理想的，毕竟初衷是了解银行的整体运作，最理想的情况是效力于全球首
席运营官办公室，同一时间宏观性地触及各种业务。怎样能够表明心迹，并
且说服他们给我这次机会呢？

时任高盛全球首席运营官的是耶鲁大学 MBA 毕业生（1989 年）Brad
Abelow，大师兄是也！我想，应该有不少教授认识他，最有可能的是运营学

教授 Art Swersey（即前文提及的那位带领我们到日本考察的教授）。刚巧，我是这位教授的统计学助教，大家关系比较熟悉，于是我向他请教，分享我的想法。听了以后，他简单地回应说："我认识这位校友，他是我的学生，毕业后一直保持联系，让我直接跟他接触，看情况吧。"事实上，我无从知道他们俩之间的沟通情况如何。不管怎样，我依然全力以赴准备面试和通过考察。在第六章中，我不是提到自己与 20 位面试官见面后才拿到受聘书吗？面试中，我向他们坦白地分享了自己的不足，中央银行的监管经验让我明白到自己对金融机构运作的了解度需要进一步加强，因此希望在最短时间内全面地了解一家世界级银行是怎样运作的。其中一位面试官就是运营官本人，除了寒暄了几句、谈谈教授的近况外，我直截了当地向他表明个人想法，讲述了任职于监管机构的所见所闻、所学所想。最终，我愿望成真，与 Brad 共事，直接向他负责和汇报。

金融机构是现实和务实的。我不是什么"官二代"、"富二代"，对高盛的业务发展一定不能提供任何由个人背景带来的便利和好处，纯粹靠背景而招聘我的概率几乎没有。同时，高盛毕竟是一家有实力的机构，极度注重团队精神，一般来说，候选人需要得到全部或大部分面试官认可才有机会受聘，我不认为教授一句话足以左右一大群人的印象和决定，所以纯粹靠关系而没有真材实料是不行的。综合而言，这次经历告诉我们，除了同学外，教授的人脉资源绝对不容忽视。更重要的是，当机会出现前，自己先做好本分；当机会来临时，全力以赴，否则机会是徒然。

9·11 恐怖袭击后遗症：毛遂自荐的动力

以事件规模、经济打击、死伤人数及心理影响而言，9·11 恐怖袭击确是一场"黑天鹅"概率的大悲剧，把整条华尔街甚至世界的人心给炸碎了。对于我们这批刚踏入商学院第二年的学生来说，经济周期的升降是可计算的风险。申请及入学时对前景满怀希望，但是一年之间，全世界的政经气候和格局从此不一样。这么大规模的恐怖袭击在那么独特的手法下发生，万万也想不到。9月中下旬适逢全职受聘信敲定和宣布的时节，结果，规模大大缩减，所有已安排好的招聘活动几乎都被一一取消。

上世纪90年代亚洲金融危机发生时，我刚加入香港金融管理局（香港中央银行）的银行监理处；加入耶鲁第一年（2000）碰上科网泡沫爆破阴霾；到了第二年（2001）的开端，遇上恐怖袭击。德国哲学家尼采有一个为人熟悉的名句："That which does not kill us makes us stronger."意思是不能杀死你的东西会让你更强大。中国人的哲学呢？危机等于危机加上机会，前者衍生后者，关联并行。那么，我又如何化解这次职业上的危机呢？

当时股票市场的表现受到科网泡沫爆破和恐怖袭击两宗事件的后遗症影响，企业融资的投行业务亦受到牵连，金融市场（起码在美国）的主要亮点似乎只在信贷资产证券化和私募债券市场中找到。其实，高盛暑期实习让我对资本市场上创新金融产品交易及衍生工具的构建、销售、风险管理、组合监控各方面增进不少知识。原来，看起来与我过去的中央银行背景没有直接关联的职业方向与我大有渊源。什么意思？鉴于部分读者可能没有金融背景，让我尝试简单地解释所谓渊源的背后意思。

当中央银行家时，除了熟读中国香港银行业条例和国际银行法外，需要时常实地考察和审核不同商业银行的全线贷款业务——贷款产品（住房按揭、私人贷款、汽车贷款、企业贷款、信用卡应收账等）及其授信流程、利息定价、风险量度、现金流向和管理监控平台等一切事宜，同时对贷款客户群的行为模式、信用风险、市场潜力等作出分析和调研。由以上种种银行贷款产品衍生出来的现金流（假设你是按揭贷款的借贷人，你的每月还款额就是银行的现金流收入），是支持信贷证券化和私募债券的基础资产。换句话说，银行贷款产品是基本原材料，私募信贷证券化产品是由原材料烹调出来的菜色。因此，在中央银行学会的原材料知识，潜藏着实实在在的烹调再造的应用价值，待我发掘，而教导我明白和实践自身价值的是一位美国金融界的知名意见领袖。

在耶鲁求学时，我认识一位名叫 Frank Fabozzi 的客座教授。对于从事债券和信用行业的读者们来说，这个名字应该一点不陌生，因为所有业界人士一定看过他的作品。他是一系列关于债券和信用产品分析，特别是结构信用融资教材和书籍的作者和编辑，被誉为债券市场的大师级专家和意见领袖。当时，他每年在耶鲁大学管理学院授一门名为"结构信用融资"的选修课。虽然，往后的信用市场动荡对我的事业影响甚大，但是当年选择了这门课，我从未后悔过。这门课对我的金融思维发展造成极大震撼，就如武侠小说中高人向小徒弟传授绝世武功一样打通了我的任督二脉。从此以后，我爱上了债券和证券化市场。

"3 岁定 80"这句俗话是真的吗？我想也是。小时候最喜欢的玩具是乐高积木，长大后在美国乐高乐园买了一盒又一盒的以世界知名建筑物为主题的巨型积木套装（10 000 块以上），我享受构建模型过程的乐趣，以及拼搭成品的兴奋。在现实生活中，同一道理，客户群从零开始一个一个建立起来……书籍从白纸一张一个一个文字堆砌而成……数十亿资产组合由一笔一笔信贷产品构思创建……

就这样，童年玩意的启发加上后天的系统化培训引领职业方向的新进化，造就了后耶鲁时代的跨国信贷证券化的专业生涯，发挥了构建一项又一项新颖债务融资交易的创造力。不过，找出切入点花了不少工夫，那就是厚脸皮和耐性。

有天在下课后，我与几位同学一起咨询教授关于该行业的就业情况，教授建议说："如果你们有机会同一时间与所有业内人士见面和交流，看看有没有实际的就业机会，你们愿意试试吗？每年在美国有两个最大型的业界会议，我是会议的荣誉顾问，可以安排你们免费参加二月份在亚利桑那州举行的会议，你们自己负责机票和住宿。"免费？当然是好事，每张门票约为 1 500 美元——对学生来说，太贵了！所以，我们决定接受教授的好意。我立马用 200 美元在网上竞投了一张来回耶鲁和亚利桑那州的经济舱机票，然后在一所廉价汽车旅馆预订了一间双人房，供我们 4 个同学住宿数天。

我们在为期 3 天的会议做什么？在那儿，所有业界人士（投行、会计师事务所、信托机构、律师、投资人、监管机构）云集一起，跑生意、联谊、收集市场资讯……我们是唯一怀着求职之心的学生。会场内摆放着各大机构的摊位，我们各人分别走访每一摊位，虽然有点难为情，但还是抱着最大勇气，自我介绍，道明来意，他们的态度出奇地友善，留下了名片，这是一个鼓舞性的好开始。

回校后，我给遇见的每位前辈发了一封感谢电邮。大部分人礼貌地回复，但在职业机会上却没有进展。几个星期后，突然有一天，收到普华永道发过来的电邮，负责信用资本市场的合伙人希望跟我通电话。电话过程很顺利，接着是被邀到访纽约和华盛顿两所分公司，与合伙人和资深经理面谈。结果是在 5 月份考试的最后一天，我收到他们的正式聘用信。

万事起头难，首次跟陌生人毛遂自荐，厚脸皮是基本功，动力源自"豁出去，输得起"的心态。最坏的情况是拒绝，那又如何？清白之身，没有什么可以输掉，踏上征途那一刻已经赚了，往后的任何进展都是进步、得益。

专访芝加哥大学 MBA 职业发展中心全球总监 Julie Morton：工作不会从天而降

每所顶尖商学院一定有一个规模不小的职业发展中心，它们的专长是与各大美国本土和一小部分国际企业建立和维持联系，吸引和安排他们在校内举行招聘活动，并且举办职业方向讲座，提供一些基本的职业技能训练，如面试技巧和简历咨询等。下面有一篇访问芝加哥大学布斯商学院 MBA 职业发展中心全球总监的节录，看看这位当了 10 多年总监的专业人士如何解读他们的工作。

从 2000 年 3 月起，Julie 开始效力于芝加哥大学布斯商学院职业发展中心，职责覆盖商学院属下各类 MBA 课程，即是说，她和她领导的团队面对全球所有全职、兼职和高管 MBA 学生，经验相当丰富。百忙之中，在芝加哥当地时间早上 5 点半，她抽空与我畅谈了 1 个小时，难得！

以下节录了我们对话的数个重点：

◆ 不少人包括学生本身，以为我们作为 MBA 职业发展中心直接给学生寻找工作。我必须强调，我们不是招聘中介，更不是猎头，学生全权管理、执行和决定自己的求职过程。在资源允许的情况下，我们从旁协助学生求职，例如提供简历咨询、分享信息、举办招聘活动等。但是，新工作是不会从天而降的，学生需要自发和自行地寻找职业机会和具体职位。

◆ 芝加哥大学和布斯商学院拥有区域性的大学中心和独立校园，分布于英国伦敦、印度新德里、新加坡、中国香港特区和中国北京。我们庞大的地域网络造就了一支在商学院 20 强中规模最大和最国际化的企业关系发展团队，一共拥有 11 个成员，他们的职责是与现有和潜在雇主企业发展、维持和加强关系，目的是为我们的学生和校友们发掘更多职业机会，在我们只供学生和校友们使用的职业网站上，每年平均职位数目超过 5 000 个。

◆ 以下措施只适用于芝加哥大学布斯商学院全日制 MBA 学生：

- 开学前几个月，在美国 4 个城市举办讲座，介绍入学后的求职过程，提供最新职场资讯，为学生做好心理和实际准备。

- 9 月开学时，我们邀请业界人士来学校举办行业讲座，以及让二年级学生分享暑期实习经验，让学生在求职前加深对各行各业的了解，纯粹以资讯为主。

- 到了 10 月、11 月，各大企业的招聘推介会正式启动，每年超过 200 多家机构亲自到访我们学校举办招聘活动。

- 校内招聘的面试活动一般在 1 月、2 月开始。

- 校外招聘职位广告也挺普遍，每年大概有几百个左右。

- 一年级暑期实习的录取分布：**40%** 金融行业（包括投行、投资管理、风投）、**35%** 管理咨询、**10%** 市场销售、**10%** 企业领袖培训和 **5%** 其他类。

- 完成暑期实习后，视乎市场状况，大约 **50%** 的一年级学生成功拿到全职职位的邀请。最后，多少人实际接受邀请视乎经济周期；如果市道好的话，接受的学生相对较少；如果市场情景不稳定，接受的学生自然较多。

◆ 我们一般不会参与招生处的审核工作。芝加哥大学布斯商学院不会纯粹因为申请人的未来受聘成功概率来作出他/她的录取决定。但是，我们确实与招生处保持紧密的沟通关系，一切关于职场、产业和企业雇主的宏观走势信息，我们会与他们分享。

在分享了她的专业经验后，想到历年来她协助无数商学院学生成材，达成加入梦想机构的愿望，我不禁问她："你认为在职业发展上，一个人最可贵和最需要拥有的是哪些特质？"她不假思索地回答道："坚持度和耐力。"

见解与我不谋而合。

热血青年：视野宽度 + 文化深度 = 职业高度

美国管理专业研究生入学考试委员会（GMAC）最为人所知的是其主办的 GMAT 公开考试，目前已被广泛地用作 MBA 入学考试。它从历年报名考试的学生中收集了海量的统计数据。不久之前，它公布了关于中国考生的数据，是从过去一年报考的申请人中计算出来的，在此与读者们分享一下：

◆ 报考人数：80 832；三分之二是女性，三分之一是男性。81% 是 25 岁或以下，15% 是 25 岁~30 岁。

◆ 工作领域（报考或申请入学时）：31% 金融会计类，19% 服务和产品类，13% 咨询服务类，12% 科技类。

◆ 职业方向（打算毕业后投身的职业）：65% 金融会计类，47% 咨询服务类，29% 服务和产品类，14% 科技类。

◆ 申请国家：54% 的申请人希望到美国留学，23% 亚太区，16% 欧洲。

◆ 申请学位：46% 申请两年全日制 MBA 学位，47% 金融硕士，35% 会计硕士，29% 一年制 MBA 学位，27% 一年制管理硕士。

◆ 教育融资：46% 家庭财务支持，13% 奖学金/助学金，13% 个人储蓄，

11%个人工资，7%学生贷款，4%雇主资助。

前文提及，为了筹备这本新书，在 2014 年 3 月至 9 月间，以渔翁撒网方式，我积极地寻觅、认识和接触数十名来自各大英美顶尖商学院的中国籍 MBA 和一般商科专业硕士学生和毕业生，让他们真实地分享个人经历。在背景和条件上各有千秋的他们，为了打开国际视野，强化文化触角，最后决定放下身段，跳出专属的安全区，祈望达到个人和职业方面更高的境界。在访问的过程中，我注意到一些共通点：

◆ 开阔国际视野和人脉关系是决定升读商学院最常见的动机。

◆ 除了那些曾经在国外留学或工作的同学，几乎每一个被访者都坦白地承认自己在入读商学院后经历过一段由文化差异引起的冲击时期，包括生活上、语言上、思想上、学习方法上和社交上。

◆ 中国学生中出现圈子化的问题非常普遍。他们认为，为了克服文化差异这个问题，去圈子化是最有效的方法。

◆ 在选校时，大部分被访者最关心的是学校的国际名声（特别在中国境内）。对他们来说，国际名声的有力证据就是学校排名。

◆ 可能由于近年来美国和欧洲的经济情况不理想，大部分学生一般选择回国当暑期实习生或全职职员。金融和管理咨询依然是常见的从事行业。

◆ 申请人的成功之道包含几个要素：深入且广泛的调研功夫、实地考察、课堂旁听、与在读学生和校友密切和持续地交流，当然，自我反思和反省一定做得十分透彻。

在此，特别精选 **12** 位同学的访谈节录。如果你是潜在申请人的话，你会是他们的后继者吗？

	郑同学	康同学
学校	哈佛商学院	哥伦比亚大学商学院
工作年限（留学前）	超过 5 年	3～5 年
工作性质（留学前）	企业咨询及企业管理（国内）	管理咨询（国内）
本科背景	国内毕业（商科类）	国内毕业（理工类）
公开考试成绩	符合学校平均水平	符合学校平均水平
读研动机	1. 开阔国际视野。 2. 结交各种文化背景的人才。	考取 MBA 学位在效力的机构中十分普遍，获得公司的学费资助，升读商学院是自然的职业发展路向。
职业方向（毕业后）	综合化高级管理	管理咨询
选校考虑思路	综合化高级管理方面最强的学校如哈佛、西北大学和 INSEAD。	现有雇主提供学费资助，自己准备学成回去工作，不需要暑期实习工作机会，因此决定不选择传统两年期的课程，刚好哥大课程适合自己的需要，所以只申请了哥大。
申请成功要素（申请人的自我评价）	1. 全面化工作经验。 2. 清晰分析和解释未来职业目标。 3. 表现认真态度、决心和自信心。 4. 自我经历回顾和反思做得相当透彻。	1. 专一的职业目标。 2. 在国际咨询公司里吸收多元化经验。
对未来申请人的忠告	1. 必须切切实实做好自我反思过程，找出人生和工作的热情所在，究竟自己是谁？ 2. 虽然每人有自己的梦想学校，但需要保持开放态度。 3. 申请过程与结果同样重要，深思和反省每一步。	1. 必须切切实实做好自我反思过程。 2. 申请商学院时不要忘记考虑机会成本。

	吴同学	李同学
学校	INSEAD	耶鲁大学管理学院
工作年限（留学前）	3～5年	3～5年
工作性质（留学前）	审计工作（国外）	品牌管理（国内）
本科背景	国外毕业（商科类）	国内毕业（商科类）
公开考试成绩	符合学校平均水平	符合学校平均水平
读研动机	转行加入管理咨询行业。	1. 考虑加入管理咨询行业，希望商学院的教育帮助自己多认识这个行业。 2. 国际化工作经验——做品牌管理和推广需要国际化眼光。
职业方向（毕业后）	管理咨询	管理咨询
选校考虑思路	没有特别的美国梦，所以没有如一般中国学生对美国学校产生情结，唯一一所申请过的美国学校是耶鲁大学，其他全是英国和法国学校。另外，对一年期的课程情有独钟。	学校的文化氛围极为重要，集中选择注重和谐、平衡和包容的学习环境。相比之下，学校评级不太重要。
申请成功要素（申请人的自我评价）	1. 国际化工作经验与申请学校的核心价值吻合。 2. 面试临场表现出众，懂得与面试官之间有自然、轻松的交流。	1. 找对一所与自己的性格（包容、开放、亲切）相符的学校。 2. 自我经历回顾和反思做得相当透彻。
对未来申请人的忠告	1. 避免圈子化，不要一味跟自己人打交道。需要跟不同文化背景的同学交流。 2. 走出自己的安全舒适区，作出非一般的尝试。	1. 知道自己要什么，不要什么。 2. 清楚了解个性的正反两面。 3. 持有开放和积极的心态，还有一颗原始好奇心。

	彭同学	韩同学
学校	纽约大学商学院	沃顿商学院
工作年限（留学前）	3~5年	3~5年
工作性质（留学前）	企业咨询（国外）	投资银行—固定收益债券（国外）
本科背景	国内毕业（商科类）	国内毕业（商科类）
公开考试成绩	符合学校平均水平	符合学校平均水平
读研动机	明白一个学士学位的分量在高端职场上已经不足以让自己找到更理想的工作。MBA学位是增加竞争力的本钱。	信贷危机发生后，离开了投行，希望转换环境，学习新知识，寻找新机会。
职业方向（毕业后）	投资银行/企业融资	管理咨询
选校考虑思路	因为准备回到中国工作，所以学校的国际名声很重要。另外，大城市位置也是考虑因素之一。	学校排名非常重要，另外，学校强项方面，金融和综合化管理比较适合。
申请成功要素（申请人的自我评价）	1. 在申请前，做足广泛性的深入调研。2. 有美国工作经验，因此跟别的中国学生相比，文化差异的情况不算大，面试交流上比较顺利。	1. 投行背景与沃顿强项吻合。2. 国际化工作经验。
对未来申请人的忠告	减少自己人小圈子的情况，多认识来自不同文化的朋友。	1. 开阔视野，成绩不是最重要的。2. 了解当地文化，与不同背景的同学交流和接触。3. 想清楚自己的方向才作出申请决定和进行备考计划。

	梁同学	魏同学
学校	哈佛商学院	伦敦商学院
工作年限（留学前）	3~5 年	3~5 年
工作性质（留学前）	天然资源产业—工程和运营（国外）	国企和外企—石油行业（国内）
本科背景	国内毕业（理工类）	国内毕业（商科类）
公开考试成绩	符合学校平均水平	符合学校平均水平
读研动机	1. 对天然资源商品买卖交易产生兴趣。 2. 弥补商业和金融知识的缺口。	转行加入金融行业，需要 MBA 教育补充金融方面和私营机构运作的知识。
职业方向（毕业后）	投资分析	投资银行/企业融资
选校考虑思路	由于能源方面的工作经验，所选学校在新能源发展方面的资历很重要。另外，综合化管理和金融范畴相对比较强。同时，没有选择那些就算被录取后也不会答应去的学校，只集中申请自己一定愿意升读的学校。	大城市位置是其中一个要求，国际化的课程也很重要，同时，学校在金融行业和石油行业两方面的资历是考虑因素之一。
申请成功要素（申请人的自我评价）	1. 国际化工作经验。 2. 独特文化体验和经历（曾在比较冷门的区域生活）。 3. 天然资源产业的广泛知识面。	1. 石油产业的广泛知识面。 2. 与别的中国学生相比，国企经验比较独特。
对未来申请人的忠告	做好时间管理和申请计划。越早开始准备越好。	1. 虽然在申请上必定经历不少考验，但是结果肯定是圆满的。 2. 失败的申请人往往缺乏一种长期作战的承诺心态，被拒绝后，挫败感让他们放弃。这种态度尽量避免为妙。

	赵同学	王同学
学校	耶鲁大学管理学院	芝加哥大学布斯商学院（高管 MBA）
工作年限（留学前）	5～10 年	5～10 年
工作性质（留学前）	企业管理（国内/国外）	管理咨询（国内）
本科背景	国内毕业（商科类）	国内毕业（商科类）
公开考试成绩	符合学校平均水平	符合学校平均水平
读研动机	已经在同一机构工作了这么多年，希望真正地休息一会儿，当个全职学生，寻找全新的职业方向。	1. 考取 MBA 学位在效力的机构中十分普遍，为了事业上更上一层楼，升读商学院是必然的职业发展路径。就算哪天离开咨询行业，一个本科学位也是不够用的。 2. 增进国际化金融和管理方面的知识，开阔视野。尝试经历国外的学生生活。
职业方向（毕业后）	投资银行/企业融资	管理咨询
选校考虑思路	学校在中国境内的名声是一个考虑因素。以工作年限，本应选择兼职性质、供高管修读的 MBA 课程，但是全职性质是首选，有助于探讨转行的选择性。	起初钟情于全职性质的课程，主要选择金融方面比较强的学校，另外，学校在咨询行业中的名声和资历也是关注点之一。不过，为了建立高管级别的同学朋友圈，从经验丰富的高管同学身上学习更多实战知识，最后改变主意，选择了芝大的高管课程。
申请成功要素（申请人的自我评价）	1. 国际化工作经验。 2. 在同一机构中吸收多角度、多元化的实战经验。	1. 在国际咨询公司里吸收多元化经验。 2. 做足各大商学院的调研。
对未来申请人的忠告	1. 刚毕业的本科生不应立刻升读商学院，多积累几年社会经验对学习有好处。 2. MBA 学位不一定是解决职业难题的方案，不要寄存幻想。 3. 在 MBA 学位愈见普遍的情况下，一定选择排名前 20 位的学校，那是差异价值所在。	1. 准备和调研功夫一定要做足。 2. 在选校时，考虑众多客观因素，加上深入分析自己的情况，有助于作出贴近自己意愿和条件的选择。

	袁同学	章同学
学校	密歇根大学商学院	加州大学伯克利分校哈斯商学院
工作年限（留学前）	3~5年	3~5年
工作性质（留学前）	外企管理（国内）	企业管理（国外）
本科背景	国内毕业（商科类）	国外毕业（商科类）
公开考试成绩	符合学校平均水平	符合学校平均水平
读研动机	1. 扩大国际视野。 2. 考虑转行，希望商学院帮助自己寻找新职业方向。	转行——离开大企业，准备创业。
职业方向（毕业后）	综合化高级管理	创业
选校考虑思路	清楚知道自己不喜欢投行和管理咨询工作，同时明白自己比较适合和谐密切的文化氛围，所以选校时，尽量避免了一些在文化氛围和资历强项方面与自己意愿背道而驰的学校。同时，由于一直生活在大城市，希望到学院小镇生活居住。	清楚知道自己不喜欢传统行业，特别是金融行业，所以有意识地集中选择与创业有关或非金融类的学校。
申请成功要素（申请人的自我评价）	1. 做足备战和调研准备，表现出热情和决心。 2. 自我经历回顾和反思做得相当透彻。 3. 选对与自己性格吻合的学校。	1. 吸收以往申请不成功的经验，厘清思路，再接再厉。 2. 做足备战和调研准备，包括实地考察。
对未来申请人的忠告	1. 必须完全清晰地解答"为什么决定升读MBA？" 2. 不要一味看重学校排名，也应该考虑其他要素。 3. 抱着尽人事听天命的心态。	作出职业上的改变这个决定非常难得，只要继续保持这份心态，就算考不上的话，也可以采用其他方式去达成目的。

Part 4

第四部
人生挑战期

第八章

长线价值投资——后 MBA 的祝福和负累

第八章

长线价值投资——
后 MBA 的祝福和负累

"Don't worry about the level of individual prominence you have achieved; worry about the individuals you have helped become better people. Think about the metric by which your life will be judged, and make a resolution to live every day so that in the end, your life will be judged a success."

Clayton Christensen
Author of The Innovator's Dilemma
Kim B. Clark Professor of Business Administration
Harvard Business School

在传统社会中，从小潜移默化，要当个聪明人。可是，世界上，心力比脑力难得，聪明人多，有心人少。你的心去哪儿了？

耶鲁毕业后的五年间，从低级金融模型分析员攀到亚洲区分析师席位，再跃升到亚太区主管兼投资管理人，自己经历了很多，没有好与不好之分，只是一层一层地增加学习经验而已。人，可以输掉一场战役，但是不可以输掉整场战争，更不要为了满足和符合别人的期望，却忘掉和隐藏了自我，包括自己的理想、兴趣、热情、需要、限制、条件、个性等。

名校名声和 MBA 光环带给学生和毕业生们纸面上的荣誉和社交上的尊重，不过，真正的荣誉和尊重来自于实际的行为和表现。无论身在什么处境，如果能够心与行一致地创新，这才是职业价值链的持久上升动力。

经验与经历：一字之别，《一步之遥》

几年前曾经在清华大学当了几个月的全职学生，住在校园宿舍内，每天骑自行车上课，相对幼承庭训的当地学生，我的骑车技术简直是"烂"！虽然是一个密集式的普通话课程，实际上除了语言培训以外，学校还派了一个历史系教授每天给我们上课，讲讲历史故事，不仅仅是各大朝代的历史事件，还有北京文化、京城古建筑的历史等，教授的涵养和平易近人的态度惹人敬佩，讲课时既幽默又实在。回想小时候的历史课老师，基本上是最不受欢迎的人物之一；他们的教学方式极其枯燥，未能激发学生的学习兴趣，甚至惹起反感。不过，我是个例外。

在朋友和老同事的心目中，我是英文人，看的是英文书，工作全用英文，留学居住国外多年，甚至说话的逻辑思维也几乎是英文语法，所以对他们而言，我选择写作和出版中文书这个举动完全是匪夷所思。实际上，从小到大，跟许多同学不同，我对中国和西方历史自发地产生了真正兴趣。在香港念中学时，中国历史课每年拿 90 分以上，西洋历史课全年级第一名，中学毕业公开考试也拿到了 A 级。我一直相信，要活在当下，一定要明白过去，原因是如果不想重蹈覆辙，必须了解往事背后的原因和动机，作为前车可鉴的教训。前文（参阅第六章）提及的芝加哥大学管理心理学教授 Linda Ginzel 在课堂上常常引经据典，其中包括美国已故名作家 Saul Alinsky（芝加哥大学犯罪学博士）在名著 *Rules for Radicals* 内的几句话：

"We had to construct experience for our students. Most people do not accumulate a body of experience. Most people go through life undergoing a series of happenings, which pass through their systems undigested. Happenings become experiences when they are digested, when they are reflected on, related to general patterns, and synthesized."

意思是，如果未能透彻地反省和面对过去，那不算是经验（Experience），因此没有吸取教训经验可言，充其量是一大堆经历（Happenings）而已。因此，同样的过失依然会犯，相同的代价仍然付出。

话说回来，当被问及他对个别近代历史事件的看法时，历史系教授回答道，一件历史事件所造成的影响、背后含义和潜在动机，不是一时三刻就能说明白。在过渡期间，我们需要耐性，不触不碰、亲身感受、主动回想、理性分析，这是必然循环。有一句话听起来有点陈词滥调，却是金玉良言——时间证明一切。

走到今天，在我快将再下一城、拿下芝加哥大学 MBA 学位之际，对我这个有经验的资深耶鲁 MBA 毕业生而言，MBA 的意义和体会远远超出一个由 3 个字母组成的学历。相对地，对一个刚毕业的 MBA 学生而言，求学期间甚至到了毕业时分，2 年付出的赛后检讨还是言之尚早，计算所谓的"投资回报率"没有实际意义。

我认为，每个人拥有一条变化无限的职业价值链（Career Value Chain），它的长度、宽度与斜度奠定个人职业发展的高度。我们期望天天向上，务求价值与日俱增。可是，怎能指望职业发展对起伏震荡产生免疫力呢？美国道琼斯指数的长期上行势态——100 年期、50 年期或是 30 年期——可不是一条与水平线呈 45 度角的直线，对吧？

经过岁月的无情洗礼后，有一天，当这两年的经验和经历终于衍生出一番新体会，那时那刻，这份"经一事长一智"的深层领略标志着跨进一大步的不仅是你的事业进展，还有你的做人智慧和处世之道。

关于职业价值链，站在起点时，我们争相考入哈佛耶鲁，不外乎是为了扬名立万、升职加薪、前（钱）途似锦、创一番丰功伟业，要么是当个打工皇帝，要么是颠覆和征服世界，说白了，当个 C 级明星——CEO、CFO、COO、CIO，效力的单位不是自己创立的公司，就是世界500强。

2014 年底，麻省理工大学斯隆商学院公布了 2014 年毕业班的就业统计数据。管理咨询行业成为最大赢家，33.9% 的毕业生（2013 年是 31.9%）选择当管理咨询师，8 大招聘雇主中，其中 5 所是咨询公司（McKinsey、Bain、BCG、Deloitte Consulting 和 PwC Advisory），剩下的是亚马逊、苹果和谷歌。金融类职位出现了下降的情况，主要由于投行和风投/创投减少招聘，只有 13.6% 的毕业生（2013 年是 16.3%，2012 年是 26.6%）选择金融行业。决意创业的毕业生占全班的 7.4%。其他行业（医疗和高科技）的增长弥补了金融行业的人才流失。

这项调查是个别学校的情况，不代表商学院 20 强，甚至整个 MBA 群体的状况。另外，麻省理工的报告有几个地方需要注意，首先，我们只看到公布的结果，一个由职位供应和实际需求交汇而成的结果，却不知道供求两方面的个别情况，例如：校内招聘活动是否增加？企业内部的配额和政策是否改变？学校有否实行对个别产业的针对性政策，从而加大招聘力度？但是有一点是肯定的：过去数年，在众多商学院的就业调查中，金融行业确实大大降低招聘需求，职位分布重新配置，例如，投行招聘减少，投资管理取而代之。但是，当有一天市场逆转，投行又作出大幅度招聘行动，一点不足为奇。大企业的招聘活动反反复复，有点情绪化，特别是经济环境阴晴不定之时。由此延伸，你的职业发展应该取决于个人意向（参阅第一章），而不是被外力牵着鼻子走。

就业以外，看看 MBA 的创业情况。近年来，可能出现了不少高调的创业界运财童子，创业这个举动好像浪漫化、英雄化。于是，MBA 学生又赶上了潮流；在云云商学院中，毕业前后创业的例子屡见普遍。根据沃顿商学院公布的数据，在 2014 年的毕业生中，大概有 7% 在毕业后立刻创业，数年前这个数字低于 2%。另一所"金融学校"哥大商学院，近年积极开拓更多与创业有关的课程，又成立类似孵化器的创业中心（Eugene Lang Entrepreneurship Center），中心的口号是"思想+开始+成长"（Think，Start，Grow）。哥大的理念是，无论打工还是创办新公司，学生们应该实践和拥抱"创新"精神。现在的市场状况变化迅速，为了改进既定企业框架的效率和提升竞争力，任职于成熟企业的学生应该创建和执行新理念，这种情况叫内部创业（Intrapreneurship）。实际上，世界上只有一小部分人能够真正创造颠覆性的全新产品或服务，不过，只要具备与外部创业家（Entrepreneur）一样的思维、素养和技能，内部创业家（Intrapreneur）一样能够在个别固定环境中有一番作为。

哥大的意思是，由商学院培养出来的领袖，无论身在什么处境，如果能够心与行一致地创新，这才是职业价值链的上升动力。或许，名校名声和 MBA 光环带给学生和毕业生们纸面上的荣誉和社交上的尊重，不过，真正的荣誉和尊重来自实际的行为和表现。世界上，心力比脑力难得，聪明人多，有心人少。正因如此，我找来 3 位特别嘉宾：一位是创业者兼创投家，一位是世界 500 强 CEO 的金牌猎头，另一位是环球投行的招聘和人才发展专家，他们身体力行，并且目睹不少高管的职业发展。各人的经验之谈，值得深思。

耶鲁大学北京中心创始捐助人兼亚洲创投风投先驱黄中核赠言：创业者要军训

黄中核（**Brad Huang**）

莲花基金创始人

原高盛证券投行家（纽约总部）

耶鲁大学 **MBA**（1990 年）

耶鲁北京中心的成立全赖 **3** 位有心人作为创始捐助人——**Brad** 本人、红杉资本创始合伙人沈南鹏先生（耶鲁校友）以及真格投资创始合伙人徐小平先生。近年，创投、风投和天使投资在中国大行其道。不过，上世纪 **90** 年代，以上投资模式仍未在中国甚至亚洲区为人熟悉的时候，**Brad** 已经创建了风投和创投基金，成功地投资并退出了多宗项目。现在长驻美国洛杉矶的 **Brad**，对环太平洋区内有关地点（例如中国内地和香港、日本、美国旧金山市和洛杉矶）的高科技行业风投和创投项目都有深入了解。在访问过程中，他坦白地分享了个人事业发展，让我感到十分佩服。

"关于职业规划和发展，应选择最配合自己条件和专长的战略定位。20世纪 90 年代和 21 世纪初期，高科技行业的风投创投项目在美国加州和日本做得相当蓬勃，这些项目亦符合国际交易模式标准。在耶鲁和高盛时，我接受以国际风投创投模式为主导的培训和教育，加上我的理工本科背景，因此我顺理成章地投资来自美国和日本的新技术产品项目。后来，当我参与中国内地的项目时，我选择投资于一些从事中美或中日之间业务的企业，毕竟我对美国和日本的市场情况比较熟悉。如果我只做中国内地投资的话，这可不是我的专长。内地的风投创投运营模式跟国际上的传统做法有区别，所以，我有意识地为自己定位了最有利的切入点。

"老实说，我的创业举动是一个无心插柳的结果。过程中遇到贵人的协助，这是我的幸运。话虽如此，我相信机会只会留给准备充足的人，以我的情况而言，我一直专心做事，装备自己，用心经营人脉网络，待机会敲门时，我抓住了，并好好利用。

"个人认为，对创业者而言，选择商学院绝对有用。很久以前，我曾经当过军人，让我用军队打个比方。如果你需要参与战争，你必须学会怎样开枪。一方面你可以选择进入军校，接受正统军事教育和射击训练，另一方面，你可以选择自学。有一天，你终于上战场打仗去，无论你是经过正统训练还是自学，同样有可能战死沙场。但是，由于前者有正统训练作为根底，懂得如何部署，将被杀风险减到最低，把战胜概率最大化。后者呢？保护不到自己，更未能有效地打败对手。

"投资也好，创业也罢，全是关于风险管理，风险分为计划风险和非计划风险。我以为，经过系统化训练的 MBA 毕业生懂得计算计划风险，选择性地冒险；没有经过类似训练的创业者，相对地比较容易作出非计划风险的商业决定。"

专访 CEO 及董事局猎头专家区妙馨：女性 CEO 必须有心有力

区妙馨（Alice Au）

Spencer Stuart 全球董事兼区域主管

中国香港金融发展局人力资源委员会现任委员

原中国香港特区政府中央政策组特约顾问

原麦肯锡管理咨询师

哈佛大学 MBA（1986 年）

耶鲁大学工程系本科毕业生

关于职场女性高管，耶鲁 MBA 学生和校友的模范对象一定是我们的大师姐、现任百事可乐 CEO 的 Indra Pooyi（英德拉·努侬）。如果女性高管是小众，那么 Indra 便属于小众中的小众。她是女性，又是亚洲人（印度出生和长大），上世纪 80 年代初期毕业于耶鲁大学管理学院后，便加入了百事可乐工作。在 80 年代的美国商业社会内，一个亚洲女子在一家历史悠久的传统企业中凭借个人实力向上爬到一个举足轻重的地位，挑战性极大。2014 年初，当我到美国出席耶鲁大学管理学院新大楼 Evans Hall 的落成典礼时，有幸与她见面和交流。总的来说，她的体会是家庭与事业两者兼得非常不容易，她做得到，其中一个原因是家人的支持和体谅。个人牺牲无从避免，最终关乎找到一个共同接受的平衡点。

在香港耶鲁大学校友会里有不少女性高管前辈，Alice 便是其中一个。与她常在香港活动中碰头，但是从来没有机会与这位前辈坐下来详谈。最近，适逢耶鲁北京中心开幕，大家在异地碰面。她关心地问我近况，我回答说就是为了写书而烦恼，负担实在沉重。她立马说如需要帮忙，随时找她。就这样，终于有机会向她请教，听听她的肺腑之言。

"每个人的职业发展是一个阶段性的长途路程，路程中布满了不同的转折点和加油站，每一点需要我们自己作出选择，是自由意志和求变意念的结果。要想得透彻，放下过去所拥有的，短期也好，长期也罢，尝试新计划、新目标。我从不相信一味坐在家中研究、琢磨，就能作出改变，必须走出去切切实实地做起来，哪怕最后没有成果，过程本身已经是一种收获。

"关于女性在职场上面对挑战、压力和不平等对待（例如晋升机会），男性高管的圈子存在已久，对于职场女性进一步提升地位造成了阻力，当然不是一朝一夕可以解决的。幸好，改善过程已经开始了。例如在国外，我们不是见到越来越多女性创业者以及大企业女高管吗？跟上一代比较，她们普遍敢言（例如脸书的首席运营官），对职场女性的地位和待遇问题提出控诉和改善建议。我以为，大部分问题应该需要经过一两代才能够得到广泛的解决。还有一个论点，纯粹是个人意见，女性跟男性一样，在职场中要干出一番成就，必须选择付出，做出牺牲。如果根本没有这个打算的话，不要用什么女性身体机能天生比较柔弱，又要平衡工作与家庭生活等借口来自圆其说。不付出真正努力的话，谁都不能获得成功。

"我是大企业 CEO 的猎头，在世界 100 强中，没有几个 CEO 拥有 MBA 学位，所以如果同学们是为了当大企业 CEO 而念 MBA 的话，这是没有意义的。在我的眼中，MBA 学位的价值来自人际网络和通才教育，我们招人，不是看性别，是看这个 CEO 候选人是否具备领导力的灵活度（下文的 Leadership Agility）。企业为了生存要不断进化，因此，企业领导人必须有魄力和能力，懂得因时制宜。"

高盛人力资源高管孙永昇有话儿：做个有"弹性"的人才

孙永昇（Eng-Sing Soon）

艺朗森（Acewood Solutions）联合创始人和首席运营官

原高盛证券人力资源部执行董事

原 UBS 投资银行培训发展部董事

原 OCBC（新加坡）人力资源部助理副总裁

芝加哥大学布斯商学院 MBA（2008 年）

与永昇见面只有一次。当我被芝大录取后，还未决定是否接受，于是芝大招生处给我介绍了永昇，让我进一步了解芝大课程。我们在香港高盛办公室内的小食部谈了 1 小时。非常感谢他的意见和分享，后来我选择加入芝大的大家庭。到了今天，在毕业之际，我们又聚头了。芝大内从事于金融行业的校友一般是做前线工作，如投资、企业融资、私人银行、风投等，他的人力资源经验相对地属于"另类"，比较独特。

"无论是本科毕业生、MBA 毕业生，还是高管应聘者，与我们同类型的国际机构最注重的是"Fit"。大部分求职者将重点放在硬实力和软实力上，前者是个别职位在技术能力上的要求，后者是沟通能力、协调能力、团队精神和领导能力等。同时，我们看重文化融入度，泛指融入公司文化的合群能力。另外，最容易被忽略的地方是领导力的灵活度（Leadership Agility）。举个例子：我们有一份企业融资主管级别的工作空缺，邀请了一位在国际投资管理公司工作多年的高管进行面试。假设硬实力和软实力两方面完全没有问题的话，那么，我们的主要关注点必定是这个人在过去工作经验的基础上，如何跨越两个岗位之间的缺口，同时，以新职位的现有资源为跳板，他或她打算如何加入新元素、新刺激。情况就如一家传统商业银行，如何在互联网金融的冲击下，利用自己的现有优势和平台，灵活地转型到线上线下双结合的新模式。公司要不断地创新转型，以迎合和带领客户需求。管理人员也一样，他们是领导公司的将军，在现今变幻的经济环境中，他们在格局观上、运营执行上和个人技能上的灵活度和跨领域思维变得异常重要。

"对于现今的年轻求职者和求学者，我认为，一方面他们很幸运，商学院申请也好，找工作也罢，信息随处可见，透明度极高，寻求任何协助几乎很容易找到；另一方面，资讯的准确度未必有保证，所以他们面对的挑战就是分辨是非和资讯真伪，例如找咨询师协助留学申请过程，他们的教育背景和工作资历如何，是否具备亲自出国留学经验，大家在相处交流时的感觉如何。在求职时，随便在领英网上找到不少行业人士，年轻学生应该主动一点，毛遂自荐地为自己寻找新机会。以上种种在我们的求学求职时代是很难实现的，现在年轻人手上掌握着丰富资源，需要学会如何适当地和有计划地利用。"

作者自言自语：金融管理专才自讨苦吃吗？

我常常要求申请人用"讲个人故事"的形式来书写申请论文，那么，我如何诉说自己的故事呢？

毕业在即，芝大为我们这班高管首创一门新科目，名为"领袖的资本"（Leadership Capital），期末考试是一份长达 15 页纸的个人论文。教授要求我们在论文中回顾和展望过去、现在和未来的自己，从而为领袖的资本这个概念写下个人化的定义和执行时间计划。读者们，你以为完成关于个人故事的申请论文，被名校录取后就一劳永逸吗？不好意思，更大的挑战在后头。个人而言，我倒不觉得这是什么大问题，书也写了两本，不过我完全理解，有些同学可能为了这份作业觉得尤其烦恼。

这两年中，在我面前，周边人常挂口边的几个问题是："为什么你选择修读第二个 MBA？为什么你不做金融行业？为什么你选择参与跟教育有关的工作？"老实说，我不热衷且不善于跟任何人交代自己的事情和决定，明白我的人从一句话一投足已经洞察一切，不明白的多解释也是对牛弹琴。从小到大，行为和用意被解读错误的情况常有，有些无伤大雅，有些却误会日深，最后讲什么也没用。我不相信星座运势，不过我却同意性格解构分析。我属于水瓶座，一个风象星座，风无定向，崇尚自由，我行我素，捉摸不定，人道主义，创新多变，友善倔强，重视隐私，天马行空，不按牌理出牌。认识我的朋友们，不管你们同意与否，那，就是我的真本性。

话虽如此，设身处地，换位思考，我绝对明白为何众人那么好奇，对我的情况和决定投以好奇的目光，所以，我决定将这本书作为平台，切切实实地记录我的个人故事，让关心我的各方好友看个明白。

为何修读第一个 MBA？一份承诺

要知道为何我选择修读第二个 MBA，必须了解为何我选择修读第一个 MBA。如果我跟你说，当时的选择主要是出于一份承诺，你信不信？

我的父母从未上过大学，更不是什么名门之后、商界翘楚或专业人士，他们没有能力和思维为我铺排一切，却对我这个独生女的期望相当高，这一点从我懂事开始已经感受到。父亲认为修读美国名校 MBA 是未来事业成就和财富的保证（当时是上世纪 80 年代，美国 MBA 毕业生在职场上确实炙手可热）。在 15 岁那年的暑假刚开始时，有一天晚饭后，父亲突然拿出一本关于美国商学院的参考书籍，然后满腔期望地跟我说："将来长大后，你一定要考进美国商学院，常春藤联盟的大学就最好了。"从他手中接过书本，印刷不算精美，内容只是一些硬性的学校资料和申请要求。不过，请勿忘记，那时还没有互联网，所以书本的资讯含金量挺高，绝对有收藏价值。准备升高中的我，对这三个英文字既好奇又疑惑。打开第一章，是一篇关于耶鲁大学的详细说明。就这样，那颗耶鲁种子就从那时起开始慢慢萌芽成长。

在传统中国家庭中长大的我，作为父母的唯一和堂表弟妹的榜样，我理解期望的重要性，明白自己的特殊地位。是承担使命还是满足旁人？当时对我来说，这并不重要，关键是那是一份承诺，承诺的意义就是不管多困难，必须尽力遵守和坚持到底。从那时开始，这份执着，坚定了往后十多年我对耶鲁 MBA 的追求信念。

那些年间，我耐心地为自己创造最理想的 MBA 申请人背景条件。当时香港式的"高考"有两个：一是中学五年级公开考试，二是中学七年级公开考试，主要是仿效英国的教育制度。在中五那年的公开考试，我获得优异成绩，在以精英制为中心的香港地区教育系统下，升读大学绝对不是问题。不过，后来由于家庭关系，还是到了加拿大继续升学。加拿大高中毕业时，捧着学术奖状和奖学金进入多伦多大学商学院念本科。每个学期都登上院长荣誉榜，忙着与 GPA 竞赛，朝着一级荣誉毕业头衔进发。但是，商学院不喜欢书呆子，那么，课外活动怎么办呢？哪些课外活动比较接近我的兴趣和条件呢？

现在回想，世事确实冥冥之中有关联。现在是两本中文书作者的我，其实一早已经与出版界扯上关系。当时大学内唯一一份中文学生报纸名为《足迹》，我在那里结识了一班到今天依然保持联系的好朋友，更成为报社的其中一名编辑，兼任市场推广，吸收课堂外领导团队的经验之外，更创下了报社有史以来最高广告收入的纪录。当时，我很清楚，这一切的成绩和经历将是未来 MBA 申请书上的有用素材。

同样，毕业后的工作安排是刻意经营的成果，有意识地选择具备国际名气的公司——德勤会计师事务所。随后，加入香港金融管理局当上专攻银行法和银行贷款业务监管的中央银行家，私营和公营机构的双重组合，完全符合耶鲁大学管理学院的背景和风格。另外，所谓"养兵千日，用在一时"，工作期间有意识地寻觅和挑选适合的推荐人，与他们建立和保持稳定且良好的关系。学历成绩以外，会计师和财务分析的专业资格就是锦上添花的额外头衔。

自己开始准备申请耶鲁时，世界上没有微博，没有微信，没有百度，没有

在线交流论坛，没有脸书，没有领英网，没有 Skype，没有 Whatsapp……20
世纪 90 年代中期才渐渐出现了学校的官方网站，不过，申请材料仍是沿用线
下书面邮寄形式，校友经验分享会和海外升学咨询讲座亦不普及。在哪里找
非官方资料，如何向校友取经，怎样准备入学面试，自我介绍的申请论文从
何入手……一连串今天理所当然、轻易解答的问题需要逐一自我应付。现在
回想，感觉有点像走进少林寺，闯关木人巷般，赤手空拳，一人独斗，跨过
层层难关，到达梦想彼岸。

我承认，每一步都是精心设计和执行，时间管理和安排上拿捏得天衣无
缝。1999 年夏天，在全职工作刚刚满 4 年时，我立刻备考 GMAT，两个月后
开始书写论文，赶及第一轮申请周期。在没有任何差池的情况下，2000 年 1
月中旬，成功地拿到耶鲁的首轮录取通知书。2000 年 7 月底离开香港，搬到
美国去。2002 年 5 月底，待我完成西班牙的毕业旅行后，回到美国参加毕业
礼，与同学道别。

自我去哪儿？照照镜子，看看自己

承诺、责任感、坚持，让我用了十多年时间拿下第一个 MBA。有人曾
说，满足对父母许下的承诺并无不妥，责任感是件好事，坚持信念是种美德。
只是，今天的我倒觉得这动机有误区，原因是：一门心思放在满足和符合别
人的期望上，却忘掉了自己，自己的理想、兴趣、热情、需要、限制、条件、
个性等。究竟我把自己收藏在哪儿？凭着一股冲劲加上天赋智慧和后天努力，
达成心愿，那是发自内心的声音，还是满足旁人认为你应该完成的愿望呢？
达成后，那份喜悦有几分真、几分假呢？

可能，有些功利主义者或是机会主义者认为，是不是自己的意愿有什么
关系？达到目的就好了。常言道，在追求爱情时，勉强没幸福。同样，在追

寻事业和学业梦想时，缺乏真心支撑的动力，做任何事情都不会长久的。

举个例子，我拥有两个专业资格，其一是专业会计师，但是在德勤会计师事务所开始工作后不久，我已经对审计和会计行业完全失去了兴趣，当不当首席财务官或财务总监与我何干，反正我不喜欢。那么，为何当初我选择这个学术方向？又是父母的要求和期望。一般父母不是自己做不到，就让儿女替代自己完成心愿吗？对某些从未接触过会计学的芝大同学来说，会计学的知识好像是外星语言似的，完全摸不着头脑，而我却轻易过关，全因我从小到大看着母亲一边打着算盘，一边处理一堆堆厚厚的会计账簿。从中学四年级起，我已经在中学正式上会计课。我不懂算盘口诀，但是对于会计学的逻辑和技术名词却容易上手。先天后天的能力能够让我驾驭这门学问，却不能刺激我的真正兴趣，最终我放弃了这项专业，转到金融行业去。

反过来看看爱情关系，在众人眼中条件完美无瑕的高大上男生独爱一女生，女生理应嫁给他，从此恩恩爱爱；可是，如果他不是她的那杯茶，那么，到最后，这段关系一定不会长久。

由"施与受"引发出新兴趣

请勿误会，我没有后悔入读耶鲁。在我的生命中，那是举足轻重的两年时期，隐藏的价值深而广。如果可以回到过去，我有可能再次选择耶鲁。只是，我希望当时有人指点我，启发我的思维，让我早一步透视自己的内心深处，找回自我。有了那份最根本的自我认识，在进入耶鲁后，我就能更有战略性地部署，更有针对性地集中精力于潜在目标上，少走一些弯路，提高效率，提高成功率，个人满足感、动力和信心更踏实、更深厚。当时，没有引导我的人在身边出现，没事儿……已经过去了。

从进入耶鲁起，在往后的日子里，我遇到不少同学、朋友、长辈、智者等，有心也好，无意也罢，他们的指导、提醒、启发对我的职业发展和人生导向给予不少启迪。从孤军作战到招兵买马，再到人多势众，我切身地感受到施予援手的难能可贵以及接受恩惠的深远影响。曾经，自我失踪了，我寻求和接受别人的协助；现在，找回了自我，在经验和能力的基础上，我给予协助及启迪他人。

"施与受"这个信念，解释了为何在耶鲁毕业后的日子里，在 MBA 申请上和职业规划上，我义务地为年轻后辈无条件地提供引导式的咨询意见，继而两年前开始参与留学教育咨询工作。对于很多 MBA 申请人而言，有机会升读顶尖商学院是改变一生的关键转折点，而我却能在这一大步上发挥直接的影响力，对学校、对个人、对自己不是件有实际意义的事情吗？

为什么选择常春藤大学中最年轻的商学院？

在谈论芝加哥大学之前，还有一个常见的疑问，即为什么选择耶鲁。当然不是纯粹因为父亲赠送的那本书才对耶鲁产生兴趣和感情。那时候，我老实地问了自己几个切身问题：

◆ 究竟上商学院与上大学有何区别？

◆ 进入商学院后，希望两年校园生活怎样过？

◆ 喜欢什么样的文化氛围和什么类型的同学？

◆ 喜欢住在大城市还是校园小镇？

◆ 喜欢小班教学还是大课堂大规模授课？

当时，我的心里话是：跟本科不同，上商学院主要是为了学习如何建立和发展人际关系，追求学问上的增进略为次要。为了达到此目的，互相比较、竞争味浓厚的文化当然不是我的理想情况，学校的文化氛围应该包含互助及融和的元素，才能让我建立起实在的同学关系，打好未来校友关系的基础。我认为，学生群体规模小是成就这种团队精神和密切社区关系文化的重要基石之一。另外，多样化的行业背景，除了典型的投资银行分析员或管理咨询人员之外，最理想是公私营机构并存，可以与拥有主流背景的同学互补长短，在互动上产生中和作用。地点方面，希望可以在一个与大城市接近、旺中带静的地方，一边享受恬静的校园生活，一边方便我这个城市人。最后，商学院与大学本身的关系如何，相对独立，还是关系密切？有多少商学院以外的选修课可供挑选？

由自我剖白延伸下去，我定下了几项对自己最有意义的挑选准则，包括小规模学生群体、旧式建筑校园环境、浓厚团队合作文化、地点接近大城市和多样化的学生行业背景，每一项的重要性和分量均等。然后，开始逐一分析每所学院的情况，看看是否符合自己的要求以及各自符合的程度。概括而言，"由内而外"的意义，就是先了解自己的需要，继而决定哪些因素的个人价值最大，最后从学校群中选拔最符合既定准则和条件的学校。

回到我的例子上：在分析研究的过程中，我发现哈佛、哥大和沃顿的学生群体规模最大，他们的文化（对我来说）属于高度进取型，学生群中有不少拥有投资银行/管理咨询等主流背景的人士；同时，我十分明白，自己的性格应该不太适合哈佛那种终日在课堂上辩论的学习方式，相对地，一篮子的教导方法（个案分析＋个人功课＋小组项目＋课堂讨论）比较切合我的学习和思维模式。排除以上三所学校，剩下的只有耶鲁、康奈尔和达特茅斯大学塔克商学院，三者均标榜小规模学生群体、密切社区关系网等卖点。不过，关于学校环境和位置，耶鲁拥有绝对优势。毕竟，她的所在地与纽约只有一个半小时火车车程之距。耶鲁大学管理学院与大学主体关系密切，MBA 学生可以选择参与其他学院的选修课（二年级时，我选择了在美国排名第一名的耶鲁法学院修读商业法律等科目）。再者，耶鲁在国际舞台上，特别是在大中华区乃至亚洲的名声首屈一指，对于打算学成后回到亚洲工作的我而言，她那种温文尔雅、博学多才、内敛而不失大体的形象，意义尤其深远。

在以上的数个段落中，我用自己的经历演绎了一套以决定因素为本的分析思维方式。当然，各有各的需要和期望，读者应该根据切合个人需要的思维模式来帮助自己做决定。

在申请耶鲁时，我又写了些什么？在论文上，我用了中国掌纹学原理做包装，把个人经历、工作功绩、团队领导体验和成长点滴，用"讲故事"的形式贯穿起来。部分内容节录如下：

How well do you know about your hands? In Eastern culture, it is believed that each component of our hands—the shape and structure of the palm, the length and build of the fingers, the strength and flexibility of the thumb, and the quality and formation of the lines in the palm—tells us a wealth of information about ourselves, such as family, relationships, character and career. Through an analogy of the lines of my palm, I would like to give you deeper insight into my experiences and my career goals to date.

The Life line is symbolic of my family, which is probably the most influential factor that has shaped who I am today. I have inherited an accounting sense and a quantitative mindset from my parents...

As the only child in a traditional Chinese family, I have a proven track record of academic success...

I decided to go to business school eleven years ago after reading a book that my father had given me; it was my first exposure to the MBA experience...

The Heart line represents work relationships...

The Head line is representative of my character, which is inborn rather than acquired. A 1-and-a-half-inch scar on my left arm has always reminded me of my strong character that helped me overcome the 1-year ordeal of undergoing medical treatment for my arm. As a four-year-old, I had never shed a tear during the trial, believing that crying over misfortune was not helpful. Even now, I know that an optimistic attitude should be held in the face of adversity...

The Fate line signifies my career. My career decisions to date illustrate one of my characteristics—whenever I identify a goal, I am determined to go for it despite the obstacles...

Just as the lines are unique to my hands, so are my experiences distinctive. My experiences have equipped me with the qualities—positive attitude, perseverance, open-mindedness, industry, strong character and initiative—to face future challenges at the academic, professional and personal levels. I am confident that ultimately, I will attain my goal.

好！讲完耶鲁，再讲芝加哥大学。

不要再说我是学位和证书收集家

有人曾揶揄说，我是学位和证书收集家。逻辑上，这说法有点偏差。如果我真的有志收集名校学位的话，我一定不会选择芝加哥大学，而是选择其他 7 所常春藤大学，集齐 8 张毕业证书，放在家中的风水位置，屏成一幅巨型的壁画，多宏伟！至于那些专业资格，曾从事会计或审计行业的读者们应该可以感同身受，考取会计专业资格是每一个主修会计的本科生必须在毕业后完成的使命，亦是会计业的行规。CFA 就更不用多说，在美国和中国香港不少从事资产管理的基金经理、投行研究部的分析师等均拥有这一资格，例如当年我在标准普尔的直属上司，她非常重视此头衔，除了自己是 CFA 外，在招聘时亦只邀请拥有 CFA 资格的应聘者面试。或许，在年少气盛时，我是一个以务实和目标为本的成功考生吧！每次出手，必定一击即中，从不手软。

我终究选择了芝加哥大学。那么，布斯商学院又有什么独特吸引力呢？

第一，由于美国学校在 MBA 教育范畴上经验深且广，我只选择美国商学院，所以，在亚洲区中拥有欧洲、加拿大或亚洲背景的商学院，全不在我的考虑之列。根据这个逻辑，在亚洲区供我挑选的只剩下芝加哥大学和西北大学两所美国学校（有些读者们可能不知道，西北大学商学院在香港提供高管 MBA 课程）。

第二，跟不少芝大同学一样，我喜欢"纯芝加哥"风格。四个（芝加哥、伦敦、香港和新加坡）全属于芝大的物业资产，教授专程从芝加哥直接飞到各地授课。文化氛围、教学方法、质量保证……纯粹是芝加哥大学出品。相反，对于"合并"形式的联合课程，意指两、三所背景、历史和知识底蕴不一的学校合办课程，我却不敢恭维。在金融市场中，不是常有一些并购交易吗？并购后两者的磨合期有长有短，融合度有高有低，后果影响难料。我只想安心地学习，不受文化差异和教学水平有别的潜在冲击。根据这个偏好，西北大学与香港科技大学的联合高管 MBA 课程自然被排除出考虑行列，最后只剩下芝加哥大学。那么，芝大是在别无选择下的选择吗？不，她拥有吸引我的地方。

第三，我是一个逻辑推理力极强的人，自然欣赏芝加哥大学的系统化逻辑分析思维。她的理念是：世界上的商业和社会问题层出不穷，不可能传授所有解决方法和公式，因此，拥有扎实的基本功相当重要。有了以数据分析为基础的分析框架和原始思路模式（我口中的基本功），面对日新月异的生意模式和商业议题时，便能因时制宜，想出灵活的应对方法。

第四，在第四章中，我曾经提及，在世界上众多 EMBA 课程中，不是每所商学院都颁发跟全日制一模一样的 MBA 学位。某些学校只颁发名为 Executive MBA/MBA for Executives 的学位。这对申请人意味着什么呢？一是课程内容的问题，后者在学分要求、分数等级制度及学科内容上不像前者（全日制 MBA）那么严谨和复杂；二是名声的问题，由于第一个原因，传统 MBA 学位的地位较高，名声较大，"识货"的雇主和专业人士是知道哪一个学位是真材实料，哪一个是比较轻松的；三是工作量的问题。由于第一个原因，前者的工作量不如后者那么轻松。

重点是，布斯商学院颁发的所有硕士学位（全日制、兼职制和 EMBA）只有一个，就是正统 MBA 学位，因此在学科内容、GPA 要求和工作量上是遵循统一标准的。

耶鲁与芝加哥大学的区别

我承认，这些原因包含主观成分。如果客观一点看待她们两所学校又如何？虽然她们的个别排名有距离，但是教学体验和学习效果远超出一个排名数字内含的意义。信不信由你，这两个美国 MBA 学位我一样地享受，不过，学习上的体会差别颇大。个人认为，两者的区别可以从 3 个角度来分析：

1. 两所大学的文化氛围和风格各异。

耶鲁大学以人文社会科学为主导，注重综合性、多方位思维发展，鼓励跨领域的知识交流以及跨学院的人际社交。所在地纽黑文市距离纽约市一个半小时火车车程，属于自成一角的大学城环境，小社区文化氛围相对浓厚，同学间的接触比较亲密。无论你是来自哪所学院，"耶鲁人"（Yalie）这个大身份相当突出，分布于世界各地的耶鲁大学校友会——耶鲁会（Yale Club）更是美国大学中最有规模的校友组织之一。

至于芝加哥大学，不少人一听校名，马上联想起诺贝尔经济学奖、物理学奖，当然，学术成就和求学专注度是她们的强项和标志。在朋友们眼中，我的学习和工作态度是 101%，不过，对于芝大的认真氛围，我实在甘拜下风。诚然，"求真"的学术气氛相当浓厚，教授们的扎实教学态度给我留下深刻印象。那是否有很多学霸、书呆子呢？这点我没有太多真实体会，在一般本科生、研究生和博士生中可能找到类似的人，不过，在商学院里，我倒不觉得学生们一味关心学术成绩，毕竟大家是 MBA 学生，一般来说比较务实，看重人际社交是学习经验中重要一环。

2. 商学院校风和学生背景存在分野。

耶鲁大学管理学院秉承大学的教学理念，课程侧重宏观国际视野、多方位综合思维和公私营融合管理模式。她与大学里的其他专业研究院一样，班别规模属于小型（与其他大学的同类型学院比较），亦是所有常春藤大学商学院中最年轻的一间，因此知名度、单独品牌效应和校友网络有待改善，商学院与大学本身的融入度比较明显，例如，商学院相当鼓励二年级 MBA 学生多选择其他学院的选修课；同样，在商学院中，我们亦不难发现双硕士（MBA加另一硕士学位）学位的学生，或者特别过来上选修课的硕士生和博士生。另外，商学院的文化和风气吸引了不少非传统背景的学生，如政府官员、军人、公益事业人士、中央银行家（我是第一个来自香港金融管理局的学生）、记者、美国国会议员办公室管理人员等。

布斯商学院建立于 19 世纪，是众多美国商学院中历史最悠久的学院之一，商学院知名度、品牌效应和校友网络自然相当强。由于经济系与商学院关系密切，加上芝加哥大学的诺贝尔奖明星效应，不少科目的内容以经济学应用为中心，部分科目比较理论化，但是，有一点必须注意，布斯商学院的全职课程是众多商学院中最有弹性的，所以学生们可以根据个人条件和需要自由配搭。关于学生背景，专业背景多元化、文化背景国际化等基本上是顶尖商学院的标准特色。除此以外，与耶鲁学生相比，芝大布斯学生的背景比较传统，不是说学校里没有投行、证券行、咨询公司、会计师或世界 500 强以外的学生，只是芝大学生的背景还是以商业背景为主导。

3. 全职和兼职课程是差异体验的根源。

MBA 的教学模式极度依赖同学间相互学习，所以同学们的职业方向、人生阅历、文化背景等直接影响个人的学习体验。例如，在课堂上进行个案分析辩论时，我感受到了耶鲁和芝大的分别：在芝大，多元化且经验丰富的高管同学在分析问题、分享观点时有实战经验作为佐证，深度广度并存；在耶鲁，我们是 20 多岁、聪明、血气方刚的年轻一代，富有创意，却稚气，实战经验有待磨炼，却没有影响我们的投入度和热情。

除此以外，学生社交活动又是另一个例子，芝大的是兼职课程，我们总不能以全职学生生活的标准来衡量。是的，耶鲁的学生组织活动相对比较精彩，因为我们全天候一同上学整整两年；而在每一学习周里，芝大的同学已经为了繁重的功课和紧密的课堂忙到不可开交，吃吃饭、喝喝酒已经十分难得，哪还有机会和时间组织什么学生会，举办各种课外活动呢？

有些潜在申请人工作了七八年，刚刚达到申请 EMBA 课程的要求，于是琢磨着应该选择全职两年期的 MBA 课程，或是兼职形式的 EMBA 课程。在这个议题上，考虑的因素当然不少，问题是在未来职业目标的基础上，究竟你希望认识什么样的同学，从什么人的身上学什么东西，过什么样的学校生活。如果你能够清晰地解答以上的问题，那么，你就知道应该选择全职还是兼职课程。

总的来说，与其问我究竟耶鲁和芝大两所学校有何区别，不如把焦点放在课程的本质上。虽然学位是一样的，但是它们毕竟是两个不同的课程，针对不同客户群，因此，各自赋予的价值和产生的体验有所区别。

看到这里，请不要问我比较喜欢哪所学校，这问题实在听得太多！我不是怕得罪哪一方，我才不管这些无聊想法。一个耶鲁人选择布斯商学院，证明学院拥有过人之处，是布斯商学院 EMBA 课程的一个活生生的宣传卖点，无须避重就轻。

说实话，两所学校各有风格，而我却同等地欣赏她们，可能跟我的多层面、多方位的个性有关，加上我的逻辑思维和原始好奇心，两所学校的个别特色正满足了我的欲望和求知欲。虽然有人曾说，我比较钟情于耶鲁。事实上，不是钟情与不钟情的问题，是时间顺序先后而已。由于我是 15 年前加入耶鲁大家庭的，认识的校友历年积累下来自然不少。另外，我是校友会的干事，参与招生工作以及校舍捐款活动，因此，跟耶鲁关系比较密切是合情合理的。对于芝大，随着年月增长，将来的关系自会越来越亲密。

为何我决定修读第二个 MBA 学位？突破求变的伙伴

在你的脑海里，应该还有一个疑问——为何我决定修读第二个 MBA 学位。在第二章中，我解释过价格与价值这两种概念。毕竟，一个 MBA 学位的价目牌吓死人，我还念了两个，傻的吗？我知道有些人真的觉得我是傻的。对于这道 MBA 二次方的数学题，我的剖析是：

在我的字典中，人生是由纵横交错的大道小巷而组成的，不是单程路和双程路这么简单，是多程路才对。从平坦草坪走到高低不平的泥地，除了景致不一样之外，所需的装备和资源也不同。现实中，别去了传统金融打工仔的生活，踏入了职业和人生的新阶段，正确来说，是开展第二事业。这不是暂时冲动，而是长期作战的恒心。不过，所需处理的考验和挑战，与以往效力于大企业时所面对的完全不同。同时，正如自序中所提及的，在创建新事业方向时，未必能（立刻）得到旁人认同，逃避不了怀疑，但又要坚持下去，于是，孤军作战是一种感觉，也是一个状态；如这状态维持太久的话，是一种不健康、低效益的现象，因此，必须合群才有生机。

短期课程如哈佛非学位高管课程有助于扩大知识面和结识新朋友，时间成本相对低，这个选择看起来不错，只是，建立和维持关系受短期课程的时间限制，预期成效可能受到影响。既然长期作战需要长期战友，应该全身投入一个包容求变的持续性生态系统中，成为群体的一部分，加强协同效益，寻找突破点，务求成功率最大化。在这个大前提下，商学院提供一切的硬实力和软实力的资源，培养我成长，协助我造梦，鞭策我进步，挑战我的安全感。

芝加哥大学的高管学位课程历时 22 个月，包括 200 多名来自世界 30 多个国家的高管人才、领袖翘楚、创业者和投资人，既然大家主动自愿参加，我们之间拥有一个重要共同点，就是抱着寻求突破之心：打工一族希望找一份职位更高、收入更丰厚的工作；创业的同学希望寻找创业机会、合伙人和投资人；投资人则追寻投资机会。总之，虽然动机有异，但是目标一致，大家聚在一起求变，相互分享灵感、提供协助、支持鼓励、孕育创作。交流机会越多，沟通质量越好，协同效应越见显著。我们的协作模式与天使投资人的孵化器情况不是非常类似吗？

容我从一个科学的角度去说明 MBA 二次方这个决定。每人都应该建立和经营自己的社交资本，这可不是在社交网站上的粉丝数量和朋友圈大小！曾经上了一门课叫"战略化商业领导力"（Strategic Business Leadership），教授 Ron Burt 是芝大社会学教授，在他的 200 多页的著作 *Brokerage & Closure — An Introduction to Social Capital* 中，他如何定义社交资本呢？如用图表显示的话，基本上跟蜘蛛网没两样。他把蜘蛛网中的多重关系量化，计算出每段关系的价值、每个关系网的价值、人与人和网与网之间的关联度、网中中间人的价值等。从前为了各种新颖的证券化债务项目构建了不少相当复杂的量化模型，但是，项目归项目，人情归人情，我倒不认为经营人际关系需要如此攻心计，计算得这么滴水不漏，确实有点走火入魔。

关键点是高效能、高价值的人脉关系网必须多元化和有战略性。我们不需要认识所有人，人际关系的质量和分布重于认识人数的多寡，只需要认识战略性的中间人便可，因为他们负责联系来自不同背景的人脉资源。多元化的价值在于扩大视野、吸收多方知识、刺激跨领域的创意思维以及增强领导力的灵活度，这对于创业者、企业高管、老板等来说极为重要。

第二事业——自讨苦吃吗？

话说回来，第二事业？什么意思？传媒朋友问过我无数次："你拥有很多年轻人的梦想工作，但是为什么放弃金融？"首先，我必须澄清，我从来没有说过永远不再做金融，与金融有关的工作很广泛，我可能不做债券投资，但做另类投资也说不定；又或者将来成立新公司，我的岗位是首席财务官，那不是跟金融和创业有关吗？第二，就算我真的从此不涉足金融行业，完全转行，那又如何？我绝对不是第一个这样做的人，更不会是最后一个。第三，从参与教育咨询工作开始，所谓的"苦"当然受过，但并不代表没有尝过"乐"，只要懂得苦中作乐就好了。

我以为，在第二事业这个议题上，当事人必须分清放手与放弃这两个概念。明白自己想要什么，不想要什么，为了获得一样东西，放下手上的另一样东西，懂得适当时候放手才有能力将来获得更多，这是一种释怀豁达的表现。比如说，你继续留恋前度男友，又怎能真正投入新恋情，领略新男友的"好"？放弃可能不是心甘情愿，可能不知道自己想要什么，因此未必换来新东西，更可能没有尽力尝试就选择离场。

我选择放手。

这个决定看似不容易。我作为全球最大规模的结构信贷投资人的亚太区代表，每月往返美国和亚太区各城市，坐的是头等舱，住的是五、六星级酒店豪华套房，出入开会用的是欧洲名车，光顾的是米其林餐馆和私人会所，喝的是高价的葡萄酒，娱乐的是投行赞助的网球大师赛、NBA 篮球赛、游艇派对等，其他出差费用自由报销。炫富吗？不是。留恋吗？不是。人，步行时是往前看，不是往后望，这是常理，也是选择。过去的事情，试过了，看完了，继续前进，在下一站做下一站该做的事情。

金融生涯带给我的不是少年得志的土豪生活，而是机会，让我学了很多高端技巧，见了不少世面，碰上了有趣的人物，领略了做人做事的道理，丰富了人生体验。

我的信贷资产证券化之路：特立独行，以退为进

现在内地金融界的一个热点话题不是"信贷资产证券化"吗？据 21 世纪网报道，"2006 年发行规模约为 118 亿元，2014 年已经达到 2 827 亿元，2015 年预计发行规模升至 4 000 亿元至 5 000 亿元左右。"那是爆炸性增长。这个名词以及它背后的一切，我并不陌生；事实上，接近 20 年前，我已经涉足干信贷资产证券化的供应链……

在上世纪 90 年代亚洲金融风暴期间，以中央银行家身份，我负责监管银行贷款业务的资产质量和授信情况，对于各种信贷产品（如住房抵押贷款、汽车贷款、消费信贷、信用卡贷款），调研和解构它们的运营流程、风险暴露等级、系统设计和银行法规等范畴。从信贷产品身上产生的可预测现金流是证券化项目的基础资产；现金流的质量直接影响证券化项目的回报和价格。在 2008 年爆发的美国信贷危机中，证券化项目被定性为最毒资产，一沉百踩，整个环球证券化市场崩溃了。原因之一是，部分证券化项目包含着风险等级属于次等甚至劣质的现金流资产。我依然相信金融证券化的技术，只是，在当时的市场环境和运作机制下，经济学上的激励制度未能有效地契合个人和社会利益。抱着贪婪之心的害群之马，加上掉以轻心的监管机构（包括评级机构）和一知半解的投资人，打垮了整条供应链。

在第七章中，我提及过一位名叫 Frank Fabozzi 的耶鲁客座教授，他被誉为债券和证券化市场的大师级专家和意见领袖。历年来，他编写和出版了无数关于债券、结构信用产品和贷款资产证券化的教材和书籍，从事这个行业的人士必然拜读过他的作品。在耶鲁上二年级的我，为了上他的课，特别用学分竞投一年只举办一次的"结构信用融资"选修课。香港金融管理局（金管局）的锻炼为我日后的证券化生涯奠定了扎实的基础；而这位老师却教导我明白和实践源自金管局时代的价值，震撼了我的金融思维发展，就如武侠小说中高人向小徒弟传授绝世武功一样打通了我的任督二脉，让我从此爱上了信用产品和证券化市场。

在同一章节中，我也讲述了在 9·11 恐怖袭击后如何找到毕业后的第一份工作。这份工作机会让我实践了理想，不过，在恐怖袭击的阴霾下，为了实现理想，我付出了代价：普华永道的机会是面向本科毕业生的，薪酬待遇是刚毕业本科生的标准，但我的资历却明显地超出基本要求。花了十万美元读完硕士后，谁会如我这么傻选择一份本科生的低级职位？当同学们拼命地挤进华尔街和香港投行做企业融资、合并收购和风投业务，或者去美国西岸做创投，尽快赚回投资在 MBA 教育上的资金时，我却选择在 MBA 毕业生的圈子里非常冷门的职业方向。没有人明白我的举动和选择，但是，这又有什么关系呢？为什么我不能选择与大部分人有别的方向？在自序中，我曾说过，创造者（在这种情况下，我在创造新职业方向）如艺术家一样，创新初期未必能（立刻）得到大众认同，逃避不了怀疑，又要坚持下去，于是，需要面对和战胜孤独，那是特立独行的代价。幸好，我是独生女，惯于一个人长大、生活和照顾自己，孤独的感觉从来不陌生。

纵然如此，我还是接受了这份工作，因为我对证券化产品以及相关行业产生了真正的热情，同时，我明白，在这个行业中，项目执行经验相当重要。

当时，我是白纸一张，从低做起打好基本功是积累实战筹码的根本。如果说，刚从耶鲁毕业的我表现了忍辱负重或卧薪尝胆的精神（听起来好像有点夸张），或许，我应该感谢曾当过军官的祖父，遗传了他的严谨、认真、守纪律、忍耐和强悍个性，着眼于宏观大局，暂时性的牺牲是靠近目标的基石。

低级金融模型分析师的生涯基本上是刻板的，但也是认真锻炼自己的好机会。美国一直是世界上最庞大的公募和私募信贷证券化市场，信用产品和项目的种类层出不穷。每天，如乐高积木建筑师（我的童年兴趣是乐高积木，参阅第六章）一样，我把形形色色的产品结构分解和重组，不知不觉间训练自己在创建金融产品和债务融资交易方面的扎实功夫。一年后，当香港应对"非典"威胁，经济环境陷入低潮时，身在美国华盛顿工作的我收到一位资深校友的电话，他任职于国际信用评级机构标准普尔纽约总部。他记得我从耶鲁一年级开始，已经坦言希望加入标准普尔工作。虽然一直找不到合适的机会，我却没有放弃，一直与他保持持续性的沟通。或许是"念念不忘，必有回响"，又或者是"精诚所至，金石为开"，标准普尔香港分公司突然有一个机会，急需有项目执行经验的分析员，却在香港很难找到有实战经验的人才。于是，我凭着多项大型交易的执行经验，加上在电话面试上有条理地解析不同信用产品的结构，给部门主管留下深刻且良好的印象。面试后不足一周，我顺利收到标准普尔信用评级的聘请书。

在国际卫生组织正式把中国香港特区从"非典"警示的黑名单上删除后，我马上从美国回到香港特区去，正式加盟成为亚洲区内信贷资产证券化和私募信用融资交易的分析师，入职九个月后晋升为首席分析师，被派往纽约总部和澳大利亚分公司实习和工作。到了后期，由于工作表现卓越，作为首名非董事级别的亚洲区职员获得上市母公司的股票期权。

从这个故事上，我找到几个亮点：一、虽然我的职业方向决定看起来很冷门，但是当初的牺牲是值得的，默默地积累项目执行经验是扭转劣势的本钱。二、人脉网络关系必须用心地通过长时间培养起来。三、做好装备自己、随时候命的准备。机会来临时就是积极表现自己的最佳时机。四、在经济跌到最低点和生活环境最恶劣的时候回到香港加入战场，看起来很冒险。不过，富贵险中求。

回想起来，标准普尔时期是很充实的时光，是一条陡峭的学习曲线，短短一两年的亚洲经历和见闻等于纽约总公司相同等级分析师的四五年资历。同一时间负责执行和评级数个性质和金融结构各异的私募和公募交易项目，工作量超级庞大，但内在推动力却超级强烈。每天工作 12 ~ 14 个小时，活跃于五个时差地域：早上是澳大利亚、日本/韩国以及中国/新加坡三大亚太时区，下午是伦敦市场，晚上是纽约市场。分布于不同城市的同事们常常问我："为什么好像无时无刻都能收到你的电邮和接到你的电话，你在香港不睡觉的吗？"连续 18 个月没有放过一天假，包括年假、周六、周日以及所有公众假期，直到亚洲区的总经理特别相约一对一面谈，心平气和地向我正式下达命令 —— 无论手上有什么项目，立刻把所有项目交予别的同事处理，并且必须放自己最少三天的假期（那时我已经积累了 20 多天的年假），其余的年假留待明年再放。于是，我无奈地飞到日本稍作休息，却依然不忘每天打电话与客户联系，确保他们的交易在我的假期期间顺利执行和完成。

在亚太区私募证券化市场中，标准普尔的市场份额是最大的，因此结构融资首席分析师的战略价值极其重要，市场地位也极为高调，让我有许多机会积累项目业绩和建立人脉关系（投行家、律师、交易员、基金管理人和信托执行人等）。穿梭于新加坡、中国大陆和中国台湾、韩国各地的金融机构做实地考察，走访不少机构和投资公司，为它们提供教育性的培训，出席大型市场会议作公开演讲，为金融行业杂志撰写市场和产品评论文章。一个在业内无人不知的分析员还有什么好处呢？那就是在我离开标准普尔时，不少客户以及标准普尔纽约和伦敦的高管直接接触亚洲区部门主管，对我表示赞赏和不舍，然后私底下提出加盟邀请，或是主动给我介绍更好的机会。就这样，离开标准普尔不久，我已经收到了五份来自不同机构，包括评级机构、投行、资产管理公司，和不同地点，包括纽约、洛杉矶和香港等的聘请书。最终，我选择了坐落于洛杉矶、全球最大结构信用资产管理人 TCW（Trust Company of the West）的资产管理职位。

看到这儿，你可能会问：“标准普尔的职位看来前景不错，为什么选择离开？”标准普尔是信用市场的少林寺，能够有机会接受训练，绝对是高增值的经验。但是分析员的工作是被动的，有项目出现才参与其中。熟悉金融行业运作的人应该明白，谁有钱，谁的话语权最大。而资产管理人掌控巨额资产，在整条证券化的供应链上，他们领导潮流，主动创建新颖产品和融资项目，影响力最大，市场地位最高（关于这一点，其实，背后投入资金的那些人，即资产管理人背后的投资人才是终极隐形决策人）。对我而言，证券化资产管理人的工作是最有意思和最“好玩”的。

依仗着以退为进的战略以及专心一意的热情，五年间，我从毕业时的低级金融模型分析员攀到亚洲区分析师席位，再跃升到亚太区主管，有幸向机构投资人杂志和晨星基金评级得奖经理 Jeffrey Gundlach（美国金融杂志 Barron's 称其为新债王）学艺。不认识他是谁？不认识他不奇怪，不认识 TCW 也不奇怪，因为虽然他常常上环球财经电视台 CNBC 发表市场评论，但 TCW 的国际公关功夫有待改善。目前，他是 Doubleline 创始人、首席执行官和首席投资官，资产管理规模达 630 亿美元。从前他是 TCW 首席投资官，管理一千多亿美元的债券和信贷证券化资产，其中包括大约 400 亿美元结构信用资产，这个数字让 TCW 成为全球最大结构信用资产管理人。当时排行第二的资产管理人，结构信用资产规模只是 TCW 所管理的规模的一半左右。从他身上学到的，不仅是投资方面的知识，更是他的处变不惊、悠然自得的信心。口才出众、分析力极强、有台风的他在演讲时往往让人有惊喜。他与我还有一段渊源，年轻时，他曾经负笈耶鲁大学，修读数学博士课程，只是后来为了 TCW 这份事业，放弃了博士学位论文。

我的另一名恩师是 Lou Lucido，现任 Doubleline 首席运营官，前任 TCW 资深董事总经理。他们两人的提拔和信任，让我在 34 岁时初试牛刀，掌管七亿美元证券化资产基金。

TCW 时期是我的人生中最有意思的转折点之一。除了与金融证券化市场中首屈一指的牛人共事、学习，让我融汇和跨越所有在耶鲁时期学会的金融和非金融类的知识、技巧和思维之外，更重要的是种下了我的创业种子。如创业一样，从构思到实践，从执行到经营，创建和执行一个金融交易的最大挑战不是技术性的问题，而是人事运营的问题。人事运营是什么意思？例如，在我负责的项目中，直接向首席投资官和董事局推销新基金理念以及获取他们的正式认可，整合和协调科技、法律、市场推广、调研、交易和资产管理团队等各方面的内部资源，带领分布于北美洲、欧洲和亚洲的合作伙伴（投行家、证券销售员、律师、信托管理人、评级机构等）各司其职，各尽所能。由此引申，商学院的培训之所以别于一般学位的研究院，正是前文提及过的多元化和战略性的人脉网。无论是创业，还是在大企业内打滚向上爬，拥有和利用对内和对外的社交资本是高端人才的差异价值之源。在求学时你学习如何建立和完善关系，在毕业后你学习如何持续性地维持和管理关系。

关于 TCW 的岗位，还有一段小插曲，也是跟人脉网络有关系：在耶鲁时代，我认识一位师妹，上二年级的我是她的导师（我是一年级 MBA 班的统计学助教），辅导她的统计学功课；同时，由于我在高盛的实习经验，在她申请高盛暑期实习时，给予她不少意见（后来她成功加入了高盛香港的私人财富管理部当实习生）。毕业后她一直留在美国，并且加入了 TCW，搬回香港工作的我继续与她保持紧密的联系。当她知道我离开了标准普尔后，直接问我是否有兴趣加入他们公司，拿了我的简历后，立马向她的大老板（也是我后来在 TCW 的上司之一）和我发了一封非常详细的电邮（并且附上我的简历），内容主要是向老板推荐我，并且列举了我的十项优点和才能，说服他一定要与我见面。十项优点和才能？我从来不知道我拥有十项优点和才能，更意料之外的是，原来在我辅导她的功课和暑期实习申请时，不知不觉间，我已经在她心中留下了非常正面的印象。后来与那位老板做了一个电话面试，通话后他送我商务机票和酒店到纽约分公司和洛杉矶总部与十多人进行一对一面试。记得在洛杉矶时，时差还没倒过来，但是与老板进行聚餐面试时，强行保持一贯的清醒和自然，谈笑风生。一对一面试结束后，马上就要去机场了，他让我去他的办公室。当时，他只说了几句："再次多谢你远道而来与我们见面。我们很喜欢你，故此，我现在正式邀请你到这里工作，职位是……，薪酬是……，希望你接受。过两天，我会给你发一封书面受聘信。"快人快语和利落的做事手法让我觉得有点愕然，但是，这，是我喜欢他的地方。

从这个故事上，我找到几个亮点：一、我们无须刻意算计与每一个人交往时的表现，相反，尽量不要算计，自然而行，因为看起来微不足道的相处和交往，可能奠定一个人对你的正面印象。二、在大企业工作，找到一个真心欣赏自己的老板是万中无一的幸福。同事不一定最适合自己的脾性，但是老板的支持是打工一族的必胜之道之一。三、俗话说"施惠勿念，受恩莫忘"，师妹所做的事情——一封发自内心的推荐赞扬电邮——很少人愿意实行，但是她做了。我永远不会忘记。四、人情固然难得，但是如果没有实力，机会摆在眼前也没用。有实力而坚持的人一定能够获取别人的赏识，只是时间早晚而已。

话说回来。对我而言，私募信用融资和证券化的吸引力是它的创意和无限变化。数年来，无论是投资管理、创建结构、产品设计、评级分析、执行推广、知识传授……什么样的角色都让我神魂颠倒，这份"迷恋"带领我参与过不少美国和亚洲的首创性结构融资和证券化交易项目，例如：

大韩航空首笔以机票收入应收账为基础的未来资产证券化（270 亿日元）

世界首笔以对冲交易策略为中心的担保企业债务凭证（7 亿美元）

中国台湾"中国信托商业银行"首笔跨境住房抵押贷款证券化（5 亿美元）

韩国渣打银行首笔跨境住房抵押贷款证券化（5 亿美元）

新加坡凯德集团首支跨境房地产信托基金（5 亿美元）

中国台湾日新银行首笔跨境汽车贷款证券化（5 亿美元）

中国香港首笔负资产住房抵押贷款证券化（2 亿港币）

美国银行信用卡应收账信托（90 亿美元）

虽然现在没有涉足证券化投资和发展业务，但是，我从来没有忘记一个愿望，一个从第一天在标准普尔工作时已经许下的心愿，就是终有一天，有机会构建和管理中国规模最大的证券化资产项目，直接推动中国发展一个美国以外最广、最深的一手和二手证券化债券和结构信用的公募和私募市场。

跌宕中蜕变而成的硬骨头

人们以为我的职业生涯一帆风顺，平步青云。但事实上，我是个跌跌宕宕中蜕变出来的硬骨头。一生中的第一跤发生在四岁时，我狠狠地摔伤过一次，导致左手臂关节骨骼碎裂。那时的我是医院常客，无数次进出医院和诊所做一大堆检查、手术和物理治疗。我不是伤残人士，但是，一道长度约一寸半的手术疤痕加上永远不能直伸的手臂，无时无刻不在提醒我一个道理 —— 最困难、最痛苦的时候，只有自己一个人去面对，周边人爱莫能助，所以必须培养个人解决问题的能力和坚韧力。如果四岁的我已经能够独自承受和跨过精神孤独与肉体痛苦，14 岁、24 岁、34 岁的我应该同样能做到！

1997 年亚洲金融危机爆发，宏观经济情况很差，失业率高企，香港房地产市场严重受挫，负资产现象出现。刚加入金管局的我，虽然没有受到裁员影响，但是面对波动不明朗的金融环境，银行监管工作压力显得非比寻常。2001/2002 年遇到科网泡沫爆破后遗症和 9·11 袭击事件，在第七章中我已经讲述过。2003 年出现"非典"，当中国香港特区仍然被列入世界卫生组织黑名单时，我接受新工作任命，与香港特区的经济一样，从低潮中站起来。2008 年的信贷危机发生，又一次黑天鹅事件，今次跟过往数次不同，以前，我站在一旁，任何影响算是轻伤；现在，我站在大地震的震中，能不受重伤吗？大老板让我继续留下工作，不过，我发现了自己的创业基因，决定离开美国回到亚洲去，找寻适当定位，作出全新尝试。环境逆转，适者生存，人与企业一样，需要转型才能继续向前。

在这章的开首，我提过两个名词 —— 内部创业（Intrapreneurship）和外部创业（Entrepreneurship）。创业是一种选择，一个行动，也是一种精神；无论身在什么处境（无论是打工，还是自由身），如果心与行一致地创新，这才是职业价值链的上升动力。对我而言，创造这个概念，或许是从小培养的。从小喜欢乐高积木，憧憬当个建筑师，现在有空时我依然把玩着手中积木，创作不同"建筑物"。我享受构建模型过程的乐趣，以及完成后的兴奋。

在现实生活中，同一道理，客户群从零开始一个一个建立起来……书籍从白纸一张一个一个文字堆砌而成……数十亿资产组合由一笔一笔信贷产品构思创建……就这样，童年玩意的启发加上后天的系统化培训引领职业方向的新进化，造就了后耶鲁时代的跨国信贷证券化的专业生涯，发挥了构建一项又一项新颖债务融资交易的创造力。

很多人以为我的创业经历始于 2012—2013 年间，事实上，在内部创业和外部创业的概念基础上，2006 年已经开始了。建立 TCW 的亚洲业务平台是一手一脚、从无到有创建起来的，技术、人力、财力和内外政治关系全是赤手空拳打下的江山。当然，我非常感谢招聘我的老板，他们可算是我的天使投资人，在我没有实际投资业绩前对我投入资源、给予信任和赋予自由度。那是一个在大机构体制内创建新兴业务的考验。金融危机发生后的数年间，我改变了工作环境，不再在大机构工作，故意选择新兴公司和平台，当过新兴公司的创始团队主要成员，又当过创始合伙人，到了 2012—2013 年间才正式自立门户，独自成立公司，从事教育咨询工作。

我选择投身跟创业有关的第二事业，不是因为希望当首富，或是什么杰出投资大佬。我希望人们认识我，不是因为我是某某名人的同班同学、某某大企业的董事总经理、某某名校的毕业生和校友，而是我做过的事情、我讲过的话语以及我对社会作出过的贡献。因为，我是我。

四次创业考验的综合体会

以上提及的新兴公司，创始人和合伙人没有继续创业，选择重回大企业工作，重新当上大银行家。顾全所牵涉的一群人的隐私问题，我不打算在此详述这两段时期（创始员工期和创始合伙期）的细节。但是，从不同性质的创业体验上，我确实有些体会和心得，愿意跟读者们坦诚分享。

◆ 很多时候，好朋友在生意成立时喜喜洋洋，结束时却变成陌路人，哪怕你们是生死之交。为了保护大家的友谊，降低将来互相指责和辱骂的风险，合伙前白纸黑字交代清楚一切，包括金钱、职责和角色分配的问题。先小人，后君子，不是因为自己是小人，而是建立适当机制，让大家集中精神做好本分。

◆ 选择合伙人时，选择真心愿意在高风险、低工资的基础上从头做起、放下身段豁出去的人。无论顺境逆境，他们与你同行到底。选择能跟你唱反调，不会一味支持你而不愿意善意地指出你的错误的人。意见分歧是难免的，大家一致地采用理智思维去解开死结就好了。当然，这个人绝对不能欺骗和伤害你。

◆ 作为创始人，你必须：

- 拥有务实的激情 —— 相信自己的产品和服务，但是，与产品谈恋爱的感觉存在不理性的误区，所以，做事要务实，保持清醒和距离。

- 温柔地坚持 —— 拥有坚定的信心和信念，保持个人竞争力，但是，对员工要温柔，体会他们的感受，培养同理心。

- 保守地乐观 —— 新兴公司一定面对五花八门的问题，出现问题是常态，没有问题才奇怪。因此，寓工作于娱乐，平衡乐观心理与生理健康。

- 明白纸上谈兵不如亲身实践 —— 梦想是美好的，现实是残酷的。成功是梦想与现实的结合。一个一个客户建立起来，每一个做到最好。

- 当个称职的通才比做个专才重要 —— 创业者需要拥有多元化和跨领域的技能、思维和人脉网。

- 接纳和忍受反对声音 —— 由于创业者尝试做一些别人未曾做过的事情，因此误解和反对是常见的。只要自己有立场，务实地实践，就有机会赢得反对者的认同。

自己经历了很多，没有好与不好之分，只是一层一层的增值学习经验而已。对于现今的后辈们，在学业和职业发展上，我有任何建议吗？经过多年的细心观察和实践经验，环顾身边认识的 MBA 同学、毕业生、学生、申请人和校友，以及认识多年的商界人士，我认为，无论是求学、求职还是创业，以下的特质是必需的：

◆ 自觉性相当强，对事业的追求和人生的要求有清晰的方向感，更重要的是清楚自己的不足之处，然后作出实质性的补救及改善。说白了，就是知道自己想要什么，不想要什么；为了想要的，知道应该做什么，可以做什么。

◆ 动力和思路是自主性、自发性和独立性的，不受外来压力和羊群效应所操控或影响。意志强，信心强。

◆ 拥有破釜沉舟的作战心态，不会因为拒绝或失败而轻言放弃，继续一股劲儿走下去，越战越勇。

为了不断提醒自己，我喜欢看网球比赛。除了因为我是网球迷外（过去四年中，我一直坚持每周与教练做最少一小时的高强度练习），网球比赛确实十分具有启发性。在大满贯网球赛中，排名前列的球员与排名略低的球员在初赛或复赛时对打，前者顺利晋级并非必然，因为与后者的技术水平不一定差异很大，后者在头一两盘中更可能表现占优，但是到了比赛的后期，当后者开始感到力不从心的时候，就是前者扭转形势的时机，最终前者凭着技术和耐力胜出。试想象，如果前者受到落后结果影响而感到气馁的话，他/她就不会有机会发挥自己应有的实力，而沦为输家。每次看到世界级网球员凭着积极而认真的态度，反败为胜，便再次提醒自己，意志和心态的威力，不可小觑。

商界老手：你从他们身上看到未来了吗？

此部分节录自我的第一本作品，集合了 14 位具备不同职业经验和本科背景，毕业于不同年份的 MBA 毕业生，透过真实案例和现身说法，独家分享他们在职业路途上的心路历程、心得和观察结果。读者们可吸取拥有丰富经验的成功人士的实战智慧，找到适合自己的方法和方向。

现实个案 1

LS（UCLA）：建立人际关系是 MBA 首要游戏规则

Pre-MBA:

Finance major, San Diego State University

Post-MBA:

Goldman Sachs, Bear Stearns, Hong Kong Mortgage Corporation and Pan Asian Mortgage Co.

认识 LS 已经超过十年了，在我眼里，他的人际交往能力相当出众，我所指的并不是那种淡而无味的闲聊，而是有思想、有系统的沟通。这么出神入化的艺术是经年累月悉心锻炼的成果。打从进入商学院开始，LS 就刻意训练这方面的表达能力和洞察力，他形容："Networking is the name of the game." 即是说，建立人际关系网是 MBA 首要游戏规则。

当时，普通的金融学士俯拾皆是，但是 MBA 学位不算普遍，用市场学的术语，MBA 学位提供了差异化价值。所以，喜欢加州天气的 LS 选择了 UCLA：一所在金融专业范畴上排名高、拥有不少知名金融学教授，如 Tom Copeland（企业融资专家）的商学院。

关于如何训练自己在人际交往上的出色技能，他分享了一个内涵深厚的经历：他希望进入高盛证券工作，但是，高盛从不在 UCLA 进行校内招聘活动，于是他厚着脸皮直接跟洛杉矶分公司的职员联系。他早晨四点就在公司接待处等他们，待他们完成内部电话会议后，已经是五点左右，那些银行家们问他："你为什么打算加入高盛？"然后，他自费飞往纽约跟总部职员面谈，这次面试的结果怎样？四个字 —— 差强人意。往后的两个月，LS 痛定思痛，自我反省，然后再接再厉，重新装备，说服他们给自己第二次机会。这次，他的表现让所有人刮目相看。那时，LS 是 UCLA MBA 班中唯一一个受聘于高盛的学生。

很明显，这个故事的经验是：成功取决于决心。

曾经代表高盛选拔和面试过不少 MBA 毕业生，对于那些盘算着应否升读 MBA 的申请人，他有什么忠告呢？

"现今时代，MBA 学位不再是罕有产物，不过，在一般雇主眼中，那种差异化价值依然存在：学校与学校之间；海外学位与本地学位之间。如果有人问我是否需要升读 MBA，我会反问他们，你为何需要一个 MBA 学位？你的事业目标是什么？为何你认为这个学位可以帮助你达成事业梦想？"

现实个案 2

LL（UC Haas）：从中国香港上环海味街到美国加州硅谷

Pre-MBA:

Cathay Pacific

Post-MBA:

Tencent

LL 的父亲是一位从事海味买卖的商人。关于做生意，他"幼承庭训"，对创业充满憧憬，一直希望有一天自己可以创业。不过，从香港大学毕业后，LL 没有立刻实现梦想，却加入了国泰航空做管理实习生，目的是在创业前先接受跨国公司的正统而全面的管理训练。在国泰的六年中，他曾在中国和孟加拉国担任了五个不同的管理级职位，对地区性航空业相当了解。

那么，LL 对哪个行业产生了真正的创业兴趣呢？这份兴趣跟他选择 Haas 又有什么关系呢？

"在孟加拉国驻守时，我亲眼目睹及体会了工业化及制造业对当地环境和居民生活造成的不良影响，于是渐渐地对持续性洁净能源开发和应用产生兴趣。当时我在想，如果有一天可以参与其中，这不仅是商机，更是为社会创造意义长远的价值。"

从此，LL 开始研究个中情况，发觉加州硅谷是此类行业的温床。再者，LL 曾在加州大学 Davis 分校做了一年交换生，对加州大学的情况和环境比较熟悉。UC Berkeley Haas 在创业方面的配套设施、课程内容和培训比东岸的商学院更完善，学生可以选择 Clean Technology 作为主修科目，所以他选择了 Haas。虽然 Haas 没有每年录取最少一个中国香港学生的惯例，但实际上，LL 凭着真材实料，成为 2013 年新生班的唯一一位中国香港代表。

LL 自己一手包办所有申请文件。如所有申请人一样，他与时间竞赛，在最短时间内把每一份申请论文及其他文件做到最好。全职工作的他却发现低估了准备一套完整而满意的申请书所需的时间、精力和心血；看来简单的工序，如学校资料收集，已经花了很多工夫，网上资料泛滥，需要学会有效地过滤资讯。现在回想，LL 希望在时间管理上更完善，有更多时间去准备和优化整个过程的每一部分 —— 包括模拟面试训练、论文写作等。

在"美国本土申请人 vs. 海外申请人"录取率的问题上，亚洲人，包括中国人，相对地处于弱势，其中重要原因是中国申请人未能突出真实的一面，只顾一味"包装"误以为适合商学院的面孔。LL 如何在申请书上突出自己呢？

"首先，对创业的热爱和对洁净能源领域的真实兴趣，这两点跟 Haas 的强项绝对吻合；另外，加强表现国际化企业管理的经验，务求突出个人特点和长处 。"

刚刚完成第一年课程，感觉如何呢？

"一般人认为，由航空业转向洁净能源是不能想象的目标，但事实上，在第一年的中段，我已经有机会代表一家由我们大学的科学研究员所开办的能源科技公司，跟律师和创业投资人商讨合作事宜。去年暑假，我更有幸加入美国电讯公司 Verizon，参与新能源和数据中心能源效益方面的项目。"

最后，LL 认为，MBA 训练对有志创业者及其计划是否产生正面作用，视乎个人专长、过往经验及未来的创业目标。他的航空业经验与洁净能源中间存在一段距离，Haas 的课程、配套设施、周边商业环境等，正是帮助他拉近距离的最理想工具，因为：

(1) 旧金山湾区作为创业者的温床，从大学科研、风险投资到商业文化均有良好的配套设施。

(2) UC Berkeley 是全球五大诺贝尔奖得奖学校之一；其中，物理、化学和医疗科学占大多数。Haas 商学院提供了多个平台，将 MBA 学生与发明家结合起来，大大增加创业的机会。

(3) UC Berkeley 和 Haas 商学院的校友遍布各个创意企业，从 Google 主席、Facebook 首席资讯官，到多家新能源公司创办人，为 MBA 学生带来在创业路上必需的人脉网络。

现实个案 3

EL（Oregon）：CPA 需要 MBA 吗？

Pre-MBA:

Accounting major, the University of Manitoba

Post-MBA:

Arthur Andersen and RSM Nelson Wheeler

当了 25 年会计师的 EL 绝对有资格去回应这个争论不休的常见问题 ——

专业会计师需要 MBA 学位吗？他又是怎样为自己做出决定的呢？

当会计师是 EL 一直以来的职业目标，而大学毕业后立即进入商学院是优化会计师梦想的工具。EL 当时的想法是：作为技术型专家，会计师面对的客户是各行业的 CEO／CFO，在财务、会计和税务等方面提供咨询意见。他认为，MBA 的全才课程帮助他明白企业决策人的思维方向和做事方式，训练他利用多角度的视野去分析和解决不同企业客户的疑难杂症。于是，在 1988 年回香港加入六大会计师事务所时，他已经完成了MBA 课程及考取 CPA 资格。

今时今日，EL 负责大中华区审计事务发展及公司整体的市场推广工作，当年在商学院选择主修市场学的决定，证明是明智的，所学终于可以大派用场。不过，回想起来，商学院的学习过程并不容易，他解释说：

"需要适应和改进的压力来自不同方面，例如，我是会计本科生，学习市场学是由零开始；同时，我是班中仅有的两个没有工作经验的学生之一，参与小组讨论时，与那些拥有丰富工作经验的同学在交流上比较困难。另外，商学院那种'集思广益'的互相学习模式跟大学时单向学习（教授对学生）的情况完全不同，学习如何适应都是学习过程的一部分。"

对于"会计师是否需要 MBA 学位"这个问题，透过多年观察以及自己的经验，EL 觉得会计师资格与 MBA 学位没有抵触，不是两者择其一。但是，究竟一个拥有专业资格的会计师，值不值得花时间和金钱去追求一个所谓的 MBA 梦想，完全在乎他/她对个人事业的要求和追求。如果，他们打算在现在的领域上做得更"专一"、更"深入"，作为专才的他们没有考取 MBA 学位的必要；但是，如果工作数年后打算转行，又或者资深的中高层人员希望扩大人脉网及视野，那么，MBA / EMBA 学位应该可以帮助他们达成目的。

现实个案 4

CW（Wharton）：全才 + 专才的混合体

Pre-MBA:

Economics major, Cornell University

Post-MBA:

Standard & Poor's and Morningstar Credit Ratings

根据 Wharton MBA 的官方网站，2012 年入学新生（即 2014 年毕业生）的工作经验中位数为五年，拥有三年或以下工作经验的学生占 **19%**。但在 **30** 多年前，Wharton School 仅可以容纳最多 **15%** 没有工作经验的大学毕业生，CW 就是其中一人。

在 20 世纪 80 年代初，主修经济学的 CW 毕业于八大常春藤名校之一的 Cornell University，当时美国的经济和就业市场不理想，所以他决定继续留在象牙塔，成功地考取了四所商学院 —— Columbia、Cornell、Chicago 和 Wharton，他最终选择了被誉为金融人才摇篮的 Wharton School。有什么成功要素呢？

"时代不同，当时 MBA 学位的吸引力不及今天，所以相对地竞争不算激烈，一切都是那么简单，只看学术成绩及论文，没有面试的要求。我的校内成绩一向优良，GMAT 分数亦不俗，再加上暑期工经验的优势（大多数刚毕业的申请人缺乏任何工作经验），以上种种应该是让我脱颖而出的因素吧！"

进入 Wharton 后，CW 终于明白拥有全职工作经验的重要性。没有工作经验的他，跟有经验的同学出现沟通上的鸿沟，限制了他的社交圈子，只能跟背景相似的新毕业生交流。同时，在找暑期工的过程中，有经验的同学往往在各大金融机构的校内招聘活动中占尽优势，最终，CW 在暑假开始前的数周内才找到一份中小型银行的工作。"如果我可以重新选择，我一定在工作数年后再申请 MBA 学位。" CW 坦白说。

学习生活的另一体会是 "成绩并不是一切"。从小到大，CW 一向是优异生。进入 Wharton 后，他发觉商学院的学习模式跟大学的一贯作风完全不同，上课留心、做好功课和勤奋复习等一切在大中小学时的例行动作，只不过是学习过程中的一环，上学拿高分已不再是最大重点，面试时招聘公司亦不太着眼于成绩分数。怎样可以让自己的学习效果最大化呢？CW 解释道：

"需要融入学校的文化氛围，多参与、多尝试、多体验，抱着开放的态度才能真正发展多元化的领导才能。"

进入 Wharton 时，CW 没有一丁点金融界的全职工作经验；离开 Wharton 后，在北美洲和亚洲两个地区，CW 积累了一共 30 年的金融市场经验。其中的 24 年，他在标准普尔信用评级的结构性信贷产品评级部内担任不同岗位。在加入的初期，结构性信贷产品部以及整个市场本身均处于起步阶段。结构性信贷是一种复杂的金融产品，需要极强的逻辑思维和分析能力才能作出有见地的分析。渐渐地，CW 由 "一窍不通" 演变成 "了如指掌"，成为行内专家。在 1998 年时，他更被派往亚太区，担任结构性信贷产品的亚太区主管，负责开拓地区性市场及建立分析团队等领导工作。

被问及 MBA 学位的价值时，全才与专才集于一身的 CW 分享了他的看法：

"当年，Wharton 院长在开学演讲中有以下的几句话：98% of what we teach you here will become obsolete in 10 years. You are not here to learn factual textbook knowledge; rather, the problem-solving methodologies, the soft skills, the thought processes etc., basically, how to learn and think. 作为机构决策人，我们需要具备'全才'的宏观视野及思维，同时，在事业不断演化的过程中，我们需要与不同'专才'合作，从中学习新知识，成为多样化的专才。

"另外，需要适应逆境顺境的变化，以正面的心态去看待和利用转变，而不是被它牵着鼻子走。MBA 的两年培训正是让我们学会一些经久不衰的软技能和思维模式。但在事业发展初期，这些技能未必大派用场，因为 MBA 毕业生（特别是名校生）找到毕业后的第一份工作并不难。不过，对于长线事业发展而言，一个 MBA 毕业生，哪怕是排名最高商学院的毕业生，最终究竟可以走得多高、多远，如何有效地运用这些不可或缺的生存技能，是关键因素。因此，我觉得 MBA 的价值不应该纯粹以毕业前后数年的收入变化及现在付出的成本，为主要衡量依据，大家的眼光应该宽广和长远一点才是。"

现实个案 5

LL（Cornell）：乱世中的悠然自得

Pre-MBA:

Quantitative Finance, Barclays Global Investors

Post-MBA:

J. P. Morgan

如我一样，LL 毕业于"乱世"。在求职的层面上，2003 年毕业生不比 2002 年毕业生好过。前者于 2001 年入学，开学后不久 9·11 事件便发生了，不少大机构的暑期工和全职工作的招聘活动立即受到影响。商学院的任务之一是"职业介绍所",但是如果没有职业机会,你打算怎样面对?LL 的态度呢,他采取了"积极不干预"政策,积极地享受校园生活,对求职一事不予强求。

从加州大学毕业时,LL 已经决定在积累数年工作经验后,重回校园升读MBA 学位。他与我同一时期进入六大会计师事务所之一的德勤会计师事务所,开始人生的第一份全职工作,后来他转职到香港交易所上市科去。在入学前两年左右,他开始筹备申请商学院,积极为参加 GMAT 公开考试做准备。究竟他是如何筛选学校的呢?

"工作了五六年后,我希望好好地利用这两年时间休养生息,享受校园生活,所以我选择那些远离大城市、充满古老校园气息的大学。另一条件是小班教学,每一届的学生大约 200～300 人左右,同时,拥有常春藤大学背景。芸芸美国商学院中,只有 Cornell、Yale 和 Dartmouth 符合我的要求,而Cornell 是首个录取我的商学院,所以我决定到 Cornell 去。"

迎新周过了不久,9·11 事件随之发生,在低沉的校园气氛中,LL 并非不担心就业前景,但是既然已经考进来,专心读书才是上策。每天在商学院大楼上完课后,LL 的热门出没地点是大学内的 Olin 图书馆。除了沉溺于书海中,他也是 Asia Business Association 的 Co-President,举办了 Asia Field Trip;另外,他参加了交换生计划,去上海的 CEIBS 学习见识了一番;又发觉自己对 Econometrics 产生了兴趣,便到经济学系跟资优本科生一起上课,认识了商学院以外的朋友。总而言之,专心一意地做个不折不扣的硕士生。

究竟暑期工和毕业后的第一份工作两个难题怎样解决呢?

"抱着'不断尝试,不怕失败'的态度。当时美国就业市场低迷,虽然我是美国公民，但是基本上没有任何优势，于是我放眼于香港市场，在Bloomberg 上找出所有在投资银行里从事定量研究（Quantitative research）分析员的通讯资料，然后逐一跟他们联络。2002 年的夏天，我终于到香港去，加入 Nomura，当上了股票定量研究（Equity quantitative research）分析员助理。"

后来，2003 年毕业后的半年内（"非典"过后），他十分积极地跟校友、其他 MBA 毕业生、投行人士、猎头等打交道，了解行情之余，增加自己的曝光率。LL 的努力没有白费，半年内在 J. P. Morgan 找到了新工作，到了今天，已经有资格拿到十年服务金牌了！

回顾得失，十年中经历了不少变数和危机，但 LL 对升读商学院的决定没有后悔，因为在常春藤大学的人生经验，带来的不是虚无缥缈的优越感，而是那份处变不惊的坚持。MBA 的回报是场马拉松比赛，看谁能坚持到底，完成比赛，他／她才是真正的赢家。

现实个案 6

GO（Chicago）：*适者生存的佼佼者*

Pre-MBA:

Structured Finance at Fitch Ratings

Post-MBA:

MSCI

GO 曾是我的竞争对手。

当年我们分别在评级机构工作，服务范畴是结构性信贷融资产品，我的雇主标准普尔拥有市场上最大份额，相对地，他的雇主惠誉评级的份额比较小。因此，作为惠誉的资深分析员，他非常卖力地跟每个客户打交道，希望提升公司在亚洲市场的形象及营业份额。他的投入和冲劲给我留下深刻和良好的印象。

GO 在新加坡完成会计学学位及军训后，考进了 Columbia University。统计学硕士毕业的那一年（2002 年）正值美国经济放缓，于是他回到新加坡去，从事结构性信贷融资工作，一直到 2007 年才前往 Chicago Booth 升读MBA。已经拥有一个常春藤大学的硕士学位，MBA 学位对他有什么意义呢？

"两个学位没有抵触，基本上相辅相成；统计学硕士课程有助于训练我的数据分析思维，MBA 课程则注重全面发展，我需要 MBA 学位去拉动我未来的事业发展。"

跟众多从事债券和结构性融资的财经人士一样，GO 的强项是数学。可以说，Chicago Booth 是他最完美的选择，因为芝加哥大学在经济学范畴上占优势。作为一所商学院，Chicago Booth 以数据逻辑分析见称，同时，它的课程设计是众多名校中最富弹性的，可以自由配搭学科。所以，GO 选择各种比较高深的金融及经济类学科，以满足自己的兴趣和需要。

GO 对事业和学业的追求和考量是有计划的，不过，时势却不能预先掌握。在 Columbia 毕业时是 9·11 事件一周年，在 Chicago Booth 毕业时是雷曼兄弟破产一周年，看起来是很有趣的巧合，实际上，面对的压力却不足为外人道。

"非常时期用非常手段"这句话套用在我们这些"乱世儿女"身上最适合不过。GO 决定将焦点放在两方面——上课和求职，一般性的学生活动尽量减少。有些同学选择创业，他呢？他依然留在金融行业，希望在纽约工作，于是全力积极参加校内和校外的各种联谊活动，与 Chicago Booth 和 Columbia 校友保持紧密联络。经过持续性的跟进、交流、面谈等，GO 的耐性与坚持最终得到正面回应。现在的他已经达成愿望，在纽约工作，学以致用，参与 MSCI 在风险管理产品 RiskMetrics 方面的工作。

由于经济形势的不确定性，有些潜在申请人对落实申请海外 MBA 依然存有质疑。GO 认为，如果升读 MBA 的动机不太清晰的话，就先不要行动。但是在下定决心后，必须有心理准备，完成两年课程后，人生和事业未必立即出现明显的进步，这是因为未来的日子存在不少变数。不过，有一点可以肯定的，就是 MBA 训练对个人发展大有裨益，无论外围市场的走势如何，这种体验绝对是有价值的。

现实个案 7

KL（HBS）：挑战自我的双硕士

Pre-MBA:

Family business

Post-MBA:

Family business

20 年前，我开始了人生的第一份全职工作 —— 德勤会计师事务所初级审计师。跟我一起入职及培训的大学毕业生约有 20 多人。培训期间，坐在我身旁的是一位性格开朗、直率坦白的女孩，名叫 JL。由于她那份坦诚热忱，跟她上课、实地考察是一件舒服称心的事情。KL 是她当时的男朋友（现任丈夫），从她的口中得知 KL 的背景，用今天的语言，他是"富二代"。不过，跟现今某些"富二代"不同的是，他少了那份养尊处优的高傲，多了一份自我优化的冲劲。

从小到大，KL 的学术成绩一直名列前茅，数学的天分特别高。他在兴趣的驱使下，成功考进 University of Pennsylvania（UPenn）的 Management & Technology Program，一个结合 Wharton School 及工程学院两大范畴的双学位课程，每年只收 50 名左右学生。另外，由于家人的期望和鼓励，KL 做足一切考进医学院的准备，包括完成所有必修的医学院预备课程。就这样，大学时代的 KL，周旋于生物工程、金融和医学三大领域。离开 UPenn 后，KL 立刻前往 Stanford University 修读一个工程学硕士学位。

对 KL 来说，上学读书从来不是难事，那么工作呢？

"从小看到父亲如何运筹帷幄，打理一间上市企业，潜移默化地培养了'做生意'的兴趣。所以从 Stanford 回香港后，顺理成章地加入父亲的公司工作。那是一家稳健、'上轨道'的公司，父亲是终极决策人，经营模式相当传统，再加上当时的我入世未深，商业方面的知识有限，在公司内未能作出什么实质建树。作为生意人，我是那种亲力亲为、由零开始去建立新产品、发展新概念的创业家，所以我觉得必须先加强自己的实力才能有所作为。"

于是，凭着两年的工作经验、卓越的学术成绩及丰富的课外活动经历，KL 考进了 HBS。为什么不选择母校如 Wharton 或 Stanford？KL 坦白说：

"在 UPenn 及 Stanford 时，我已经亲自体验过它们商学院的教学方式，一般以讲课为主，这跟念学士时的一般课堂没有太大区别。对于选择商学院，我的大前提是学习新知识、接受新挑战和训练新技能。HBS 独特的个案分析学习模式正是我的教育背景中缺乏的一种重要元素。换句话说，选择 HBS 是自我挑战及自我提升的主要工具。"

说起 HBS 的一点一滴，KL 尤其兴奋。众所周知，HBS 的强项是领袖培训，被问及 HBS 是怎样独特地训练他们，KL 耐心地解释道：

"每一科目的评分，课堂上的参与度占 50% 或以上，即是说，每人的成绩最大程度上取决于是否能够就自己的独立意见在课堂上勇敢地表达、交流与抗辩。

"基本上，每人必须各自预先做足功课，每次上课前与特定的小组进行讨论，每位小组成员轮流担当主席角色，带领队员讨论，透彻分析每个个案，最后在真正的课堂上讨论、辩论。教授只担当主持人的角色，让讨论过程有条理地进行。通过这个'周而复始'的过程，我们培养了纪律和责任感，以及公众演讲的能力。同时，如果没有经过详细分析而'口出狂言'，即是'为发言而发言'，你的论据一定站不住脚。被他人推翻的感受当然不好过，但这也是学习过程的一部分：明白自己的缺失，不要放弃，下次再接再厉。总的来说，在短时间内，HBS 让我们在一个接近现实商业社会'弱肉强食'的环境下、持续地学会各种领袖必备的技能、心态。

"这种训练正是我当初选择 HBS 的原因和期望。我不算是一个极度外向或内向的人，而这种训练有效地建立我的信心，激发我的斗志，让我发挥及发展作为生意人必备的条件。不过，对于那些极度内向的同学而言，他们虽然有能力考进哈佛，但每天被迫发言，他们很痛苦。事实上，有少数人不能在学校内生存下来，成绩不能达标，没有完成学业就离开了。所以，HBS 并非适合每个人。"

如一般 MBA 学生一样，KL 可以选择加入投资银行或管理咨询行业，但由于创业才是真正的兴趣所在，适逢父亲刚刚退出了旧公司，香港的制造业市场式微，于是他决定自己建立新公司，优化旧有的模式，改变公司的方向，发展可持续性的策略。哈佛的训练对创业起了什么作用吗？

"知识上的增进是有用的，但最可贵的是我的好同学。人脉对生意人来说是最宝贵的资产，作为哈佛校友，我的人脉关系绝对比别人优质。"

KL 表示，如果今天重新作出决定，依然选择升读商学院，而首选仍然是 HBS。他认为，MBA 学位的价值犹在，虽然很多人都希望进入 HBS，但不是每个人均具备成为其中一员的合适条件，亦不是每个被录取的学生可以顺利毕业。除能力之外，心理素质也同样重要。

现实个案 8

RY（NYU）：亚洲信贷融资市场代表

Pre-MBA:

Middle Market Lending at United Overseas Bank

Post-MBA:

Lehman Brothers and Gemini Capital

放眼于以金融著称的商学院的申请人，一般打算在毕业后进入金融行业大展拳脚，对那些没有任何金融根底的学生，MBA（主修 Finance）赋予他们陡峭的学习曲线，知识增进十分显著。相对地，那些有金融经验的学生，他们的学习目标当然有所不同，主要是发展更广、更深的人脉网络，同时，学习分析不同角度的观点，以拓展眼界。

RY 属于后者。升读商学院前，他在商业银行工作，负责中小型贷款业务，那几年的经验让他打好了信贷金融的根基，但是，他希望对企业融资，特别是私募股权方面加深了解，于是集中向那些以金融著称的商学院敲门，最终考进了纽约大学 Stern 商学院。

由于 RY 在金融方面的实战和理论经验比较深厚，他有幸地获得两份校内工作：Teaching and graduate assistantships，足够支付一半学费，最重要的是他可以与不少知名教授交流和共事，例如 Dr. Ed Altma，一位 Credit risk / distressed debt / high yield bonds 方面的世界级专家。另外，因为学校与华尔街传统上关系密切，在两年中，他逐渐建立起自己在美国金融圈（投资银行和投资管理）的网络。毕业后，他加入雷曼兄弟的固定收益部工作，一直到 2009 年。

信贷融资一直是 RY 的职业兴趣和强项，从商业银行到投资银行，从中小型贷款到企业债融资，从投资级信用产品到由亚洲金融风暴引起的东南亚国家不良贷款，从普通债券到结构性债券等，所积累的经验和见识，非常广泛透彻。可以说，他的职业资历是亚洲信贷融资市场过去 20 年发展的写照。

RY 觉得 MBA 给予他的最大收获，不仅是人脉和视野，更是无数际遇和机会，怎样去利用它们，全然取决于心态定位和自身性格。

现实个案 9

NY（Kellogg）：管理咨询师的隐形推荐人

Pre-MBA:

Deloitte & Touche Consulting

Post-MBA:

McKinsey, GE Healthcare, Bausch & Lomb and Carestream Health

NY 拥有典型的咨询师背景，升读 MBA 前后都是从事咨询工作。他觉得，这可能与自己的全才性格、强烈好奇心、广泛兴趣有关。NY 在芝加哥大学主修经济，毕业论文是"篮球经济学"，获得荣誉论文奖，并且担任大学网球队队员，为美国中西部网球邀请赛冠军。毕业后，加入 Deloitte & Touche

Consulting 开始了第一份咨询工作。

Kellogg 的强项是 General Management 和 Marketing，每年为国际知名管理咨询公司培训不少立志当上咨询师的 MBA 毕业生，这正与 NY 的理想吻合，他希望加入 McKinsey，提升自己在咨询行业的视野和专业水平。到了 Kellogg，NY 保持一贯作风，积极参与多种活动，除了在两年内完成四个主修课领域的学分要求（Management + Finance + Strategy + Marketing）之外，更加入了网球和足球队。最后，他如愿以偿，加入 McKinsey 当上了管理咨询师。

从普通咨询师到管理咨询师，再到参与不同企业订立和执行产品销售策略工作，协助业务拓展，NY 固然付出不少努力和心血，但他不得不承认，如果没有 MBA 学位的话，他未必可以加入 McKinsey 参与管理咨询工作。他认为：

"选择 MBA 这条路是一个非常个人的决定。长远而言，回报是肯定的。如果希望加入某类型公司或行业，如管理咨询、投资银行或私募股权基金等，MBA 学位对事业发展绝对有直接及即时的帮助。不过，如果自己根本不清楚为何选择 MBA 学位，目标不清晰，就不要强求了，反正不是每个人都适合 MBA 的培训方式和商学院的环境。"

对于有志报考 Kellogg MBA 的申请人，有哪些提示呢？

"Kellogg 有两个核心价值：团队精神和协同贡献，所以每一个申请人必须通过面试，以确保所有最后被录取的申请人可以融入 Kellogg 的独特文化。我在校内与招生处人员进行面试，他们发问的都是一般性、标准的问题。毕竟经过书写论文后，自我反省的工序已经做得相当透彻，所以面试本身的难度并不大。他们的面试政策已证明，Kellogg 极度重视团队融合精神。"

最后，NY 特别与我分享了一件有趣的事：

"在我不知情的情况下，有一个校友特地为我写了一封推荐信！在 Deloitte 工作时，曾为一个 Kellogg MBA 学生提供求职上的协助。他找到工作后，知道我正在申请 Kellogg MBA，他主动地跟招生处联系上，极力推荐我，认为我的团队意识很强。当时我是全不知情的，在我收到录取通知后他才主动告诉我。我不认为，仅仅用校友作推荐人对我的录取能带来直接正面影响，关键是我与他拥有真实的交往经历，而他对我的为人有亲身体会，因此，他可以写出一些发自内心的评语。"

现实个案 10

CL（Ivey）：没有大学学位的单亲妈妈

Pre-MBA:

DFS Group

Post-MBA:

DFS Group

访问 CL 时，感觉跟其他访问完全不同，因为在众多被访者中，她有两大与众不同之处：1. 她是唯一一位没有大学学位的 EMBA 学生。2. 她是育有两名子女的单亲妈妈。与她讨论 EMBA 时，话题总离不开家中的两个孩子，这跟其他被访者（大部分是男性）集中火力去分享事业和学业经验有所不同。

CL 原籍关岛，刚刚考进大学不久，第一个儿子诞生了，所以没有获得任何大学学位，被逼退学。DFS Group 是她的第一份工作，至今已经服务了 20 年。这些年，从低级职员开始，轮流在不同部门和地点工作，一步一步升至地区性管理人员，并曾在新加坡建立和管理当地最大的分店。今时今日，她负责领道 DFS 全球性的内部培训工作。

对她来说，出差是平常事，再加上每个周末定期上课，公私两忙，时间分配上相当困难，造成每天平均睡眠时间不超过四个小时。幸好，大儿子已经长大了，在美国上大学，幼女现在念小学六年级。作为单亲妈妈，家庭责任巨大。既然事业这么成功，为何她坚持接受这项为期两年的挑战？

CL 解释道：

"虽然我的事业颇为成功，但是从来没有接受过正式的高等教育，坦白说，没有大学学位是我最大的遗憾。所以，升读 EMBA 这颗种子已经一早种下，只是到了现在才修成正果。两个孩子逐渐学会独立，我觉得这是去完成自己的心愿最适当的时候。公司亦非常支持我的决定，并提供所有的学费资助。"

为了让女儿明白和体谅妈妈的情况，她会与女儿一同温习功课：女儿做她的小学练习作业，CL 做她的案例预备工作。回到公司，她会把所学的新知识毫无保留地跟同事和上司分享，令他们觉得这项花在她身上的教育投资物有所值。

她补充说，其实她已经准备好一笔储蓄，以备上学之用；因此，就算公司没有提供资助，她仍然会选择升读 EMBA。作为一个成功的职业女性，兼顾家庭、事业和学业绝非易事，CL 愿意忍受一些短期痛苦，以达成长久以来的理想。

"我的理念是：生命是由各种各样的经验编织而成的，我希望自己可以拥有丰富的人生，而 EMBA 就是一段必须拥有的经历。"

现实个案 11

GK（Ivey）："台北—香港"的飞机常客

Pre-MBA：

Bayer Taiwan Company

Post-MBA：

Bayer Taiwan Company

原籍瑞士的 GK 与前文提及的 CL 是同班同学，她们都是公务繁忙的事业女性。不同的是，GK 没有家庭负担，她的男朋友以前经历过 EMBA 的上课生涯，对她的决定绝对体谅和支持。因此，她在时间上的安排比较自由，例如，为了配合 EMBA 课程的上课时间，她特地每个周末从台北飞到香港去。

我曾经试过"全职工作，兼职进修"的生活，知道这种感觉绝不好受，需要极大的勇气、耐力和纪律性。对这个学位，她的雇主并没有提供任何资助，不过，GK 依然选择报读，有两个理由：第一，一向以来，她的教育及专业经历以会计和企业财务为主，所以希望借着 EMBA 的综合性培训把自己的各种能力全面化、均衡化；第二，帮助个人发展，让自己对不同行业认识更多。

对于那些需要兼顾家庭和事业，却对 MBA／EMBA 产生兴趣的女性申请人，她有哪些忠告呢？

"我觉得在学业和事业的追求上，男性与女性没有什么显著的区别。跟一般 MBA 申请人一样，要清楚自己的目标和动机，不能跟风。如果升读 MBA 真是自己的意愿，做吧！但是，有一点必须小心处理，就是预先跟家人沟通清楚，所谓管理期望值。这个学位不是你个人的事情，而是整个家庭的事情，因此，如果大家对未来两年兼职读书生活的期望有差距的话，就算你的目标十分清晰、明确，在现实中也会遇到不少困难，对所有人都没有好处。"

现实个案 12

NW（LBS）：传统名校毕业生的"非典"职业选择

Pre-MBA:

HSBC

Post-MBA:

Corporate Coach and Training Facilitator

位于世界四大金融中心之一的 London Business School，一向以金融学见称，吸引了不少有志于金融事业的申请人。但是，对于香港土生土长、HSBC 出身的 NW，金融业并不是他的兴趣所在。

进入 LBS 时，NW 已 30 多岁，并拥有超过十年的工作经验。为什么他毅然放下一切，到伦敦重新开始呢？

"升读 MBA 的念头始于大学时期，毕业两年后报考 GMAT，成绩不算理想，曾经连续数年申请过 Top 10 商学院，结果全军覆没。归根究底，我觉得当时的心态并不成熟，自己没有考虑清楚升读 MBA 的真正原因，因此，那种'还未准备好'的心理状况完全反映于申请论文上。"

常言道："失败乃成功之母。" NW 的数次失败经历造就了往后的成功。他在 2004 年重新部署，最终获得 Yale、LBS 和 INSEAD 青睐。NW 认为，他的成功取决于自我反省这个步骤做得相当透彻，并且有趣地、有内涵地向学校讲述自己的故事。

"当时，我聘请了咨询师，他给我的意见是：不要按顺序把经历描写出来。那时我在纺织行业工作，于是我决定用不同布料款式去代表人生中每一阶段的重要经历。这种具有个人背景色彩的表达方式，让我不仅顺利考进 LBS，还获得了奖学金。在录取后的 Welcome Week 中，那位招生处人员表示很喜欢我的申请论文，故此对我留下了深刻印象。"

选择学校时，除了理智分析外，NW 相信直觉。对他来说，LBS 的整个招生过程给他的感觉最亲切、最深刻。例如，与香港校友的面试安排妥当，后来，在录取及奖学金的决定落实时，他们亲自打电话通知他，在 Welcome Week 的活动中，与在读学生、新生、校友和教职员的交流算得上如鱼得水。

"以上种种，就是所谓的 cultural fit。现在回想起来，LBS 绝对是我的 best fit。"

两年的 LBS 生涯中，作为 320 位学生之一的 NW，他的目标是放开怀抱，享受每一寸校园光阴（他所谓的"Being exposed"）。有哪些有趣的经历呢？

"2005 年的圣诞节，我参加了 LBS 一年一度的 Santa Claus Pub Crawl，这个活动已有超过十年历史，每年只限 300 至 400 名学生参加。穿上圣诞老人服饰的我们，利用地铁网络穿梭于大小酒吧，最后以 Trafalgar Square 为终点，在广场上唱圣诗，沿途的游客无不惊喜拍掌。"

NW 娓娓道来。

在 MBA 课程里，课堂授课只是一部分，更重要的是实践性的训练。他曾到 Kellogg 做交换生，以比较欧洲跟美国的商业文化。另外，NW 有以下的难忘经历：

"在 Leadership 课程中有一项必修课"影子计划"（Shadowing Project），我很幸运地在香港找到一位愿意让我当'影子'的美籍校友，她就是 Racing The Planet 全球性长跑活动的创办人。本以为只留在香港做一周'影子'，她竟然邀请我一起到智利的 Atacama 沙漠去，近距离看她如何领导及筹备，她俨如将军般调兵遣将，又要预备应付每分钟的突发事件。我相信，没有比亲眼目睹 Leadership-In-Action 更能了解领导能力的重要性和即时性，这种学习体验比在课堂上听课深刻千百万倍。同时，为了实时报道这项活动的情况，我在《金融时报》上写 Blog。总的来说，这次经历绝无仅有。"

从商业银行家到纺织生意管理人，然后到今天当上了高级行政人员的专业教练，这段不一样的旅程是如何开展及进行的呢？NW 回忆道：

"伦敦是一个十分奇妙的城市，她包容不同的个人兴趣、职业方向和文化修为，提供了一个开放的环境让我去发掘一些非典型的 MBA 职业选择，让我明白原来世界是那么大，扩大了我的思维空间。"

当时，他开始对 Organizational Behavior 产生兴趣，并有幸修读了一个由 Srikumar Rao 教授任教的"创造力与自我超越"（Creativity and Personal Mastery）课，学会了"认识真我，做回自己"的道理和技巧，心眼都开了。

毕业后，NW 留下来当助教，跟随这位启蒙老师，并下定决心向 OB 行业进发。由于课堂的关系，认识了一位在纽约当专业教练的朋友，发现他的职业与自己的兴趣非常吻合。NW 于是再到澳大利亚悉尼大学深造，修读一个为培训专业教练而设的硕士学位，实现他的职业梦想。

在香港这个以金融和地产行业为经济主导的地方，走这条"非典"的职业道路并不容易，但 NW 的热忱和兴趣依然浓厚。一个两年制的 MBA 课程值得吗？对他而言，高度国际化的 LBS（每届的 MBA 学生中，国际学生占90%）让 NW 学会谦虚，尊重并欣赏不同国籍、文化、性格、才能以及处事手法的同学。所以，LBS 给予给他的不仅是一份职业蓝图，而且是一段超乎想象的个人成长升华历程。

如我一样，NW 参与不少母校的义务工作，例如海外入学面试活动，跟大中华地区的申请者打交道。对于未来的 MBA 申请人及学生，NW 有以下的忠告与建议：

◆ 成功的申请者能够穿越过去与未来：追索过去的得与失、是与非，发掘自己的未来路线，最重要的是要明确地表明一个 LBS 的 MBA 学位（或其他心仪学校的学位）会怎样把你从过去送往未来。

◆ 自我反省是持续性的活动：成功地进入了你的梦想学校，你便一劳永逸吗？绝对不是，未来的日子里，无论是申请暑期工，还是探讨职业选择、创业方向等，同样要求深刻细密的自我反思，因为领导者必须拥有自知之明。

"Fit in"与"Stand out"的互相牵引："Fit in"是融入一个与你兴趣和观念相投的人群中，互相学习与交流；同时，你需要"Stand out"，利用自己独有的才能和经验，为学校、社区、学生群增值、创新，做个正面榜样。

现实个案 13

Pre-MBA:

Motorola

Post-MBA:

Rogers Communications, Lenovo and Richard Ivey School of Business

RZ 是一个典型的地道北京姑娘，接受传统中国式教育。这话怎么说呢？单向性传授知识，老师永远是对的，学生不敢且不能挑战权威。所以，对于 RZ 来说，在进入 Ivey 初期，确实感受到文化冲击。至于 Ivey 著名的个案分析学习模式，她形容这种经历为性格蜕变。

在北京获得学士学位后，主修英文的 RZ 加入 Motorola China，从此开始了市场推广的生涯。因为文科出身，RZ 没有系统化学习商业知识的根底，所以她决定上商学院，提高自己的商业视野，发展全面性技能。同时，由于她一直所经历的教育方式都是以讲课为主，她希望可以在比较灵活和自由的氛围下学习实际性的知识，因此，她钟情于以个案分析为首要教学模式的商学院。另外，团队互助的学校文化和舒适安逸的周边环境亦是她的考虑因素之一，她甚至特地到多伦多一趟做实地考察。最后，RZ 选择了 Ivey，一所在教学模式、学校文化氛围及地理环境各方面让她最满意的商学院。

她怎样克服课堂上公众演讲和发表意见的恐惧呢？

"我不断地说服自己：我是一个演员，而作为一个演员，我必须厚着脸皮表现自己。有了这个观念之后，我尝试在课堂上或小组讨论中发言，慢慢地，自信增加了，信心越大，发言的动力越强，最终形成良性循环。"

Ivey 的课程内每一科目的总分中，**Class participation** 占 **40%**，两年中一共有 **400 ~ 500** 个案例需要分析和讨论，每一个案例必须经历最少三轮的小组和课堂上的讨论，这意味着每一个学生有 **1 200 ~ 1 500** 次的发言机会。RW 认为，这就是商学院的个案分析教学模式的奇妙之处 —— 将学生分析事物的思维架构及表达能力和信心完全扭转过来，完全是一种不知不觉和持久性的蜕变。

现实个案 14

AC（HKUST）：一脚踏两 "职" 的坚持

Pre-MBA:

Inflight Sales，Cathay Pacific

Post-MBA:

Swire

2012 年 9 月，AC 翻开了人生的新一页 —— 为期两年的 Part-time MBA 课程正式开始，这意味着在未来 24 个月中，除了穿梭于国泰航空的机场总部、香港科技大学的主校园及其中环分校之外，他将没有多余的私人时间放假、休息或参与自己喜欢的马拉松训练。话虽如此，今时今日，AC 对于当初的决定从没有一丁点后悔，依然兴致勃勃地跟我分享过去数月的点点滴滴。

AC 是文科人，在香港城市大学主修翻译，毕业后加入国泰航空的 Inflight sales 部门，是一个要求有高度市场触角和商业知识的岗位。工作越久，对航空业的兴趣越浓，但渐渐地，AC 发觉自己在工作上力不从心，商业造诣不足，最有效的解决方法就是进修：一是 MBA；二是 Masters in

Accounting。

最终，AC 选择了 MBA，放弃了修读会计学硕士的念头，原因是什么呢？

"很简单，思前想后，未来的职业目标并不是专注于某一专业范畴，而是 General management。"

他相信 MBA 是那座接通未来目标的桥梁。

AC 申请了中文大学、香港大学及香港科技大学（HKUST），最终收到三份录取通知书，中文大学更送上奖学金。不过 AC 的首选是 HKUST，无论排名、配套设施、师资及知名度都是他所追求的目标。被问及当时的申请情况，AC 坦言说做足了一切准备工作，包括深入调查每所学校的资料、出席学校的推介会、跟校友联系交流等。能够"三击三中"，AC 认为最重要的原因是他在面试时的出色表现，他能够透彻地讲述过去与将来的故事，以及 MBA 学位如何能帮助他达成未来的职业目标。

为了继续工作，AC 选择了 Part-time 课程。周一到周五，下班后是功课时间或学校安排的联谊交际时间，每周六是一整天的课（90 多个同学聚集在西贡主校园上课），周日又有学校安排的其他活动。这种体力及脑力上的折腾，AC 表明并不容易。不过，密集性上课、功课加课外活动的时间表正是商学院培养人才的关键。经过此过程，AC 加强了自律性，时间管理上更注重效率，分清哪项工作需要优先处理，哪些比较次要。学会避重就轻，这才是管理人应有的心态。

课程已经完成了接近 1/2，感觉如何？

"这个学位为我带来的好处算是显著的。鉴于我是文科生，以前对金融学、会计学等完全不认识，这半年的训练却让我迅速增进了不少商业知识及理论。另外，从不同专业背景和经历的同学身上，了解其他行业的情况，学习每人的长处，与此同时，分享自己在航空业上的实战经验，这种互动的学习模式让我学得更多、更快，视野变得更宽广、更深远。"

对于有志"步他后尘"但仍然"心意未决"的朋友们，**AC** 的意见是：

"试想象两个情景：如果考进商学院，未来两年的成本（机会成本）有多少？毕业后的预算回报又有多少？相反，如果不升学，即维持现状，未来两年所得到及失去的回报、成本等大约有多少呢？当然，这种成本与得益的分析包含着一些不确定性，但如果他们可以反复地比较兼考量各种可能性，应该可以作出适当的决定。"

后 话

教与育

教 与 育

"When one is engaged with students who are
both very curious and very bright,
it is never quite clear who is teaching whom."

Robert Fogel
Nobel Prize Winner (1993)

过去两年中，我"任性"地做了不少事，其中，当上青年才俊的军师，让他们实现留学梦想，对我而言，"任性"的结果是一份30万美元的满分成绩单。与传统观念相反，我这名军师关心的不仅是练武军训，更是攻心术。留学申请也好，创业也罢，都是一场接一场的博弈。成败乃兵家常事，仗可以打败，但不能输心气，毕竟打仗不仅是打技术、打战略，很多时候，是打心理。

教育他人的同时，也接受了再教育。我在芝加哥大学的最好老师不是教授，而是我的同学。两年的互动过程，他们的"好"让我看清自己的"不好"，同时，希望我的"好"或多或少感染了他们，彼此真正领略商学院教育的意义。

我不是父母，不敢大谈教养孩子的道理，不过，我尝试以独生女以及旁观者两个身份分享一些观察和愚见。为了自己最亲爱的下一代，在能力范围之内为他们预备最好，给予最多，保护最强，风险最少，安排最周全。不过，没有受过伤的孩子，有一天真的受伤了，会知道怎样站起来，恢复元气，再接再厉吗？教养孩子不就是教导他们怎样做人处世吗？如何在教与养的天平上各得其所，宠辱不惊，那就得看父母的智慧、气度和眼光了。

表达谢意从来不容易

从小开始，父母老师长辈教导我们做人要有礼貌，常对别人说"多谢"。如果腾讯有任何统计数据的话，在其微信平台上，"谢谢"应该是最常用的词语之一。正常情况下，道谢本来不难（道歉可能更难为情），但是实际上，很少有人愿意发自内心作出表达和付诸行动。

今天是 2014 年 12 月 27 日。整整两年前，即 2012 年 12 月 27 日，我的第一位内地学生在网上找到我，主动用电邮联系我。通电话后，2013 年 1 月 1 日签约，正式委托我做他的导师。第一次见面是某一周六早上，在北京王府井的王府半岛酒店进行面谈，那是历时四个小时的坦诚自白。然后我们一直用电话、电邮和微信紧密联系，中间曾经在上海为了两场重要的入学面试协助他备战。再次在北京见面时，同样在王府酒店咖啡厅，当时他已经收到一份录取信，过了不久，他又收到了另一份，更奉上了奖学金。他曾说，知道我花在他身上的时间和心血远远超过了收回的费用。也许，出于感谢之心，他把我极力推荐给朋友们，立时，我手上多了三个新学生。

翻看记录，除了让我记起这位学生在两年前作出的主动举动外（现在我们已经是同门，他正在我的其中一所母校开心地学习和享受），我更重温了学生们发给我的感谢电邮：

"I did not understand what I was getting into when I decided to apply only four weeks before the deadlines. But I am truly grateful to have met you. Not only did you keep me on track to complete my application, you also stood by my side 24/7. Although most work was done late at night and under short deadlines, at every step you were there to give me advice. The amount of time and support that I received from you has just been phenomenal. At any given moment I felt that someone was thinking along with me, and in my opinion this is the greatest advantage of working with you.

"Thank you for helping me a lot in selecting the schools and crafting my story. As a result, I was admitted to the school of my choice. I see you as someone who is very knowledgeable in the MBA admission and application process and I definitely recommend you to those who wish to have a leg up in the MBA application journey.

"I found your professional and erudite approach to my application process an invaluable experience. Without your personal and focused help, bourne through years of experience with admissions process, my application would not have been viewed in such a strong light. I was greatly impressed by your impartial and balanced approach at drawing out the unique selling points in my career, essential to my gaining a place at one of the leading MBA programmes in the world. "

做了金融多年，有心人是罕见的。效力于标准普尔时，曾经有客户主动向大老板发出电邮赞扬我；在我离职时，更多客户公开地发出赞赏和鼓励电邮，然后私底下跟我说，如果要找更好机会，跟他们直接接触，推荐引荐什么都行。到了今天，这些电邮记录还在我手里。转战教育行业后，学生们的感谢和关心犹如额外奖金般惊喜。一个女学生知道我不分昼夜、埋头苦干地写书、提供入学论文咨询以及准备芝大考试，于是在北京碰面时，她送了一大包干果核桃，核桃的功效是什么？强健大脑！我觉得她实在有趣、细心。由于她在某名牌豪车公司工作，于是我跟她说笑道："其实，我最想收到的谢礼是一辆你们公司生产的最高性能的豪华房车，这事儿你能够办到吗？又或者，当你商学院毕业后，当上 Tesla 中国首位女 CEO 时，送我一辆 Tesla 也不错呀！"

借此机会，我希望跟学生们说几句感谢话："感谢你们的信任，选择了我作为你们踏出人生重要一步的同行伴侣。旅途中，打开了心扉，分享了喜悦，分担了忧虑，接受了教训，战胜了挑战。你们的进步是我的骄傲，你们的关心是我的支柱。诚然，这两年与你们一起是一场相互学习和理性启发的旅程，不仅是你们向我求教，与此同时，你们让我对自己的了解更深入，帮助我更清晰地规划我要走的方向。多谢！"

"任性"两年的结果：30 万美元的满分成绩单

两年前，我"任性"地生了一个"孩子"，他是我首次以个人名义运作的公司。这段时期，以兼职形式，我一对一地为 10 ~ 15 个身在中国内地、香港和台湾的申请人提供了咨询。这不是公益活动，是收费业务。加上调研和撰写两本关于教育和职业发展的作品，两年间所花的时间（暂时把心血因素放在一旁），以小时计算的话，连打扫卫生的小时工也不如！慢工出细活？慢工不一定，细活倒是真的。赚钱？没有，一点也没有。于是有旁人推测说，由于我在投资界已经赚了很多，所以从教育行业上赚多赚少都没关系，只不过是一份悠闲工作，用来消磨时间而已。如果不是的话，应该集中火力做本科生和中学生留学业务，需求大又容易赚钱。以上所有的推测，不愿置评，无可奉告。

在芝大有一位同学，为人诚恳、有涵养，曾经对我说："无须理会那些不认同你的价值的人。你是高端人才，提供的是高端价值，只有那些对自己有严格要求、有志提升自我价值的人才能够真正明白、欣赏和渴求你的价值。"又是价值问题。接着又跟我谈生意："现在的消费人群渐渐不满足于没有实力底蕴的服务和产品，有深度、有价值的东西不会不受欢迎的。"这位同学总是这样，真心地给予正面的鼓励。

教育这个行业建基于三大基础点：规模、业绩和人才。有规模，有现金流，有盈利，对公司估值有利。但是大规模如工厂般的生产流程和高大上的公司文化包含着对企业不利的潜在风险，尤其是服务质量上的掌控和完善过程容易有落差。从小到大，我是个重质不重量的人，例如真正朋友无需多，没心肝的一个也嫌多。这两年在工作上小试牛刀，我选择着眼于业绩和人才，人才是我，业绩则一步一步、实实在在地建立起来。有人说，只要把小事做好，小事积累成长，大事成功有望。

说到业绩，我不能说不欣慰。学生们一次性申请和录取于 Kellogg、Chicago Booth、Yale、Cornell、UCLA、INSEAD、Michigan Ross、Duke、HKUST……奖学金得主有四人，总值 30 万美元。每人均成功地考进最少一所自己心仪的商学院，收到超过一份录取信，即是说，目前为止，成功率是 100%。如果从今天开始，我决定永远不再做留学咨询工作的话，这份个人成绩单，配上两本用均衡睡眠和饮食换来的文字作品，总算对自己的"任性"有了实际交代。

满身伤痕的同理心：我不是咨询师，也不是导师，而是心理医生

回顾成果，良好业绩的要诀很简单，无需科技，无需知名度，无需企业势力，无需特殊关系……我只有一颗同理心，一颗由年龄、阅历、经验和学

历磨炼出来的同理心。

在一般媒体报道和资讯中，我们的目光往往放在成功人士及其故事上，因为无人喜欢自己失败，要成功就得从成功人士及其故事上学习成功秘诀，但是每一次当我看到某某名人取得了什么被人赞誉的成绩时，我不禁提出疑问，究竟他或她尝试了多少遍，碰壁了多少次，付出了多少代价。坦白说，成功与失败是同父同母的孪生兄弟，后者是前者的同义词，具体而言，前者由后者支撑、堆砌、组合而成。每个人对成功的定义不同，我知道在不少朋友眼里，我算是成功人士。现在暂不多谈我是否认同他们的见解，不过我必须表明，根据他们的上述逻辑，我的成功确实背负着多年来积累下来的教训、失败和汗水，以及摔跌后站起来的顿悟，这一切才是价值所在。

关键是，申请人、学生、毕业生和求职者所面对的、所感受的，我都体验过，处理过；说白了，就是我碰过不少钉，摔过不少跤，只是从前没人指点我，提醒我。到了现在，我能够设身处地，透视求助人的心理状况，激发他们的战斗心和潜质，纠正他们的挫败感和自我限制。

如果你为了准备申请国外学校（中学、本科或研究院）而雇用导师，他们会为你做什么？实际上，国内导师的背景十分多元化：有留学经验的、没有留学经验的、本科学位、硕士学位、理工科方向、文科方向、商科背景、名校毕业、一般大学毕业、有社会工作经验的、没有社会工作经验的……他们可以为同学们效劳的事情包括准备简单文书、翻译中文稿件、修改英文语法、申请留学签证、调研学校信息、代写论文及一切文书……不过，咨询服务跟普通产品不同。如果你买了苹果手机，试用后不喜欢的话，你可以另买一部三星，浪费了之前的苹果手机，这就是你做错选购决定的代价。教育咨询服务却是一种体验产品，你体验后才知道靠不靠谱、喜不喜欢，不能走回头路，最终效果不理想的话，你已经浪费了先前的时间（金钱可以买回时间吗?),考不上心仪学校,又要再花时间和金钱找别的导师,上别的培训课程。由于潜在的利益冲突关系,我不能在此指导有志雇用导师的读者们如何选择咨询老师和教育机构,我只能说:问问自己,你现在是什么人?你想成为什么人?应该选择最有能力将两者拉近的人来辅助你、鞭策你、认同你、监督你。

由于我的教育背景和商界的专业经验,我看待自己的角色与一般人有别。与申请人合作时,我不是老师、咨询师、教练、辅导员或中介,我是一位心理医生。

请别误会,我不是指申请人是病人,他们的心理当然没有问题。与传统思维相违背,整个申请过程的真正考验不是考试、面试或论文,而是那份受尽时间压迫和不确定性折腾的忐忑之心。换句话说,在整个申请过程中,保持破釜沉舟、坚定不移的心境是必需的。留学申请也好,创业也罢,都是一场接一场的博弈。成败乃兵家常事,仗可以打败,但不能输心气,因为打仗不仅是打技术、打战略,很多时候,是打心理。当申请人走过这段申请旅程时,有压力是常态,而且压力会越来越大,很自然地产生忧虑、情绪不稳、心神不安等感觉,那时那刻,我的作用和角色就是在旁扶正心态、平静情绪的心理医生。

例如,有一位申请人打算参加商学院举办的联谊活动,从美国远道而来的招生官在场与申请人见面、交流,于申请人而言,这是一个很好的机会。开始前三个小时,他给我打电话:"我不去了,我怕。"他担心自己的英语社交沟通能力,于是我跟他说:"你在美国留学和工作了七八年,已经融入了当地文化,英语又非常地道,近乎母语似的。我保证,你的表现与在场的香港和内地申请人比较,一定不会逊色。"最后,他还是去了。几个小时后,他又来电:"聚会刚结束,马上给你电话。你说得对,在场的申请人比较低调,没有踊跃地与美国招生官交流，我是少数发言的人，感觉挺好，与他们交流也很自然，我相信自己给他们留下了正面印象。"老实说，当时我很清楚，他知道自己的实力，只是紧张不安，需要一个自己信得过的人提醒、打气，我就是那个人。

另一次，与一位申请人备战第二天的面试。离开时，我问他："明天的面试几点？面试前还需要多做一次模拟面试吗？"如果是我，我一般选择自己一个人静下来。但是，他要求明天在面试前见面，多一次练习是需要的，同时，他想面试前有人在旁支持他，感觉舒服点，我是明白人，所以我答应了。面试当天，我陪伴在侧至最后 10 分钟，他才自己步行到面试地点。

又有一次，一位申请人本来准备应试（公开考试），但是路况问题连累她迟到，错过了考试机会。鉴于她的申请过程相当仓促，只有最后 1 个月时间应试，报名名额却有限，她担心未来一个月是否有名额。在这种担忧情绪下，身在考场的她给我发微信："我在考场，有急事，可否立刻通电话？"当时我正在香港赶飞机到南京去，立刻回电。她在电话中的语气非常着急，不知所措，埋怨自己应该早点离家，又说担心未能及时报名，来不及今年申请商学院。她的情绪已经相当紧张，我又怎能同样地紧张呢？是的，她是应该更早出发，又不是不知道京城路况是何等的离谱、何等的难缠。不过我并没有当场责骂她，相反，听了她的诉说后，我用相当平静的语气对她说："现在什么也不要说，你马上跟当值职员沟通，看看报名名额的情况如何，一定有方法解决，放心。"过了五分钟，她再发微信，报名方面没问题，两周后考试，她说："谢谢你，跟你谈话后心里觉得踏实。"其实，理智上，她知道应该马上重新报名，只是风头火势，心情恶劣，需要一个可信任和镇静的人安定心神，告诉她应该怎样面对和处理当务之急。

与创业者曾经被无数投资人拒绝一样，同学们申请大学收到拒绝信是家常便饭。如果在你准备新申请时收到其他学校的拒绝通知，当时的心情一定不会愉快，尤其是对方可能是你最喜欢的梦想学院。我的学生们当然遇到过这些情况，不过，正确的态度应该是这样的：可以输一场战役，但不能输掉战争。我的任务是正面鼓励，稳定军心，让他们不要停留在过去，把焦点转回现今的要务上，回顾过去只是为了吸取教训，知道哪里需要改善后就立刻付诸行动。

读者们，看到这里，你们可能觉得他们很孩子气，不够成熟，如果自己遇上这些情况时，一定可以更理智、更镇定地解决问题。坦白说，不得不承认，世界上很多事情是"说起来容易，做起来难"。记得在第六章中谈及准备面试时，为了克服心理病，我们需要尝试换位思考，甚至跟朋友们做角色交换模拟面试吗？如果未曾真正碰上同类情况，很难完全体会对方感受，更谈不上引导对方克服心理关卡，摆正心态。

不知道在学生心中，我的角色是什么？或许，读者应该听听这个故事……

十万美元奖学金 + 五份录取信：我与他的梦幻组合

在 2014 年圣诞节前夕，我收到一份大礼，准确而言，是一个好消息才对。我的一位学生一次性在首轮申请期中获得五份录取信，其中两封信更附带总值十万美元的奖学金，2015 年 9 月份将入读 Kellogg，成为 2017 年毕业班的成员。我对他说："你应该引以为荣！"他回答说："你也是哦！"我们俩的合作确实有效率。不愧我当时自掏腰包，不惜工本特别聘请了一个美国宾夕法尼亚大学博士生，与我合力为他塑造最有内涵的论文。他知道我一直埋头写书，结果公布后，主动提出在新书中做出个人分享，唯一条件是姓名和雇主背景保密。所以，不好意思，我必须尊重他的选择。不过，分享内容和其他信息是千真万确的。这个案例既真实又有时效性，确实非常难得。

他是郑同学，即将成为 Kellogg 的学生，现居北京，效力于国内私人企业，负责该企业的海外投资和收购业务，回国前曾在四大会计师事务所工作过，工作年限大约是 3～5 年。海外本科生毕业，分别在新加坡和英国长大、居住、上学和工作多年，英语水平颇高，中文能力属于母语级别，公开考试成绩达到商学院平均水平。有军训背景，是运动爱好者，除了打工外，更创办了非营利机构，免费提供创业咨询服务。

录取记录如下：

商学院	《商业周刊》排名（2014）	《美国新闻与世界报道》排名（2015）
Kellogg	7	6
Duke	1	14
Michigan Ross	9	11
Cornell	13	17
INSEAD	5（《金融时报》2014）	—

在 2013 年初，经过另一个学生介绍，我们首次通电话。那次免费咨询中，他提出了很多问题，我们谈了超过一个小时，具体的问题我已经忘记了，

不过，我倒记得很清楚，我说他的工作经验有点薄弱，需要多些内涵，材料暂不够强硬。事隔一年，他再次跟我接触，那时，他的工作经验已经积累了不少有趣兼有用的素材，对商学院的情况也做了不少调研。但是，他坦言，虽然有不少个人故事，但是不知道哪些有用，哪些没用，有用的那些又有什么亮点，在申请书和简历上如何定位自己。另外，担心没有知名企业的工作背景，对申请不利。后来我们进行了一个历时 4 小时的详谈，他坦诚地诉说自己的故事：从童年到大学，从新加坡到英国，从四大会计师事务所到协助国内企业收购海外酒店，从优点到缺点。

对于他的条件，我如何评价？换个角度，我认为他的取胜之处是什么？从风险回报率的分析角度来看（参阅第五章），我认为有以下几点：

◆ 跟大部分成功录取的中国申请人相比，他没有典型职业背景条件，如知名投行、管理咨询公司、世界 500 强企业等，从国外招生官的视角来看，他的工作单位可能不太起眼，职业背景存在着风险。幸好，他的公开考试成绩、本科成绩、本科的专业方向以及本科毕业大学的名气证明了他的学习能力以及数据和逻辑分析能力。更重要的是，为了进一步减低风险，在职业经验方面，避重就轻，着眼点放在他的实战工作成就上，例如，他如何带领团队进行海外并购，如何在过程中解决难题等。

◆ 在减低风险之余，必须同时提升他的回报。他的个人成长过程中包含了许多有趣的元素——例如，在恶劣环境下接受军训、在三个完全不同的国度下长大和学习、在新加坡国家体育队受训等。这些元素很特别，大部分中国申请人没有经历过。同时，这些经历表现出一些商学院看重的特质——纪律性、领导能力和文化差异敏感度。

◆ 除了打工外，他拥有创业经验，公司性质与回馈社会主题有关，这些主题不仅是商学院感兴趣的素材，更是凸显他的个性和兴趣多元化的证据。

总的来说，他拥有不少经历和特质，是大部分中国申请人缺乏的，因此，申请策略的重点放在加强且凸显他的回报（差异价值）上，降低风险可能性，让他的风险回报率达到最大化。

以下是对郑同学的访问：

你在国外长大、学习和工作，英文口语和书写能力相当不错，最后你决定雇用私人顾问，并且选择了我，当时的动机是什么？

我对 MBA 课程及学校本身做了不少调查，但是毕竟没有美国商学院的亲身经历，而你的背景很特别，拥有耶鲁 MBA 和芝加哥 MBA 双学位，实实在在的第一手经历对我绝对有好处，更可以帮助我在论文和面试上突出我的优势，无形中增强我的竞争力。另外，我的好友通过你的帮助成功考进了耶鲁大学和芝加哥大学布斯商学院，这也是我选择你的原因之一。

申请咨询过程开始后，你觉得我对你起了什么作用？与开始前的期待值相符吗？

你的最大帮助就是激发出我的自信。一开始时，我觉得自己的背景没有特别之处，但你让我相信，我拥有足够能力和资格去申请 M7 的学校。同时，对于学校的情况，你跟我分享了不少有用的信息。在某些学校的申请论文上，你也教给我一些比较有创意的写作方法。

我认为选校也是一个很重要的因素。选择适合自己职业目标以及欣赏自己背景的学校可以保证自己的努力不打水漂。比如我的目标是综合化管理（General Management）和咨询行业（Consulting），你就推荐了这方面比较强的学校，如 Kellogg、Ross，然后教我怎样突出一些它们重视的特点。

可否回顾一下咨询过程中的点滴，特别是一些对你有意义的事情？

◆ 说实话，我自己做了很多 MBA 的研究，但是你毕竟拥有宝贵的亲身经历，而且认识很多申请人，可以为我定制针对个别学校的申请策略。

◆ Cornell 的论文很短，其实写不出什么，又要求一些创意元素，这可不是我的强项，但是你给我构思了 PPT 的故事，对我帮助极大。

◆ 你为我做的面试准备也不错。我的最大问题是语速太快，你点出我的缺点，教我如何改善情况，对我的实际面试帮助很大。

◆ 我的经历比较多，不知道哪些重要，哪些不重要，重要的卖点又应该怎样表达出来，鉴于你的学历和工作经验相当丰富，审阅过不少简历，你懂得如何帮助我选材，这是你的另一优势。

◆ 一开始写论文时，我过分标榜个人成就，但是你提醒了我，商学院十分重视团队合作，让我学会如何调整论文内容，加强团队精神元素。

你成功考进了五所商学院，但是你选择了 Kellogg，一所没有给你颁发奖学金的学校，为什么？

我选择 Kellogg 的主要原因有两个。据我了解，在将来找工作时，Kellogg

学生在申请顶尖咨询公司如 McKinsey、Bain、BCG 时基本上必定有面试机
会，Duke 跟 Cornell 就没有这样的优势。另外，M7 在国内还是有差别的，
Kellogg 在中国的品牌和校友网络比 Duke 强，这是我跟超过 20 个来自不同
MBA 的中国、美国以及印度毕业生沟通的结论。我拿着 Kellogg 的名字找
pre-MBA intern 的时候得到的效果也比 Duke 好。而且我去过 Kellogg 的校园，
挺喜欢它的环境。

你认为，什么类型的申请人最适合寻找顾问协助留学申请？

首先，我认为一个成功的申请人必须要自己付出很多努力。GMAT、工
作成就以及写论文都必须自己下功夫，对学校的研究也是没人可以替你做的。
但是一个称职的顾问可以帮你发挥潜力。一个有 100 分的人可能因为申请策
略不足、对招生的流程不了解而只发挥了 80 分的实力；但一个专业顾问可以
确保你发挥 100% 的实力。顾问必须很了解不同申请人的特征，比如中国申请
人有某些普遍的特征，也会经常犯一些同类错误。顾问可以教你如何在你的
竞争对手群中突出自己的能力，避免一些常犯的错误。

**与申请人合作时，我视自己为一位心理医生。你认为我在你的申请过程
中担当一个怎样的角色？**

这是一个跟顾问合作的关系，而不是一个完全依赖顾问的关系。整个申
请过程中所承受的压力是很大的。论文要怎么写？用什么题材、例子？要不
要冒险？要不要去参观学校？找谁写推荐信？都是难缠的问题。有一个顾问从
旁用前人经验给你解答，可以缓解很多压力。我认为一个称职的顾问可以让
你站得更直，却不能让你长高。一个称职的顾问其实就像一个朋友、一个导
师，让我在申请路上走得轻松一点。

给二十四孝父母们的信：如何栽培你们的宝贝孩子

耶鲁大学法学院教授蔡美儿（**Amy Chua**）于 **2011** 年出版了一本盛极一时的虎妈作品 *Battle Hymn of the Tiger Mother*，在中美两地造成了极大的回响，使人们对如何栽培孩子成材这个历久不衰的主题议论纷纷，好不热闹。

教养教养，在 **21** 世纪的中国社会里，特别是一线城市，"养"已经不再是问题。可是，当"教"应该走在"养"的前头时，"教"是否与"养"成正比？"养"是否太丰富，渐渐吞噬了"教"，由副变成主？"教"与"养"的相辅相成，成为一个迫切的现实社会问题。

我没有儿女，只有三个性格各异、可爱活泼的干女儿。不过，可能由于我的教育和职业背景，不少朋友主动咨询我关于栽培孩子的事宜。在此，我尝试以一个独生女以及成人旁观者两个身份分享一些观察和愚见。

有一位住在加拿大的香港朋友，她有一个念初中的儿子，年前跟我说："我的儿子念的是多伦多一所最有名、最有规模的私立男校，但是我觉得他们的学术要求不像我们小时候在香港时那么严格，作业不算多，课外活动却十分多元化。儿子昨天跟我说，希望参加戏剧班，试试演戏是怎么回事。我立马跟他说，我们不是什么大富人家，不要发什么明星梦，踏踏实实把书念好。再者，他是男孩子，应该加强数学理工方面的能力，我劝他改变主意，参加数学补习班去。"当时，我回答说："也许，你无须看得那么严重，学戏剧不等同发明星梦，兴趣小组而已。更何况，你可以尝试了解学戏剧的好处。举个例子，归根究底，所有行业和职位都是销售性质，CEO 推出新产品，不是推销员吗？政府官员不是也需要推行新政策、推销新概念吗？校长不是号召校友募捐吗？我们固然不能 **100%** 准确地预知他的未来职业，但是无论什么行业、什么职位，表达能力和演讲能力极其重要，是全球通用的技能。学戏剧让我们学会不怯场，如何运用眼神、语气、呼吸、声音、面部表情等主要感官要素有效地表达信息，影响对方的感受。随他吧！现在不尝试，难道等到长大后再后悔吗？"

2013 年在芝加哥和伦敦上课时，学校请来几位导师，以小组形式，向我们传授沟通表达和演讲技巧，你们知道导师的背景吗？他们不是什么高管、商科硕士、商界才俊等，他们全是戏剧学院的毕业生，拥有丰富的舞台剧表演经验。我在想，应该规定所有 **MBA** 学生在戏剧学院内上一两门课，起码在创业时，比较容易"忽悠"投资人，对吧？

2014 年开始，我有机会透过新东方的平台，与内地学生和家长广泛地、直接地互动。每一次做研讨会、演讲之类的活动，大多数参与者都是家长，而不是学生本人。子女还在念本科一二年级时，有远见的家长已经跟我预约，咨询国外商学院 **MBA** 和一般商科类硕士的情况。关心的问题不外乎：我的女儿现在念会计本科，将来毕业后立刻到国外读研，应否选择会计硕士？如果我儿子将来打算做金融，你认为金融工程硕士与一年制的管理硕士相比，哪一个更有实际价值？听说电子商贸和物流两个行业颇流行，国外有这种学位，你觉得靠谱吗？你觉得在加拿大或是在美国念本科比较好吗？学会计好，找工作很容易。但是，学了会计后，如果将来希望转行从事金融工作，可以吗？国外一年期金融硕士是否太短？读研的时间不是应该更长吗？

面对这些问题，我常常回答：关于读研、选本科甚至未来职业方向，你们的儿女有什么看法？他们的真正意愿是什么？父母的标准回应是："其实，我们不太清楚。"说白了，读研、当会计师、做金融究竟是父母的主观愿望，还是孩子们自己的想法和理想呢？

为了自己最亲爱的下一代，未雨绸缪，无可厚非。在能力范围之内为他们预备最好，给予最多，保护最强，风险最少，安排最周全。不过，没有受过伤的孩子，有一天真的受伤了，会知道怎样站起来，恢复元气，再接再厉吗？以个人观察，父母不是不明白这个道理，只是，作为当局者，受制于主观感情盲点，父母对自己儿女不忍心严厉，对别人却教训得头头是道。

今日的你，除了受到遗传因素影响之外，就是昔日成长过程演化出来的结果。成长过程中，来自父母的影响至为重要，其次是老师和同辈玩伴。所以，父母的一言一行、一举一动，足以决定性地影响孩子的一生。不要以为孩子还小，没有感受，没有思想，没有记忆，全错！童年时光追不回，有质量的沟通重拾不来。做生意要明白客户需求，当父母也是，尽早养成相互坦诚沟通的习惯，让大家一起做个明白人。

跟不少内地子女一样，我是独生女，也是堂亲表亲中的老大，在传统中国家庭思想的影响下，自然地成为被寄托厚望的那一个，要循规蹈矩，要做好榜样。不过，与典型独生子女有别的是，在黄金成长时代，我与父母相处时间不多，因此，关系算不上亲密。但是，我没有忘记自己的角色责任，在缺乏任何方面的家庭助力下，靠自己是唯一出路。其实，对于这段独力支撑的成长历程教会我如何独立面对、承担和解决生活、学业、职业等各种难题，我感到欣慰。在我的序言中，我不是说过创业者和艺术家一样，要成就大业，必须学习孤独，享受孤独，利用孤独吗？

至于老师，真正的好老师不仅仅要教授数学公式或英语语法，更有影响力的做法是激发学习兴趣，挖掘学生潜能，与学生同喜同悲。在我的生命中，遇上两位良师益友，我能够有今天的学术成就和专业经验，她们功不可没。30年来身体力行、不离不弃的支持，她们让我在成长路上并不孤单，满有信心地勇往直前，并持续地保持着孤独的清醒。

我认为，教养孩子的要诀是健康。健康分为生理健康与心理健康。生理健康是身体健康和均衡饮食，运动锻炼当然少不了。团体运动可以培训小孩的服从性、纪律性、团队合作精神和领导才能，个人运动则培养小孩的集中度、耐力和独立性。从前的中学校长，极其追求学校在全港学界的运动荣誉，所以在校内鼓吹运动文化——应该说是运动殊荣文化。我却不认同，因为她的理念丧失了运动精神的意义。如果孩子有天赋，加上后天的训练，在运动方面有成就的话，这是锦上添花，无须盲目追求浮夸的认同，情况就如一些家长特别栽培孩子参加什么国际数学比赛，拿什么奖状似的。我常想，这些孩子将来一定是数学家、工程师吗？他们懂得如何与别人相处、体谅对方感受和善用人际关系吗？他们懂得如何照顾自己的饮食起居吗？

生理健康影响心理健康，后者就是开心、愉快。做人愉快，对生理健康起了正面作用，相互牵引。尤其重要的是拥有平衡心态，平衡心态是摔倒了懂得如何站起来，是有问题出现时懂得动脑筋去解决（起码尝试用心去解决），是拥有独立思考能力，是具备综合化逻辑思维、沟通能力和人际关系敏感度。

想深一层，站高一点，教养孩子不就是教导他们怎样做人处世吗？什么学位、名校、奖状、专业资格……只不过是我们成年人加诸孩子身上的记号。如何在教与养的天平上各得其所，宠辱不惊，那就得看父母的智慧、气度和眼光了。

芝加哥大学布斯商学院的挚友战友

不知不觉中，距离完成芝大课程只剩下三周了，依依不舍吗？老实说，打从第一天开始，我已经有这样的感觉。由于耶鲁的经验，我一早知道，两年的光景将会过得很快。再者，虽然科技进步，同学们随时通过世界上各种新颖的社交网站和软件联系、对话，但是有些人在毕业后永远不会再见，哪怕毕业时海誓山盟，大喊友谊永固，最后还是天各一方，不相往来。原因？很多很多，如个人杂务、家庭负担、事业折腾、性格转变、人情变迁、生疏误会、地位有异、自身健康……在耶鲁的一班同学中，如果我没有记错的话，已经有两位同学在数年前因绝症英年早逝。俗话说："天下无不散的筵席。"谁不知道这道理？只是，我们不知道曲终人散后，是永别还是暂别。暂别的暂时性又有多久？重聚时又会是什么样的光景？耶鲁毕业后的这些年，每到日本、英国、美国等地，我尽量安排与耶鲁同学见面。当然，任何关系都是一条双程路，付出是应该的，但回应却不是必然。独角戏永远行不通，修成正果在乎态度。

我选择了积极的做法，时常提醒自己，无论如何，要珍惜每个人、每件事、每堂课，没有下次，只有今次；没有然后，只有现在。有话要说就说，有事要做就做，不要等，机会瞬间即逝。所以，我改变初衷，在作品的结尾部分，白纸黑字记录一下我对几位同学的观感和回忆：

学习小组内的印度同学特别逗。在课堂上，他永远是"问题学生"，跟教授舌剑唇枪；下课后，在小组中与我们共事，滔滔不绝，寻根问底，对每份作业十分投入。因为大家都是有主见的人，我们俩不时发生"口角"。由于他拥有工程专业背景，对数字尤其敏感，所有涉及数学计算的科目他尤其擅长。在同学们眼中，他是一名聪明学霸。这位生于1月1号、刚过40岁的原股票分析师看起来很严肃、认真，但是原来相当有童心，最喜欢的食品是冰淇淋。有一次在校内做作业，他一直坚持要吃冰淇淋，虽然已经是晚上10时许，我们几位女同学，可能是母性大发，让这位"男孩"如愿以偿，开车到新加坡著名购物街乌节路的雪糕店，他顿时欢喜莫名。另一次，晚饭后，我们在酒吧点了啤酒和葡萄酒，他点了什么？是著名甜点香蕉船！我立刻跟他拍照，他的笑容多"甜美"啊！我笑说："你不是 40 岁的大男人，而是 4 岁的小男孩。"如果早知他的推动力是冰淇淋，学期一开始便给他每天买一杯，他会很乐意完成所有作业，我们团队的工作量便大大减少了（说笑！）。所以，我们必须清楚每人背后的推动力，对症下药。在这个案例中，这位同学的推动力不一定是金钱，而是我们童年时的恩物。无论工作学习上多聪明，童心初心总是可贵的。

　　学习小组中另有一位好玩的人物，是韩国人，姓金，所以我们为他起的别号是"金主席"。不知为何，不懂中文的他向我特别表明，希望他在我的书中出现，用真名也可以。他看不懂的吧？他说没关系，他会用网上的翻译软件辅助阅读过程。他为人聪明，头脑转得很快，表达能力强，与我不同的是，我是有计划、有系统的组员，在赶工时我当上管家婆的角色，千叮咛万嘱咐，力求做到最好，但是他是派对动物，性格好玩和随意，虽然他听我的话如期交货，但是我怕他会嫌我烦。后来到学期尾声，大家需要写下对各组员的评价时，他却说喜欢我的领导风格，认为我是天生领导，很愿意听从我的指示，我衷心多谢他的赞赏。另外，他的幽默感让我们团队相处融洽，尤其是在大家为了某些议题争论不休时，他永远是那个站起来说几句让我们不能不发笑的话语、降降温、平息紧张气氛的人。如果我必须评价这位"金主席"的话，他应该是一位友善亲和的领导，这种软实力比硬碰硬的那一套强得多。好好利用你的优势，"金主席"！

　　学习小组中还有两位母亲，一位有 3 个儿子（2 岁、4 岁和 6 岁），另一位有 2 个儿子（3 岁和 7 岁）。她们个性随和，为人乐观爽快，在小组中起了平衡和协调各方的作用。坦白说，我是打从心底里佩服她们，全职高管工作＋幼儿养育责任＋兼职硕士生生活。当然，家人的支持十分重要，自己的努力也不能忽视，恐怕心力和体力上稍微娇弱的女性都未必能够从头到尾坚持下去。简言之，她们是"有志者事竟成"的实践者。曾经有不少人跟我说过，恐怕不能共同兼顾工作、家庭和学业。我明白，各有各的缘由，各有各的难处，但是如果真心相信升读商学院（或其他学校）是正确目标的话，那么，忍一时的兼职学生生涯是不难实现的。许多事情，不要找借口，事在人为。

俄罗斯人表面冷漠，实际上十分热情豪爽。班内有不少俄罗斯同学，有一名女同学是大笑姑婆，每次见到她，场面一定相当愉快。去年夏末，她到芝大香港校园上了一周课，由于是第一次到访香港，所以为了争取时间游览，她利用下课后或上课前的时间（每天只有数小时课余时间）拜访旅游景点，她去了山顶拍照吃饭、西贡品尝海鲜、海洋公园朝拜熊猫、浅水湾晒太阳兼游泳、澳门逛逛赌场碰运气、金钟购物消费……对中餐抱着绝对开放态度，例如镛记（香港老字号粤菜食府）的溏心皮蛋，黑黑的外形，对老外而言并没有特别的吸引力（我自己也不喜欢）。硕果仅存的地道广东粥店卖的碎牛肉粥和油条炸两，单人匹马一大早打车过去，菜单全是中文，幸好有好心食客做翻译，代她向不懂英语的店员点菜。有一天早上，同学与我带她去品尝上海式糍饭、豆浆和葱油饼，她一口气把糍饭吃了一半，我不知道她喜不喜欢，但是我佩服她的勇气可嘉。吃过早饭后，与我们乘坐香港岛历史悠久的独有交通工具——电车。在龟速的电车上，城市节奏依然明快，明媚的阳光下，阵阵凉风送爽，吹走夏末热浪，驱散纷扰思绪。俄罗斯同学笑说："这种交通工具挺浪漫啊！"浪漫是一种感觉，无须矫揉造作，堆砌华丽舞台，于我，与心灵上、层次上融合交流的朋友一起已经是一种浪漫的状态。回到莫斯科后，她给我发短信，重申立场，冬天时要来香港吃蛇羹，这个我又不吃（是的，我的口味基本上没有广东影子），这位北方老外却喊着非吃不可，我觉得有点汗颜。蛇羹、糍饭、溏心皮蛋和碎牛肉粥是一回事，更重要的是，学习她的冒险精神、乐观派的正能量、原始的好奇心，不就是当领袖、做创业、突破特定环境、寻找另类出路的先决条件吗？

　　圈子化是人性，物以类聚。在耶鲁时，日本人一群，南美人一群，韩国人一群，美国人多，所以细化成几小群，中国人呢？中国文化和历史比较复杂，有中国内地人，有中国香港人，有中国台湾人，有华裔美国人，某些内地人确实组了一群自己人，但是起码在我们班内，中国人圈子化的情况不算严重，一般与外国人交流得不错。在美国商学院内，来自香港的中国人不多，当年在耶鲁，包括我在内有四位，我们没有圈子化，积极与其他同学交往。无独有偶，在芝大，来自香港的中国人也有四位（包括我在内），同样，香港同学并没有圈子化，自然地与其他同学交往。这次，新加坡人一群，俄罗斯人一群，印度人一群，日本人依然团结，也是一群。两个时期，两所学校，两段年龄层，圈子化的分野却没有明显区别。我不认为中国学生搞小圈子的情况严重，因为几乎每一个国家的同学均作出相同行为。只是，我希望提醒潜在申请人以及在读学生，群体行为虽难改变，但是你可以改变自己的行为，跟自己人一起并无不妥，但是不要忘记认识外国人，可能有意想不到的好发现。顺道一提，我的几位香港同学，每个均是有性格之人，独立思维意识颇强，可能因为这个原因，我们很难搞小圈子（说笑！）。说实话，由于公私两忙，同一地点的常见机会不算多。俗话说，物以稀为贵，我们人丁单薄，将来无论身在何处，希望大家愿意付出努力投资于朋友间的 emotional retirement plan（参阅第二章）。

　　班内有几位医生，其中一位曾是我的学习小组组员，是一位亚洲有名的大国手，政要和富商病人特地飞到新加坡找他治疗、做手术，父亲也是著名的医生，多元化的家族生意也不少。同学自己是爱马之人，养了 30 多匹马。我们一起在伦敦上课时，他非常关心新加坡的赛事情况，一边看着实时比赛视频，一边做作业。以他的背景和名气，你以为他不会认真学习吧？他公务繁忙，为了保持成绩，请了家教协助，又向同学不耻下问。说实话，我是感到了他对学业的认真。更重要的是，让人印象深刻的是他的坦率。以他的背景，他可以有意识地不闻不问，保持距离，省得有人别有用心地在他的身上找好处。可是，他诚实地表白了自己的缺点，承认离校已久，在学术上需要多下点功夫。很多人高高在上，起码他们觉得自己是这样，于是选择性地用双重标准对待有价值与没有价值的人（他们心中的定价）。筑起围墙保护自己并无不妥，但是算计别人却是另一回事。以前父母曾说，童年时认识的同学是最靠谱的，因为当时大家纯洁，没有利害关系。在我的经历中，长大后在工作上和在商学院里认识的更靠谱、更实在。例如在芝大，我就发现了一些同学，不管在商场上如何威武，在交朋结友时却能表现出单纯的行为和心意，那才是难能可贵。

有一位意大利同学年纪略大，但心态依然年轻，非常活泼，尤其是在课堂上，他的提问相对频密，数量也不少。有人觉得他是为发言而发言，某同学曾做过一项统计，发现在某一课堂上，大约平均 5 分钟他举手提问。另一次，我们一起在伦敦上课，每天在课堂上，他来来回回与教授讨论个案情况，到了最后一天，教授问大家是否有跟进问题，他特别询问这位意大利同学："请问你今天有没有特别的提问？"同学摇头说没有。教授说："今天是大日子，你终于没有提问了。"我们顿时大笑起来。意大利人一般比较贪玩和主动，他在课堂上的言谈行为确实有点逗，不过，我倒不认为他是在没有思想的情况下乱发言，如果细心聆听他的提问，不难发现他的疑问是有道理的。他拥有丰富的投行经验，社交能力颇强，心地善良，我们常常谈酒经，与他打交道相当愉快。我不介意他的表现和行为，反而介意一些没有经过大脑而作出不必要的"提问"的人，这类没有考虑别人感受的人士，在课堂、办公室或会议室，常常遇见。很多时候，那些根本不是问题，只是重复一些资料而已，结果呢？影响课堂讨论的质量，浪费同学和教授的时间，却没有带来学习经验上的得益。

　　关于领导力，在课堂上，我们看过一个视频，有一个外形诡异的男子带头起舞，做出一些搞笑的动作，随后有一个陌生人跟他一起跳，过了一会儿，再有另一位加入，到最后一个跟着一个加入舞蹈行列。从这视频上我们观察到跟随者和领导者的互动关系。教授说，第一个支持者（跟随者）极为重要，没有他/她，领导者只不过是个未被注意的先驱独行侠。找到欣赏你的人已经不容易，而欣赏你的又不代表愿意表示支持，但是如果在众人怀疑的情况下有第一个人先站出来认同你，你才有机会找到第二个、第三个跟随者。在芝大，我有幸遇到这样的同学。当我的第一本书出版后不久，她在从伦敦回香港的飞机上一口气看完，然后在微信朋友圈中公开推荐，写下不少正面的感想，这在我的意料之外，坦白说，我何德何能，真叫我受宠若惊。然后，在一次同学聚会中，我无心插柳地向她提及推出内地加强版的想法，我必须强调，那只是一个想法，自己还没有100%的信心，但是她立时答应帮忙，很有效率地给我介绍内地出版界的朋友，穿针引线。在写作期间，我面对不少个人、生活、职业和学业上的挑战，加上埋头写作的辛劳，少不了体能和心绪压力起起伏伏，她却毫无保留地鼓励我。到了最后的冲刺阶段，由于实在太多杂务和烦扰，我需要稍微远离香港家园，到陌生处寻找片刻宁静，于是，她让我暂住上海的住所，起居一切安排妥当后才独自出国出差。她为人低调、谦虚，不喜邀功，可能她觉得真心帮助朋友只是小菜一碟，不足挂齿，可是，我相信，接受与施予帮助都不是理所当然的举动。在此，我明确地公开她对我的支持，希望她不要介意。目的不是泄露隐私，而是心存感谢之情，不说出来，我总是觉得有愧。教授曾说过，当领袖必须赢得民心。可能这部作品的结局是一败涂地，但是能够赢得她的真心支持，已是一项成功。有这样的支持者，我不敢且不能放弃，只怕做得不到位，有负她的期望。教授更强调，首批支持者相当关键，是被低估的领袖人物。读者们，珍惜自己的支持者，也不要吝惜对自己欣赏的人表示支持和鼓励。而我呢？一定会继续珍惜这位同学以及其他"粉丝"。

附　录

参考资料

20 道常见论文题目及其背后意义

　　申请人的一大错误是单独看待每篇论文，正确的思维方式是宏观布局。记得小学时上英文课或中文课时，老师如何教你书写文章吗？不要立即执笔书写，而应该先构思布局，列好大纲再落笔。准备申请论文也是同一道理，一道题的答案与另一道题的答案相互关联，所以必须事先想清楚大主题与小主题的分布配置。不过在落实布局和草拟大纲前，我们需要多做一步，就是深入透彻的自我反思，在这个反思的过程中，申请人需要记住几点要诀：

◆ 从个人背景中，找出独特卖点，以此作为整套申请推广计划的中心思想，然后有系统地、统一口径地通过各种文件表现出来。

◆ 深入地回顾和审视自己的条件和从小到大的所有经历和记忆，写下笔记，先不要过滤，究竟哪些有用、哪些没用，容后再研究决定自身定位及其主题。

◆ 发掘、实践和展示目标受众所重视的独特价值，这并不是迎合的意思，正确地说，是不失自我之余，又能融入群众。"Fit in"与"Stand out"是一种相辅相成的关系："Fit in"是融入一群与你的兴趣和观念相投的人群中，互相学习与交流；同时，你需要"Stand out"，利用自己独有的才能和经验，为学校、社区和同窗增值，当一个学习榜样。

◆ 相对地，简历上的要点要量化，因为那是一份解答 What 的宣传文件，精确简短和引人注目是首要任务；但是论文的作用是解答 Why 和 How，切忌在论文上以时间顺序重复简历上的资料。

◆ 事实胜于雄辩，行动、行为和事例是证明事实的铁证。所以，在反思、回忆和追索的过程中，尽力地发掘独立故事来支撑论点和主题。

◆ 招生官最关注的不是申请人如何出神入化地形容事件的一点一滴，而是申请人在事件背后的动机、动力和诱因，以及事件发生后得到的教训、启示和领会。

以下列出常见论文题目。每道题包含着多重意义，下面画线的英文单词需要多加注意。究竟学校希望知道什么信息？

题目 1：What are your <u>career objectives</u> and <u>reasons</u> for applying for an MBA?

解读：申请人是否认清自己未来职业方向，MBA 是未来方向的必经之路吗？为什么现在是升读 MBA 的最佳时机？虽然学校没有正面提出问题，申请人必须先概括讲述过往工作经验，原因很简单，以过去经验作为基础，申请人才能合理地详述未来职业的期望和规划。其中，必须解释在未来职业发展历程中，为何此时此刻商学院是必经中途站，更重要的是为什么它是你的目标学校，究竟这所学校的哪些特点与你的职业目标相辅相成？

题目 2：What would you <u>contribute</u> while at our school?

解读：在你心中，"贡献"的定义是什么？解答这个问题，申请人必须发掘和表述自己的独特之处，以及准备如何在课堂内外利用自己的特长、见识和经历，丰富和增进同学们的学习和生活体验。什么独特之处？例如，职业背景（如效力于联合国、北约军事组织）、生活体验（如参加朝鲜马拉松）、个人技能（如设计新颖飞机座椅）。以上只是一些虚拟的例子，申请人不一定拥有三头六臂或是才华横溢才能升读商学院。只是，申请人应该了解清楚自己的特质。我相信每个人都是独一无二的，因此，不要埋没自己的先天和后天的特质。

题目 3：What do you hope to <u>gain</u> from our program?

解读：学校关心的是为何你现在需要一个 MBA 学位，以及为何选择这所学校。这道题跟第一道题有关联，但是回答的手法有别。思路应该是由你的远景出发，你将来准备达成什么目标，而现在的你在技能、知识和人脉关系网各方面有所缺乏，所以你认为，跨越这个缺口的最有效方法是一个 MBA 学位。更进一步的是，在这所学校里，你期望和准备如何利用这里独有的资源协助自己弥补这个缺口。

题目 4：Describe your work experience.

解读：这不是要求申请人重申及罗列简历上的工作经历，那是平铺直叙的叙事手法，学校绝不喜欢。事实上，学校希望申请人详述几项有关个人特质的工作，并且用实际事例作为支持证据。事例、故事极为重要，行动胜于雄辩，自吹自擂的形容词是没有内涵的，所以最有说服力的讲故事方法是表现出实际行动，让行为为你说话。同时，由于学校希望认识你的思维方式，所以不要忘记解释清楚职业路途上转折点的背后动机。最后，简短介绍未来职业方向，打算如何由过去走向未来。

题目5：What one change would you make in your <u>current</u> job（and how would you <u>implement</u> this <u>change</u>）?

解读：你对现在服务的机构有多了解呢？自己在机构或部门内的定位和可发挥的空间如何呢？可能目前你的职位不高，不过，申请人可以想象自己暂时脱离现在的岗位，站在高处以领导身份，分析单位所面临的挑战和风险，提出对单位有利的改善建议和应对方法。还有一点，这道题的隐藏意义是，如果你真的有这样的想法，为什么到目前为止没有在现实中提出和实施？公司情况不允许吗？就算环境不利于推行改革，是否曾经尝试表达和推行过改善的微方案？如果你的想法是认真的，却没有尝试作出改善措施的话，论文的整体说服力便显得薄弱。如果申请人真的曾经提出和实施过改善建议，那就最好了，毕竟假设性的想象表达方式不是最有力的证据。

题目6：Describe a situation in which you provided a <u>solution</u> that met with <u>resistance</u>. How did you <u>address</u> this situation?

解读：商学院的教学目的是培养领袖人才，而当领袖的少不了在推行新政策、推广新点子时遇到反对和质疑声音。所以，学校在申请时会先看看申请人是否具备领袖人物的潜在素养。先概括地描述一下当时的情况，在这种情况下，你如何寻找和评估不同解决方案，最后怎样选择最适合的应对办法，可是，为什么有人反对方案？他们的理据是什么？最重要的是，你当时采取了什么处理手法来尝试说服他们，又或者运用什么手腕影响大众？最后结果如何？在这道题中，How 比 What 更重要。

题目 7：What are your strengths and weaknesses?

解读：领袖人物需要具备自我认知能力，所以，学校希望了解，在申请人心目中，自己的长短处是什么。有短板的话，你打算如何作出改进；有优点的话，你准备怎样发挥自己的优势。为了在这道题上突围而出，虽然表面上学校问的是你的优点和弱点，但是申请人绝不能只顾列出一系列的优点和弱点，那是太单纯的方法，比较聪明的手法是挑选三四项优点加一项弱点，以简短事例、故事作为佐证。一般情况下，申请人在选择弱点时比较困难，为什么？因为我们往往不太懂如何适当地挑选一些可以自圆其说的弱点。我的建议是，先写下一切弱点的可能性，技能经验上的缺口也好，性格上的不足也罢，总之做一次彻底的批判性回顾。俗话说，凡事一体看两面，优点缺点只是一线之隔，所以，发掘每项弱点及背后佐证事例的正面教训和启示，然后在论文中选取一个最能打动别人的例子来说明其中一项。这样的话，整篇论文便显得全面化和有思想深度。

题目 8：What are the <u>most</u> substantial accomplishments?

解读：很明显，这道题是关于申请人的成就和成绩，关键是选取最有意思的素材。不过在作出最后决定前，申请人应先做好整体评估和论文事例配置策略。前文提及，申请人从个人背景中找出独特卖点、特质和经历，以此作为整套申请推广计划的中心思想，工作与非工作事例用作支持和强化综合卖点之用，然后有系统地、统一口径地通过论文表现出来。

一般申请人选择工作类例子，这是合理的，但是，为了凸显申请人的差异价值，最理想的做法是呈现一个全面化的自己于招生官眼前。具体来说，如果同一学校有最少两道题需要采用事例的话，那么，在论文题目上，一个选用工作类的事例，另一个选用非工作类的例子，如课外活动、公益事业、运动比赛之类的事例，表达的主题应该跟申请人整体的个人卖点和定位相互呼应。另外，无论选取什么事例都好，必须讲述清楚事件本身对自己和周边人的影响，也不要忘记把事件的影响和结果量化。最后，当列举事例时，内容必须包括当时的情况、面对的问题、解决的方法、你参与的角色、与团队成员的交流情况以及对机构/客户造成的影响。恰当地、平均地交替运用 I 和 We，过多的 I 给人自我中心的感觉，过多的 We 则未能突出你自身的特点。

题目 9：Discuss an ethical dilemma you have faced.

解读：道德问题的黑白之别不明显，存在灰色地带，因此，在回答这道题时，申请人需要提供批判性的事件分析，但是重点不是事情本身的细节，而是你作为当事人如何看待和处理事件和其他涉及的人物。从你的行为表现，学校可以对你的价值观和个性加深了解。所以，应该选择一件能够彰显自己的独特性格和个人观感的事项作为这道题的中心案例。

题目 10：Describe a defining moment that has had a major impact on your life.

解读：这道题是一道极其个人化的题目，与题目 11 以及今年芝大全日制 MBA 入学题目"你是谁？"有异曲同工之妙。如果读者们细心地从头到尾把这本书读完的话，你应该明白商学院的申请书全是关于你的一切——不仅是可量化的学术成绩和工作成就，更包含着真我个性和过去经历（如童年回忆、成长过程、家庭影响、价值观、决定性事件）。如果你已经彻彻底底地做好前期的自我反思和回顾步骤的话，这道题应该难不倒你。面对这道题，最有效的方法是对自己过去的转折点作个盘点，寻找亮点和有趣之处，重点是究竟哪件事对你的影响最深刻，为什么那么深刻？为什么造成人生影响？"为什么"这个词就是关键所在。

题目 11：What <u>matters most</u> to you and why?

解读： 这道题是斯坦福 MBA 的标准题目。解构题目的思路与题目 10 是一样的，不过，申请人需要多下一点功夫，从回顾过程中筛选数个最有力的主题，然后看看学校的字数长短要求，如果只是几百字的话，那么你应该集中火力讲述和解释一个最有说服力、最有意思的主题；但是如果篇幅限制比较宽松的话，你可以谈论两三个重点主题和事例个案，尝试有技巧地把几个主题连接起来，免得给人分散凌乱的观感。

题目 12：Describe your role in a <u>difficult team</u> situation. How did you help a team reach its objectives?

解读： 这是一道关于申请人在团队环境运作经验的题目。事例的性质是否一定与工作有关，当然不是，与题目 8 的部署思维一样。过程重于结果，写作重点放在事件的过程上：你在团队中担任的角色、你的团队领导哲学、你对团队精神的解读、组员间互动情况、遇到冲突时如何共同解决问题、如何构建团队和选拔组员、在争议性主题上如何说服和影响组员、如何动员队伍成员制定和实现目标……结果呢？事例的结果无论成功与否，你的行为和逻辑是关注点。

题目 13：What is your personal experience with our community? What <u>actions</u> have you taken to learn more about us?

解读： 测试你对学校的诚意。如果你对一个人有好感，甚至准备追求的话，你应该会想尽一切办法接近他/她，从各方渠道发掘他/她的一切事情，这是表示认真态度和真实诚意的正常表现。因此，如果你对目标学校真的感兴趣的话，你一定要做足调研，与校友和学生交流、参观校园、参加讲座、与学生组织联系……所有准备工夫是你对这所学校产生真实兴趣的证明。

题目 14：Discuss a professional project that challenged your <u>skills</u>.

解读：先选择一项与工作有关的事例，在其中，你如何表现一系列的重点技能呢？重点技能应该是学校看重的技能，以及能表现自己独特一面的技能。草拟答案时，申请人需要详述项目中的挑战。这些挑战对你产生什么样的影响和冲击呢？最终，你又如何克服困难呢？

题目 15：What does <u>diversity</u> mean to you? How will you <u>contribute</u> to the diversity of our program?

解读：商学院常常将多元文化挂在嘴边，对申请人来说，多元文化代表什么呢？是种族文化、价值观、生活体验吗？根据申请人的解读，需要找对适合的事例作为深入剖析个人见解之用。如果希望把答案做得更美满的话，可以写如果自己被录取的话，将会如何凭着自己的经验来帮助深化和优化校内的多元文化氛围。这份心思，招生官是会欣赏的。

题目 16：What do you do in your spare time?

解读：兴趣和爱好重要吗？很多时候，申请人在论文中只顾提及与工作有关的硬性技能和经验，但是每个人应该有软实力和温柔的一面，对吗？写在简历上的几个兴趣爱好好像不太显眼，但是意义深远，因为这是一个表现个人背景上差异价值的好机会。另外，兴趣、爱好以及工作之余喜欢做的活动有助于表现申请人的性格中热情和人性化的一面，例如，网球是一种独立性很强的运动，在战斗力和意志力上的要求很高。如果这是其中一项爱好，申请人应该多谈谈以上的特点。与题目 7 一样，申请人选择两三项个人兴趣和爱好，以简短事例、故事作为佐证。

题目 17：Describe someone you consider a <u>hero</u> or <u>role model</u>. How has this person affected your <u>development</u>?

解读：这道题与题目7是有关联的。刚才不是说过，领袖人物需要具备自我认知能力吗？有自知之明的话，在发现自己的不足时，希望对准某一目标作出改善，由此引申，一般来说，眼中的偶像、英雄和模范往往反映自己希望达成的目标形象或状态。所以，通过你的答案，招生官能够发现申请人对自己的了解程度和未来期望。这位模范人物可以是自己认识的人、工作上接触的人、与职业无关的人，甚至是名人或历史人物，谁都不打紧，但是不要只顾一味吹捧模范人物的事迹，论文的焦点应该放在申请人的身上，必须解释清楚为何作出这项选择，背后的思路是什么，这个人物与自己的条件和目标又有什么关系。请不要忽视，这道题与题目16一样，又是一个表现个人背景上差异价值的好机会。

题目 18：Describe an experience in which you did not reach your objectives (and what you <u>learned</u> from this).

解读：招生官希望知道申请人的思维成熟程度，是否能够承认和面对自己的失败，更重要的是，从失败中学到教训。换句话说，这是一道关于失败的题目。一般申请人过分描述失败事件的内容细节，到头来浪费了有限的字数空间。由于招生官关注的是你对事件的见解和领会，所以如果字数限制是300的话，三分之一的篇幅放在描述细节上，剩下的三分之二应放在失败后的教训上。

题目 19：Describe a <u>risk</u> that you have taken and its <u>outcome</u>.

解读：人生决定也好，商业决定也罢，我们需要面对不同程度的风险。

领袖人物需要冒险吗？人们常说，面对难关时，当决策人需要计算好企业本身可以承受的风险水平，那是可计算和可量化的风险。那么，申请人面对的是一个怎样的风险呢？事先做过详细分析和风险评估吗？当风险出现时，申请人如何处理和解决？结果又如何？在论文上，事件结果不是最重要的，过程和思路才是学校关心的内容。

题目20：What is the most difficult feedback you have received, and how did you address it?

解读：领袖人物需要面对赞美，又要接受批评，在后者的情况下，当事人怎样应付最难缠的反馈意见？选择事例时，不要挑选那些涉及无谓误会的批评意见，应该选择一些真实的负面反馈情况。跟题目 18 和 19 一样，招生官关注的是你对事件的见解和领会，是否能够承认和面对批评，更重要的是从批评中汲取经验教训。

课程结构和内容对比表

请参阅第 278 页～第 282 页。

课程结构

	必修课（数目）	必修课（上课周数）	必修课弹性	必修课（级别）	必修课选择性	一年级选修课（数目）	二年级必修课（数目）	专业方向（主修选择）
CMT	15	120周	低度	没有级别分野	二择其一	4~6	模拟管理游戏	1
CB	10	110周	高度	有级别分野	六择其四	众多选择	0	3~14
DTS	15	119周	低度	没有级别分野	没有	1	0	没有
HBS	11	160周	低度	没有级别分野	没有	0	0	没有
INSEAD	13	200周内的104周	低度	没有级别分野	没有	11	0	没有
MIT	8	90周	低度	没有级别分野	二择其一	从第二个学期开始	0	1
NYS	9	104周	中度	没有级别分野	七择其五	1~3	专业责任	3~22
KSM	10	120周	中度	量化科目（分为两个等级）	没有	3~4	价值观与危机决策分析	3
SGSB	20	最多169周	低度	12门必修课（分为三个等级）	没有	0~1	模拟管理游戏	没有
WS	18	最多165周	中度	财务会计课和企业融资（分级别）	没有	0	0	1~17
YSOM	17	109周	低度	没有级别分野	没有	1~3	0	没有

资料来源：DATAR SRIKANT M, GARVIN DAVID A, CULLEN PATRICK G. Rethinking the MBA — business education at a crossroads [M]. Boston: Harvard Business Press, 2010.

必修课

| | 会计学 | | 金融 | | 经济学 | | 企业战略学 | 领导力/组织行为 | 环球业务 | | 运营学 | 市场学 | 统计学 | 道德学 | 沟通力 | 演讲力 | 小组协作项目 | 谈判学 | 其他 |
	财务	管理	企业	资本市场	微观	宏观			微观	宏观									
CMT	1	1	0.5	0.5	1	1	1	1	—	—	2	1	2	1	—	1	1	—	—
CB	1	1	—	1	1	1	1	2	—	—	1	1	1	—	—	—	—	—	—
DTS	1	—	1	1	—	—	1.5	2	—	—	1.5	1	2	—	1	—	1	—	—
HBS	0.5	0.5	1	1	1	1	1	2	—	—	1	1	—	1	—	—	—	1	—
INSEAD	1	1	2	—	1	1	1	2	—	1	1	1	1	—	—	—	—	—	—
MIT	1	—	—	1	1	1	—	1.5	—	1	—	1	1	1	1	0.5	1	—	—
NYS	1	—	—	1	1	1	1	1	—	1	1	1	1	1	—	—	—	—	—
KSM	1	—	—	1	1	1	1	1	—	1	1	1	2	1	—	—	—	—	—
SGSB	1	1	1	1	1	—	2	3	0.5	0.5	2	1	2	1	—	—	—	—	2
WS	1	1	1	—	1	1	2	2	1	1	2	2	2	1	1	—	—	—	—
YSOM	1	—	1	1	1	1	2	5	—	—	1	1	1	—	—	—	1	—	1

资料来源：DATAR SRIKANT M, GARVIN DAVID A, CULLEN PATRICK G. Rethinking the MBA — business education at a crossroads [M]. Boston: Harvard Business Press, 2010.

会计学：主题、课堂数目和教学方法

	会计学理论与会计周期	收入确认理论	损益表	财务报表分析	现金流量表	长期资产/固定资产	短期资产	长期债务	短期债务	股东股权	并购与企业间股权交易	其他类别	总课堂数目	教学方法
CMT	2	0	1	1	2	0	1	2	0	2	2	2	15	R/P:9; C:4
CB	2	0	1	1	2	3	4	5	0	1	0	3	22	R/P:10; C:9
DTS	1	1	2	4	2	1	1	3	1	2	0	1	19	R/P:3; C:15
HBS	2.5	2	0.5	5.5	1	1	0.5	3	0	2	2	3	23	R/P:0; C:20
INSEAD	3	1	1	2	1	1	1	1	1	1	1	3	17	R/P:6; C:8
MIT	2	2	0	2	1	3	1	4	1	1	1	6	24	R/P:13; C:6
NYS	4	0	1	1	3	1	1	1	0	0	0	3	15	R/P:8; C:3
KSM	4	0	3	2	2	2	4	2	1	0	0	2	22	R/P:20; C:0
SGSB	5	1	0	6	1	3	2	2	0	1	0	4	25	R/P:6; C:14
WS	1	1	2	0	1	2	2	3.5	0	0.5	0	2	15	R/P:8; C:4
YSOM	3	0	3	3	3	0	0	0	0	0	0	1	13	R/P:11; C:2

备注：

R/P＝文章、课本、作业

C＝案例分析

资料来源：DATAR SRIKANT M, GARVIN DAVID A, CULLEN PATRICK G. Rethinking the MBA — business education at a crossroads [M]. Boston: Harvard Business Press, 2010.

企业战略学：主题、课堂数目和教学方法

	产业分析	竞争优势	市场定位	企业资源基础理论	企业能力基础理论	竞争动态	市场与业务多样化	企业经营范围	环球经营范围	其他类别	总课堂数目	教学方法
CMT	-	-	-	-	-	-	-	-	-	-	-	-
CB	1	0	1	0	0	5	0	2	0	1	11	R:1; C:9
DTS	2	0	4	0	0	4	1	0	0	5	16	R:0; C:12
HBS	3	3.5	4.5	0	0	7.5	2.5	1.5	2.5	5	30	R:0; C:28
INSEAD	1	3	2	2	0	1	2	0	1	1	13	R:4; C:8
MIT	-	-	-	-	-	-	-	-	-	-	-	-
NYS	1	1	1	0	0	2	4	1	1	3	14	R:0; C:12
KSM	2	2	2	0	0	6	0	2	0	5	19	R:8; C:9
SGSB	1	1	1	0	0	2	3	0	0	10	18	C:11
WS	2	3	0	1	0	1	2	1	0	3	13	R:1; C:11
YSOM	0	4.5	1	0	0	2.5	0	1	0	3	12	R/E: 8; C:4

备注：

R = 文章、课本

C = 案例分析

E = 练习

资料来源：DATAR SRIKANT M, GARVIN DAVID A, CULLEN PATRICK C. Rethinking the MBA — business education at a crossroads [M]. Boston: Harvard Business Press, 2010.

领导力与组织行为：主题、课堂数目和教学方法

	科目名称	组织行为	人力资源管理	团队	领导力	沟通力	人际关系	决策理论与分析	其他类别	总课堂数目	教学方法
CMT	Managing Organizations	4	1	1	1	0	1.5	0	5.5	14	R:8; C:11; Si:1; Pr:1
CB	Managing in Organizations; LEAD	3	0	7	5	3	3	1	5	27	R:10; C:8; V:2; LOE:3
DTS	Leading Organizations; Analysis for General Management	9	0	2	5	0	3	2	5	26	R:11; Su:2; C:8; Pr:1; N:1; E:1
HBS	LEAD	12	0	6	8	0	6	0	6	38	C:24; E:2; V:2
INSEAD	Leading People & Group; Leading Organizations	8	1	4	6	2	3	0	6	30	R:11; C:9; P:1; V:2; Si:1; Su:2; E:2
MIT	Organizational Processes	7	1	2	2	14	3	1	2	32	R:14; C:11; D:1; E:1
NYS	Managing Organizations	8	0	2	0	0	4	2	7	23	R:9; C:8; E:1; V:1
KSM	Leadership in Organizations	6	0	2	2	0	6	2	3	21	R:7; C:5; V:2; E:3; Si:1
SGSB	Leadership Labs; Organizational Behaviour; Managing Groups and Teams; Human Resources	0	2	2	4	0	2	0	2	12	C:5; E:3; Si:2
WS	Management of People at Work; Foundations of Leadership and Teamwork	6	4	4	3	0	3	1	7	28	R:21; C:14; E:6; P:2
YSOM	Integrated Leadership Perspectives; Employee; Interpersonal Dynamics; Managing Groups and Teams; Careers	7	6	8	10	6	0	0	22	59	R:36; C:19; E:8; V:4

备注：

R = 文章、课本　　N = 谈判　　Si = 模拟游戏　　LOE = 领导力野外培训　　C = 案例分析　　Pr = 演讲　　V = 视频

D = 麻省理工团队培训日　　E = 练习　　Su = 问卷调查　　P = 论文写作

资料来源：DATAR SRIKANT M, GARVIN DAVID A, CULLEN PATRICK G. Rethinking the MBA — business education at a crossroads [M]. Boston: Harvard Business Press, 2010.

图书在版编目（CIP）数据

做自己的天使投资人：耶鲁芝大双 MBA 传授打造高端 MBA 人才的大智慧/陈睿潼著. ——
北京：中国人民大学出版社，2015.4

ISBN 978-7-300-21074-2

Ⅰ.①做… Ⅱ.①陈… Ⅲ.①工商行政管理-经验-世界 Ⅳ.①F203.9

中国版本图书馆 CIP 数据核字(2015)第 070394 号

做自己的天使投资人——耶鲁芝大双 MBA 传授打造高端 MBA 人才的大智慧

陈睿潼　著

Zuo Ziji De Tianshi Touziren——Yelu Zhida Shuang MBA Chuanshou Dazao Gaoduan
MBA Rencai De Dazhihui

出版发行	中国人民大学出版社		
社　　址	北京中关村大街 31 号	邮政编码	100080
电　　话	010-62511242（总编室）	010-62511770（质管部）	
	010-82501766（邮购部）	010-62514148（门市部）	
	010-62515195（发行公司）	010-62515275（盗版举报）	
网　　址	http://www.crup.com.cn		
	http://www.1kao.com.cn（中国 1 考网）		
经　　销	新华书店		
印　　刷	北京易丰印捷科技股份有限公司		
规　　格	170mm×240mm　16 开本	版　　次	2015 年 5 月第 1 版
印　　张	19.5　插页 1	印　　次	2015 年 9 月第 2 次印刷
字　　数	258 000	定　　价	59.80 元
